Le rôle de la monnaie dans le développement économique et social de l'Ouest africain

5-7, rue de l'Ecole-Polytechnique, 75005 Paris

www.editions-harmattan.fr

ISBN : 978-2-343-19518-6
EAN : 9782343195186

Victor KOMLA ALIPUI

Le rôle de la monnaie dans le développement économique et social de l'Ouest africain

Préface de Godwin Tété

L'Harmattan
Bénin

Préface

« L'histoire universelle est la seule référence pour faire avancer l'histoire universelle »

Sébastien Périmony

Victor Komla Alipui était haut cadre à la Banque Centrale des États de l'Afrique de l'Ouest lorsque le « Timonier national togolais » Gnassingbé Eyadéma l'appela et lui confia le portefeuille ministériel de l'Économie et des Finances. Et ce fut à la faveur de l'ouverture de la fameuse et mémorable Conférence Nationale Souveraine (CNS) (8 juillet-28 août 1991) du Peuple togolais que Victor K. Alipui et moi nous nous rencontrâmes pour la première fois. Je fus immédiatement surpris par sa droiture d'« *un homme véritable* » (Boris Polévoï), son intégrité morale, son honnêteté intellectuelle. Je fus surtout totalement éberlué lorsque, suite à l'adoption par la CNS d'une déclaration proclamant que la gouvernance étatique « éyadémaïste » avait accouché d'un fiasco retentissant, Victor Alipui eut l'incroyable audace d'approuver un tel verdict ! En effet, en ces temps-là, il fallait vraiment oser se comporter ainsi !...

À partir de ce moment-là, je m'attachai à lui comme à un authentique frère, et il s'attacha à moi comme à un authentique frère. Alors, chaque fois que, harcelé par une question de notre commun combat pour le Togo et l'Afrique, je vais en discuter avec lui. Et j'ai été toujours remonté par nos échanges d'idées et de points de vue.

Voilà pourquoi, quand Victor Alipui m'a demandé de préfacer l'ouvrage, « *Le rôle de la monnaie dans le développement économique et social de l'Ouest africain* » issu de sa thèse de doctorat d'économie politique, je n'ai pas hésité une seule seconde.

Quant à ce fraternel service de ma part, je me fais le plaisir de l'accomplir en me livrant tout simplement à ces quelques commentaires.

Depuis son invention, l'argent, ou en termes d'économie politique, la monnaie, a toujours véhiculé, et véhicule encore, un mystère anthropologique qui a profondément troublé l'une des plus hautes éminences grises en la matière, à savoir Karl Marx lui-même, qui a consacré à ce mystère quelques lignes philosophiques d'une densité inégalable et inégalée à ce jour. Et ce n'est pas l'économiste émérite Massimo Amato qui me démentira à cet égard, lui qui vient de publier, tout récemment, un volumineux ouvrage de 340 pages intitulé *L'énigme de la monnaie* (Les Éditions du Cerf, Paris, 2015).

Mais ce n'est pas de cette énigme qu'il s'agit ici. Il en va d'une question concrète, pragmatique, palpable. Ici, Victor K. Alipui s'attaque à ce qu'il désigne lui-même par *« problème du rôle de la monnaie dans le développement économique et social »* des pays ouest-africains.

Oui, l'objectif spécifique fondamental de cet ouvrage est de savoir si, ainsi que le professe l'une des écoles de l'économie politique classique, la monnaie serait neutre.

D'entrée de jeu, ce qui frappe le lecteur, c'est bel et bien le sérieux du travail qui se traduit par le caractère consciencieux, scrupuleux, méticuleux, détaillé, des recherches et des propositions…, et une remarquable structuration de l'étude. Enfin, je note une documentation époustouflante.

Comme un édifice centré autour d'un énorme pilier, ainsi la thèse de Victor K. Alipui est-elle centrée autour de l'expérience concrète du Ghana, de la Guinée, de la Côte d'Ivoire et du Sénégal. D'ailleurs, l'ouvrage est sous-tendu par un autre du même auteur : *Les institutions monétaires et bancaires du Ghana.*

Tout compte fait, les analyses de Victor K. Alipui réduisent en cendres la thèse de la « neutralité de la monnaie ». À vrai dire, selon lui, *« la théorie de la neutralité de la monnaie ne peut se vérifier, et en fait, ne se vérifie pas dans les économies ouest-africaines. Il est possible d'établir une relation entre la création monétaire et la production nationale ».*

Si donc la monnaie n'est nullement neutre, alors se pose la question cruciale de la politique monétaire et financière idoine pour un développement économique et social viable et durable. D'où la nécessité pour les responsables des États africains de s'imprégner, comme il se doit, des recommandations du présent ouvrage de Victor K. Alipui. En tout état de cause, l'auteur nous prévient : *« Mais dans les transformations des structures anciennes et coloniales qui doivent amener l'Ouest africain sur la voie d'un progrès auto-entretenu, les agents de développement doivent bien se garder de toucher à ce qu'il y a de fondamental chez les peuples ouest-africains, à ce qu'il y a de remarquable dans leur civilisation : nous voulons dire le sens de l'humain. Car, à notre avis, le seul objectif que devrait poursuivre tout progrès, c'est de rendre l'homme heureux* ».

En ce qui concerne le développement viable et durable de l'Afrique postcoloniale, les propositions et recommandations – presque cinq décennies après leur élaboration – de Victor K. Alipui affichent toujours une surprenante actualité. C'est-à-dire qu'elles n'ont pas perdu un seul iota de leur pertinence et validité.

Last, but not least, la question de la souveraineté monétaire nationale et internationale qui, latente à l'époque de la rédaction de l'ouvrage, a depuis quelque temps refait surface, et occupe la une des médias. Ici, j'ai à l'esprit la brûlante question du franc CFA, qui a mobilisé un autre de nos éminents économistes, Kako Nubukpo.

Quoi qu'il en soit, notre frère et ami Victor Komla Alipui est un grand maître de la science de l'économie politique. Assurément un grand maître progressiste – au sens marxisant, pour ne pas dire marxiste – de ce concept. Dès lors, je prends la liberté d'inviter tous les combattants de la liberté à lire et étudier cet ouvrage, et à inciter tous leurs amis à également le lire et l'étudier.

Paris, le 12 juin 2019
Godwin Tété

Avant-propos

Cet ouvrage est issu de la thèse de doctorat d'État ès Sciences économiques sur les institutions monétaires et bancaires du Ghana et le rôle de monnaie dans le développement économique et sociale de l'Ouest africain soutenue il y a presque cinquante ans à la Faculté de Droit, de Sciences Économiques et de Gestion de l'Université de Rennes, en France. En décidant de le publier maintenant, je voudrais transmettre le message renouvelé d'un de mes professeurs aux forces montantes d'Afrique, la jeunesse. C'est aussi un témoignage de mon expérience académique et professionnelle. Les économistes africains de ma génération, c'est-à-dire ceux qui ont quatre-vingts ans ou plus, ont été formés avec les préceptes de l'économie classique et les théories du sous-développement et de la croissance économique. Pour développer nos pays, qui venaient d'accéder à l'indépendance nationale, et assurer le bien-être de nos populations, les dirigeants politiques et l'élite avaient les yeux et la main tournés vers l'extérieur pour solliciter l'aide.

C'est alors qu'indigné par cette orientation prise par les dirigeants et l'élite pour développer leur pays, notre professeur d'économie politique, Michel Leduc, nous mit en garde en tant que futurs responsables de nos pays indépendants, en disant ceci : « *Méfiez-vous de l'aide internationale, car la marchandise suit l'aide* » et en précisant que « *l'aide étrangère est toujours liée ; l'Afrique doit cesser d'être le réservoir de matières premières des pays développés et le déversoir de leurs produits manufacturés ; si vous prenez la voie de l'aide étrangère pour le développement de vos pays, un jour, vos pays seront tellement endettés et ne seront pas non plus développés* ». La question fondamentale qu'il nous posait était de savoir où les pays occidentaux développés avaient trouvé l'argent pour se développer. Pour comprendre cette interrogation, il promit à ceux qui, après la licence, opteraient pour le Diplôme d'études supérieures et le doctorat, de leur dispenser des cours sur la monnaie et ses mécanismes.

Après la licence, certains décidèrent de continuer. Quant à nous qui avions décidé de poursuivre des études post-universitaires, non seulement il nous initiait aux théories monétaires, mais nous proposait également de choisir, pour y mener nos recherches, un pays d'Afrique de l'Ouest ou du Maghreb qui expérimentait son propre système monétaire. J'ai choisi le Ghana où, la chance aidant, j'ai d'abord travaillé au siège de l'Union syndicale panafricaine, et ensuite, au cœur même du système monétaire et bancaire du Ghana et de son impact sur l'économie ghanéenne.

Mon précédent ouvrage, sur les institutions monétaires et bancaires du Ghana, constituait la première partie de mes recherches. Ce livre-ci porte sur le rôle de la monnaie dans le développement économique et social de l'Ouest africain. Là, la question posée est celle de la thèse de la neutralité de la monnaie dans l'économie, comme le soutient la théorie monétaire classique. Si cette thèse n'est pas prouvée, si la monnaie n'est pas neutre, peut-elle contribuer au développement des pays de l'Afrique de l'Ouest ?

Ma réponse n'est pas neutre. Elle peut donc promouvoir le développement des pays ouest-africains.

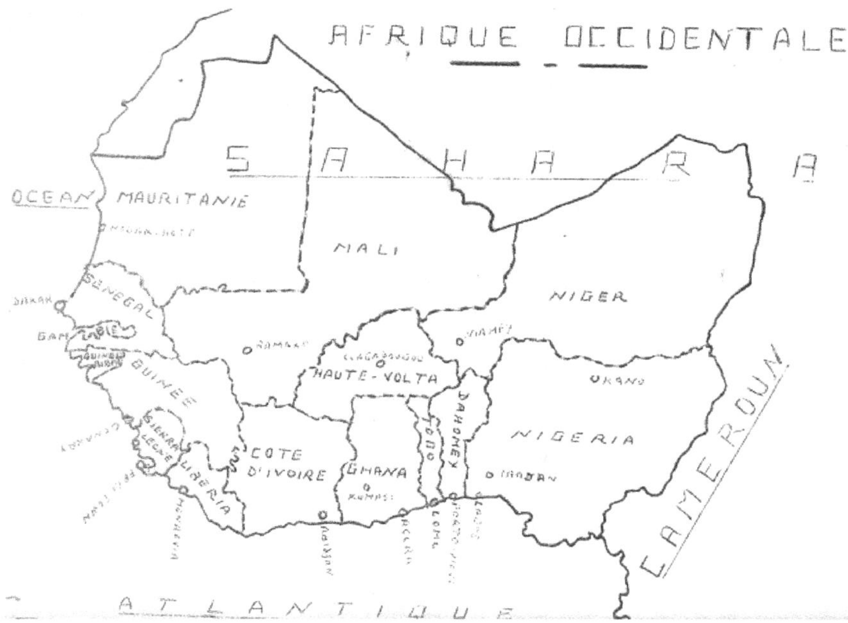
AFRIQUE OCCIDENTALE
SAHARA
OCEAN
MAURITANIE
MALI
NIGER
SENEGAL
DAKAR
GUINEE
HAUTE-VOLTA
COTE D'IVOIRE
GHANA
TOGO
DAHOMEY
NIGERIA
SIERRA LEONE
LIBERIA
CAMEROUN
ATLANTIQUE

Introduction générale

A. Difficultés de financement

L'Ouest africain est un conglomérat de quinze unités territoriales toutes indépendantes : Côte d'Ivoire, Dahomey[1], Gambie, Ghana, Guinée-Bissau et Îles du Cap-Vert[2], Haute-Volta[3], Libéria, Mali, Mauritanie, Niger, Nigéria, Sénégal, Sierra Leone et Togo.

Couvrant une superficie de 6 millions de km², et peuplé de près de 106,4 millions d'habitants, il est séparé de l'Afrique du Nord et de l'Afrique de l'Est par l'immense désert de Sahara ; au sud-est, il est limité par les hauts massifs du Cameroun orientés du sud-ouest au nord-est, et au sud et à l'ouest par l'océan Atlantique.

Depuis 1957-1960, le problème majeur auquel est confrontée cette partie de l'Afrique est celui d'un développement économique rapide afin, non seulement d'assurer à ses populations un niveau de vie décent, mais de consolider et de donner un sens réel à son indépendance politique. Cette aspiration profonde s'est traduite dans divers plans de développement élaborés par ses responsables politiques et économiques. Mais le succès de ces plans, c'est-à-dire leur réalisation concrète, reste liée notamment à la capacité de financement de chacune de ces unités territoriales. Cette capacité dépend de trois éléments fondamentaux :

- l'importance de l'épargne intérieure : ressources tirées de la fiscalité directe ou indirecte, mobilisation de l'épargne bancaire (dépôts à terme) ou de sommes d'argent oisives détenues par les particuliers et les entreprises, mais mobilisables par emprunt ;
- l'importance du commerce international : possibilité pour ces unités territoriales de dégager un solde commercial positif, et
- l'importance de l'aide étrangère : dons, prêts et investissements directs.

Le bilan de dix années d'expérience de développement semble montrer, en dépit de quelques succès, que ces sources motrices du développement

[1] Actuelle République du Bénin.

[2] Le 24 septembre 1973, le Parti Africain pour l'Indépendance de la Guinée et des Iles du Cap-Vert (PAIGC) a proclamé l'indépendance dans les régions qu'il contrôle. L'administration portugaise contrôle toujours aussi quelques régions.

[3] Actuelle République du Burkina Faso

connaissent des limites. Les échecs ne manquent pas de transformer l'espoir d'une promotion et d'une indépendance économique rapides en un désenchantement, voire parfois en une déception amère, au point de faire à regretter certains le « bon vieux temps colonial ».

En effet, au fil des années, il est apparu évident qu'il est difficile de mobiliser l'épargne intérieure comme on l'escomptait au début des années 60.

Le Ghana par exemple, pourtant réputé l'un des pays économiquement riches de l'Afrique noire – en termes de revenu national *per capita* – n'a, auprès de son système bancaire, qu'une épargne monétaire (dépôts à terme et comptes sur livret d'épargne) faible : 6,8 % en moyenne de son produit national brut contre 17,6 % au Royaume-Uni, 22,8 % aux États-Unis[4].

Si les ressources fiscales sur lesquelles comptait le gouvernement pour suppléer à l'insuffisance de l'épargne volontaire représentait encore dans les premières années de l'indépendance une part assez importante du produit national brut – 25,8 et 28,4 % –, vers la fin de la décennie 1960-1970, cette proportion avait fléchi jusqu'à 18,0 %, la moyenne annuelle étant de 22,9 % contre 14,6 % aux États-Unis et 16,7 % au Royaume-Uni[5]. La proportion élevée de cette pression fiscale et son fléchissement traduisent à la fois l'effort considérable demandé aux populations de ce pays, et la limite que connaît cet effort.

La saturation de la demande des principaux produits exportés par ces pays de l'Afrique de l'Ouest, et la détérioration de leurs termes de l'échange, constituent pour eux un obstacle sérieux dans le dégagement d'un solde commercial positif. Sans doute l'aide étrangère peut contribuer dans le court ou moyen terme à surmonter cet obstacle. Mais elle n'en comporte pas moins de nombreux inconvénients : outre qu'elle est liée politiquement et ne s'oriente le plus souvent que dans les secteurs jugés rentables – ce qui est tout à fait normal pour l'aide privée –, le service de la dette et le rapatriement des bénéfices hypothèquent une bonne partie des recettes en devises étrangères, sur lesquelles misent pourtant les gouvernements pour procéder, non seulement au renouvellement des équipements déjà mis en place, mais à la poursuite normale du développement.

Au Ghana, le service de la dette représentait en 1967-68 environ 100 millions de dollars, soit 42 % de ses recettes d'exportation, ce qui est énorme.

---

[4] *International Financial Statistics*

[5] OCDE : *Statistiques et comptes nationaux*

Ces difficultés ont amené très tôt certains de ces pays, le Ghana, la Guinée et le Mali notamment, à avoir recours à une autre source de financement : le *deficit financing*, ou « politique du déficit budgétaire ». Mais les conséquences néfastes d'un tel financement ne se sont pas fait attendre : hausse rapide du niveau des prix intérieurs, et déséquilibre de la balance des paiements. Si ces conséquences ont contraint le Mali à revenir au *statu quo ante* – réintégration dans la Zone Franc – elles ont par contre suggéré aux dirigeants ghanéens la mise sur pied d'une politique monétaire d'essence plus ou moins orthodoxe, ou, disons, inspirée des politiques monétaires des pays développés. Quant à la Guinée, elle continue l'expérience, tout en prenant des précautions particulières et rigoureuses.

Ces premières difficultés sur la voie de l'émancipation économique constituent, assurément, une invite aux économistes ouest-africains à poser le problème du rôle de la monnaie dans le développement économique et social, car la monnaie, sous ses diverses formes – billets, pièces métalliques, dépôts – est considérée aujourd'hui par l'immense majorité des gens de cette région comme la source et le signe de la richesse, sans qu'ils sachent pour autant comment elle intervient dans l'activité économique, et comment elle contribue à l'expansion de celle-ci.

Certes, le rôle de la monnaie dans les pays sous-développés a déjà été étudié, mais il faut souligner qu'il ne l'a souvent été que du point de vue de l'inflation, c'est-à-dire du point de vue de l'une des manifestations possibles de la monnaie dans l'activité économique. À cet égard, on se pose la question de savoir, ainsi qu'en témoignent les nombreuses études effectuées par les experts des Nations-Unies, si l'inflation est un facteur nocif ou un facteur stimulant le développement économique. Sans revenir sur les théories de l'inflation et du développement, et sur ce qu'elles comportent d'intéressant pour d'autres études – les études de conjonctures par exemple –, il nous apparaît cependant nécessaire de noter, en raison du spectre que constitue aujourd'hui l'inflation aux yeux de tout le monde, qu'il est tout à fait maladroit de continuer à étudier le problème du rôle de la monnaie dans la croissance économique des pays sous-développés sous l'angle presque exclusif de l'inflation. Étant donné le degré d'inflation déjà subi dans ces pays, il ne semble pas que les dirigeants politiques ou militaires soient disposés à se laisser convaincre que le développement de leur pays ne peut être obtenu que par une inflation supplémentaire.

À notre avis, la monnaie, dans les études des pays sous-développés, et particulièrement dans celles des pays de l'Ouest africain, doit être replacée dans son vrai contexte, c'est-à-dire étudiée du point de vue de ses diverses fonctions : celle d'intermédiaire des échanges, celle de réserves de valeur et celle de crédit. À ce titre, il s'agira de voir quel impact une introduction supplémentaire de monnaie, destinée par exemple à monétiser ou à financer les activités du secteur de l'économie traditionnelle, peut avoir sur le volume de la production. Il s'agit, assurément, d'un important problème théorique. Et sur ce point, il convient de noter que les grandes théories monétaires déjà élaborées ont deux points de vue différents et opposés. Tandis que les unes – les théories quantitatives – soutiennent la thèse de la neutralité de la monnaie dans l'activité économique, les autres – les théories mercantilistes et keynésiennes – soutiennent que la monnaie est un puissant facteur dans l'expansion économique d'un pays.

Ces thèses peuvent-elles être soutenues dans le cadre des pays ouest-africains ?

B. Bref exposé des thèses de la neutralité et de la non-neutralité de la monnaie

1. Thèse de la neutralité de la monnaie

Lorsque les économistes parlent de la neutralité de la monnaie, ils entendent tout simplement par-là, « *l'insensibilité des processus réels de l'économie par rapport aux variations de la quantité de monnaie* »[6].

Ce concept fut mis en évidence par la fameuse « loi des débouchés » de Jean-Baptiste Say. Lorsque celui-ci affirmait que les « *produits s'échangent contre des produits* » et que « *le voile monétaire ne fait que masquer la réalité des échanges* », il soutenait en fait que, dans une économie monétaire, l'échange se réduit en une espèce de troc, que la monnaie n'y joue qu'un simple rôle d'intermédiaire : elle est neutre.

Cette loi signifie, en d'autres termes, que l'offre de produits B° et de monnaie M° est, comme l'a démontré plus tard Léon Walras[7], identique à la demande de produits B^d et de monnaie M^d. C'est-à-dire que :

$$B^\circ + M^\circ = B^d + M^d$$

L'offre de monnaie M° étant, selon les classiques, forcément égale à sa demande M^d, il s'ensuit que l'excédent de monnaie est par essence nul :

$$M^d - M^\circ = 0$$

Ce qui donne nécessairement

$$B^d = B^\circ$$

---

[6]Emil Claassen, *Monnaie, revenu national et prix*, Ed. Dunod, 1968, pp. 102-103.

[7]*La Richesse sociale*, Lausanne, Rouge, 1900

Malthus, qualifié à son époque « d'hérétique », s'est vigoureusement élevé contre cette loi en argumentant que la demande globale n'absorbe pas nécessairement la totalité de la production, que tout dépend de la propension à dépenser qui commande la demande des biens de consommation, et du taux de profit qui commande la demande de capital.

En revanche, cette loi fut acceptée par David Ricardo et John Stuart Mill. Le premier écrivait notamment : « *On n'achète des produits qu'avec des produits ou des services, et le numéraire n'est que l'argent au moyen duquel l'échange s'effectue* », et le second affirmait que « *tous les échanges sont en substance et en réalité des trocs ; quiconque échange des marchandises contre de l'argent, et ensuite cet argent contre des marchandises, a échangé en réalité celles-ci contre les premières* »[8].

Mais Ricardo et Mill n'ont pas pour seul souci de confirmer tout simplement cette loi par des déclarations. Ils veulent apporter une explication du niveau général des prix dans une économie, explication qui confirme la théorie de la neutralité monétaire. Ils y parviennent grâce à l'approche d'une analyse dichotomique : séparation de l'analyse des phénomènes réels de l'analyse des phénomènes monétaires. Le niveau général des prix ou, si l'on préfère, ses variations sont, de ce fait, uniquement expliquées par des causes monétaires. Une augmentation ou une diminution de la quantité de monnaie entraîne mécaniquement une variation proportionnelle du niveau général des prix. Pour obtenir ce niveau général des prix, il suffit de diviser la masse monétaire disponible par le volume des transactions.

Bien qu'ils n'eussent pas clairement indiqué les conditions dans lesquelles cette proportionnalité devrait apparaître, il n'en reste pas moins qu'ils présentent cette proportionnalité comme étant sinon la preuve, du moins la présomption que la monnaie n'a, dans une économie, qu'un rôle d'intermédiaire, qu'elle est indifférente.

Mais les recherches d'Irving Fisher contribueront à formuler avec plus de rigueur et de netteté les conditions ou les hypothèses dans lesquelles la quantité de monnaie n'agit que sur le niveau des prix et d'une façon proportionnelle[9]. Ces hypothèses sont formulées à partir de sa fameuse équation des échanges :

$$P = \frac{MV + M'V'}{Q}$$

Dans cette équation, M représente la quantité de billets ou de pièces en circulation, M' la monnaie scripturale, c'est-à-dire les dépôts à vue dans les

[8]D. Ricardo, *Principes de l'économie politique et de l'impôt*, Ed. A. Costes, T. 2, 1933, p. 92 ; J. S. Mill, *Principes d'économie politique*, Ed. Guillaumin, T. 2, 1873, p. 158.

[9]I. Fisher, *The Purchasing Power of Money*, Macmillan, 1911.

banques, V et V' sont respectivement les vitesses de circulation de M et M'. La vitesse de circulation étant définie comme le nombre de fois qu'une pièce de monnaie ou un billet de banque change de main dans un temps donné, ou, s'il s'agit de dépôts à vue, le nombre d'entrées et de sorties. Q représente le volume des divers transactions et services, et P le niveau moyen des prix.

Irving Fisher fait deux suppositions :

- d'abord, il établit qu'il existe une relation fonctionnelle entre la masse monétaire M et la masse monétaire M'. Toute variation de M provoque une variation proportionnelle de M', c'est-à-dire que M' est une variable dépendante de M :

$$M' = f(M)$$

et qu'il existe entre M et M' un rapport constant ;

- ensuite, il établit que les vitesses de circulation, que nous pouvons représenter ici par V, et le volume des transactions Q ne dépendent pas de la quantité de monnaie en circulation, mais des facteurs extra-monétaires.

La vitesse de circulation dépend, par exemple, de la densité de la population, des coutumes commerciales, de la rapidité des transports et d'autres conditions techniques. Quant au volume des transactions, ses variations dépendent de la « *plus ou moins grande abondance des ressources naturelles et du développement plus ou moins avancé des conditions techniques de la production* ».

Mais dans sa démonstration, V et Q sont supposés constants.

Dans ces conditions, il est évident, lorsque la masse monétaire s'accroît ou diminue, que le niveau général des prix varie dans le même sens et dans la même proportion que les variations de cette masse monétaire. La monnaie est ainsi réduite à un rôle de simple intermédiaire : elle est neutre.

Cet exposé s'impose, car il nous permettra de voir par la suite, en observant les différentes variables que nous venons de relever, si la thèse de la neutralité de la monnaie peut être soutenue dans le cadre de l'économie ouest-africaine.

D'ailleurs, il faut souligner que cette thèse, ainsi que l'affirme Alexandre Chabert, était déjà effectivement vérifiée dans le contexte structural de l'Europe à l'aube de son industrialisation.

En comparant les structures économiques et sociales de cette Europe-là à celles des pays sous-développés d'aujourd'hui, et en procédant d'une manière systématique à l'examen de l'équation de Fisher dans le système économique de dix-sept de ces pays, surtout ceux d'Amérique latine et du Moyen-Orient, Chabert en vient à conclure que les hypothèses de cette équation sont encore valables dans les structures de ces pays, et que la proportionnalité du niveau général des prix par rapport aux variations de la masse monétaire se vérifie parfaitement[10].

Alvin Hansen est aussi de cet avis. Dans son souci de perfectionner les instruments d'analyse de John Maynard Keynes, il soutient que le rôle de la monnaie dans l'activité économique d'un pays dépend des structures de ce pays. S'interrogeant alors sur l'efficacité de la politique fiscale keynésienne, il envisage « *que dans un pays riche en ressources naturelles, non industrialisé, mais en voie de développement, le jeu des grandes variables économiques est tel qu'une politique fiscale ne peut aboutir à aucun résultat, car un tel pays, selon lui, présente les conditions nécessaires à un bon fonctionnement de la théorie quantitative* ». Mais il est regrettable qu'il n'ait pas donné une démonstration de cette proposition.

Ces deux points de vue semblent donc soutenir la validité de la thèse de la neutralité de la monnaie dans les économies sous-développées auxquelles appartient l'économie ouest-africaine.

Cette thèse, si elle est acceptée par les responsables politiques et économiques des pays sous-développés, impliquerait qu'ils accordent peu d'importance à la création monétaire dans l'élaboration de leur politique de développement économique et social. Ceci les amènerait à jouer naturellement plus sur les sources traditionnelles de financement – épargne, commerce international, aide étrangère –, c'est-à-dire à opter pour une politique de développement dite de « monnaie stable ». Ou bien, lorsqu'ils se sont aventurés dans la pratique d'une politique monétaire laxiste ou de « monnaie active », ils ne chercheront à combattre les effets de cette politique qu'en agissant uniquement sur les variables monétaires.

L'implication de cette thèse pourrait faire tourner en réalité les responsables de ces pays dans un cercle vicieux, inflation et déflation se succédant continuellement, ou les amener à se contenter aussi longtemps que possible du *statu quo*.

Et pourtant, on pouvait penser que le démenti apporté par les théories d'inspiration keynésienne à la thèse de la neutralité de la monnaie était définitif, et que ces théories pouvaient trouver partout une application universelle : la monnaie ne peut être neutre dans aucune économie, à condition de ne pas les interpréter de façon simpliste.

L'application au développement des théories keynésiennes nécessite une prolongation de ces théories, et les raisonnements en termes globaux doivent être complétés par des raisonnements en termes sectoriels. La contribution de la monnaie au développement dépend de la nature des activités qu'elle finance. En d'autres termes, nous voulons dire que si le

[10] A. Chabert : *Structure économique et théorie monétaire*, Ed. Armand Colin, 1956.

principe de la non-neutralité de la monnaie est accepté, on pourrait sans doute mieux étudier comment elle devrait intervenir dans le cas de chaque pays donné pour stimuler ou décourager l'activité économique.

Sans reprendre toute l'histoire des faits économiques, on peut faire remarquer que la monnaie ne semble pas aussi neutre. Car il nous semble, si l'on omet l'Espagne et le Portugal pour des raisons que nous ne pouvons reprendre dans cette introduction, que le développement rapide des pays européens depuis le 16ᵉsiècle jusqu'à nos jours a été en corrélation avec une augmentation considérable de la quantité de monnaie. Les périodes de fortes expansions économiques correspondent souvent, ainsi que l'enseignent les études cycliques, aux périodes d'accroissement de la masse monétaire. D'ailleurs, le fait que dans ces pays, on soit passé des métaux précieux aux billets de banque, et des billets de banque à la monnaie scripturale, il est permis de prétendre que l'augmentation de la quantité de monnaie était absolument nécessaire, non seulement pour favoriser les échanges, mais surtout pour financer les investissements.

En effet, si tous les investissements, aussi bien en capital fixe qu'en capital circulant, avaient été financés sur l'épargne sans émission de monnaie, la croissance des pays européens aurait été vraisemblablement moins rapide, parce que l'épargne nécessaire aurait amputé la consommation dans des proportions qui auraient découragé les investissements. En fait, ce sont les investissements en capital circulant, c'est-à-dire en matières premières, qui ont été financés surtout sur création de monnaie (crédit bancaire), alors que le capital fixe l'a été sur l'épargne. Est-ce qu'on ne peut pas en faire autant dans un pays sous-développé ?

Il nous semble qu'on devrait avoir une possibilité plus grande si les dirigeants veulent bien entamer le processus du développement par le commencement, c'est-à-dire par des choses simples et moins ambitieuses.

2. Thèse de la non-neutralité de la monnaie

Dans les pays développés, si les néo-quantitativistes – l'École de Chicago en l'occurrence – essaient d'expliquer la hausse du niveau général des prix ou l'inflation, uniquement par ses causes monétaires[11], aucun d'entre eux ne songe à vrai dire à démontrer la neutralité de la monnaie. Car ils savent tous très bien aujourd'hui que dans les conditions du sous-emploi de la main-d'œuvre et des facteurs de production, une création monétaire, pour financer par exemple les travaux publics, s'accompagne d'une augmentation de la demande effective, et constitue une incitation aux producteurs. L'opération se solde par un accroissement de la production, c'est-à-

[11]M. Friedman, *Inflation et systèmes monétaires*, Ed. Calmann-Lévy, Paris.

dire qu'une corrélation peut être établie entre la création monétaire et l'accroissement de la production.

La formulation de cette thèse a été souvent attribuée à Keynes. Mais il convient de rappeler qu'elle est très ancienne. Elle était déjà apparente dans les écrits de certains mercantilistes, notamment Boisguilbert et Vauban[12], qui posaient comme condition du progrès économique d'un pays l'abondance monétaire. Car elle est la source de la redistribution des revenus, de l'accroissement de la consommation et des investissements productifs.

À notre avis, l'apport de Keynes a consisté, d'une part en une vaste synthèse des points de vue exprimés par ces mercantilistes et Malthus « l'hérétique », et d'autre part, surtout en la mise au point du principe du multiplicateur, qui était flou dans les écrits de ceux que M. Leduc appelle plutôt les « néo-mercantilistes »[13].

Selon ce principe, un investissement monétaire, quelle que soit son origine, qu'il soit effectué grâce à une épargne monétaire ou grâce à une création de monnaie, qu'il soit réalisé par l'État, les entreprises ou les particuliers, entraîne une augmentation du revenu monétaire dans une première étape. Cette augmentation de revenu provoque à son tour une série de dépenses induites, de sorte que le total final des revenus créés est un multiple de l'investissement d'autant plus grand que la propension marginale à consommer est élevée. La multiplication du revenu monétaire entraîne avec elle celle du revenu réel par le truchement de l'accroissement de la production. Le mécanisme du multiplicateur ne s'arrête que lorsque joue un facteur de blocage de la production. Et la limite théorique que prévoit Keynes est le plein-emploi des facteurs de production.

L'application de cette théorie est d'autant plus séduisante pour les dirigeants des pays ouest-africains que la plupart de leurs pays sont dotés d'importantes ressources naturelles et d'une main-d'œuvre en chômage ou sous-employée. On peut, sans risque, soupçonner les responsables politiques et économiques ghanéens, guinéens et maliens d'avoir cédé à la tentation de cette théorie lorsqu'ils se sont trouvés face à l'insuffisance de leurs sources traditionnelles de financement.

---

[12]Cf. l'ouvrage *Pierre de Boisguilbert ou la naissance de l'économie politique*, Institut d'Études Démographiques, 1966, Paris.

[13]M. Leduc : *Le Mécanisme du multiplicateur chez les néo-mercantilistes de langue française au XVIIIe siècle*, *in* Revue d'Économie Politique, 1960.

Il faut d'ailleurs noter que l'application de cette théorie a été plus ou moins suggérée aux pays sous-développés par certains grands économistes, notamment G.S. Dorrance[14] et E. Gannagé[15]. Ceux-ci soutiennent que la lutte qui s'instaure entre les divers groupes sociaux pour s'accaparer les biens réels à la suite d'une émission monétaire supplémentaire devrait se solder par un accroissement effectif de la production et du revenu réel dans ces pays.

S'il est difficile de croire, quels que soient les pays et leurs structures, à la neutralité de la monnaie dans l'activité économique, il nous semble cependant qu'on ne doit pas, pour les pays sous-développés, manifester un trop grand optimisme quant au déroulement normal du mécanisme du multiplicateur.

À vrai dire, Keynes ne préconisait sa politique monétaire active devant provoquer la multiplication de la production que dans les pays ayant atteint un certain niveau d'industrialisation, et qui sont simplement confrontés à des problèmes de sous-emploi temporaire. Il s'agit essentiellement d'une politique générale. Dans les pays ouest-africains en particulier, l'articulation des secteurs économiques est telle que cette demande ne peut se répercuter à leur niveau que partiellement et, plus encore, les instruments de production sont tels qu'ils ne peuvent répondre à cette demande. On peut donc penser que l'effet du mécanisme du multiplicateur sera très réduit. On ne peut, par conséquent fonder une politique de développement sur le principe du *Deficit Spending* en espérant que le mécanisme du multiplicateur jouera pleinement.

Cette politique est trop « globale ». Lorsqu'on veut agir sur les structures, il faut des politiques sectorielles et sélectives. Lorsqu'on est face à un problème de développement et de mise en place de nouvelles structures, et lorsqu'il apparaît que la monnaie peut jouer un rôle actif, ce que nous aurons à rechercher pour les pays de l'Afrique de l'Ouest qui nous intéressent particulièrement, il convient d'étudier le rôle précis qu'on peut demander à la monnaie de jouer.

Ce rôle peut être principalement social lorsqu'on l'utilise pour procéder à une redistribution de revenus, ou principalement économique lorsqu'on l'utilise pour financer les activités productives. En Afrique de l'Ouest, ces deux rôles devraient être liés dans le cadre des programmes ou politiques économiques qui visent un progrès réel des populations intéressées, c'est-

---

[14] G. S. Dorrance, *The Effect of Inflation and Economic Development, in* International Monetary Fund, Staff Papers, 1963.

[15]E. Gannagé, *Financement du développement*, Presses Universitaires de France, 1969.

à-dire un changement de leurs mentalités et de leurs habitudes ancestrales et colonialistes d'une part, et un apprentissage de nouvelles techniques et de savoir-faire (*Know how*) moderne susceptibles, d'autre part, de transformer leur cadre de vie.

***

Le but de cette thèse est double : elle voudrait, d'une part étudier de façon précise les relations qui existent entre la masse monétaire, le niveau général des prix et la production nationale, et essayer de fournir une explication à ces relations. Il s'agit d'un test des théories de la neutralité et de la non-neutralité de la monnaie dans l'économie ouest-africaine et de l'efficacité des politiques qu'elles préconisent. Nous étudierons tout ceci dans une première partie intitulée « Les Faits ». Le chapitre l de cette partie sera consacré à l'observation des relations entre les diverses variables monétaires et réelles, et le chapitre II à l'explication des faits et à l'inadéquation des politiques monétaires.

Dans la seconde partie, nous passerons en revue les politiques de développement et de financement proposées. Nous étudierons au chapitre l les politiques de développement et de financement actuellement essayées dans les pays ouest-africains, et nous voudrions mettre en évidence ici la portée et les limites de ces politiques. Ensuite, nous proposerons la politique qui nous paraît la plus opportune en utilisant les résultats des observations de la première partie.

Partie I

Le but de cette première partie est de procéder à la vérification de la part de vérité des deux thèses que nous venons d'exposer dans le cadre de l'économie ouest-africaine à l'aide des données statistiques dont nous disposons.

Mais auparavant, deux démarches nécessaires s'imposent à nous : indiquer d'abord les sources et la valeur de ces données statistiques, et ensuite la méthode que nous adoptons dans l'analyse de ces données.

A. Sources

Les sources de nos données statistiques, qui ont été puisées dans les diverses publications nationales et internationales, sont variées.

Sur le plan national, nous avons eu à notre disposition :

- les bulletins mensuels et trimestriels de la Banque centrale du Ghana, la *Bank of Ghana*, et ses rapports annuels ; le *Ghana Economic Survey*, qui est le rapport publié annuellement par le service des statistiques du gouvernement du Ghana ; le *Central Bureau of Statistics* sur la situation économique, monétaire, financière et sociale du Ghana ;
- les *Comptes économiques de la Nation* du Sénégal et de la Côte d'Ivoire, les bulletins mensuels et trimestriels et les rapports annuels de la Banque Centrale des États de l'Afrique de l'Ouest (BCEAO).

Sur le plan international, nous avons utilisé :

- les rapports annuels du Comité monétaire de la Zone franc ;
- les grands annuaires statistiques des Nations-Unies, les publications du Fonds Monétaire International (FMI), notamment l'*International Financial Statistics.*

Faire référence à ces diverses sources d'information s'imposait à cause du caractère même de l'économie que nous étudions : une économie sous-développée, où il est difficile d'obtenir d'une source centralisée toutes les données dont nous sommes en quête. Même là où il est possible de les obtenir à partir d'une seule source, l'esprit de curiosité et la prudence exigent de nous que ces informations soient confrontées à celles d'autres sources afin d'estimer et d'éliminer, si besoin en était, les marges d'erreur dont elles peuvent être entachées avant leur utilisation.

Généralement, les chiffres concernant la masse monétaire sont moins entachés d'erreurs que ceux de l'indice du niveau des prix. Tandis que les

Banques centrales recensent toutes les opérations d'émission et de crédits du système bancaire, l'éventail des produits retenus par les services statistiques dans l'élaboration des indices des prix n'est souvent pas assez large, ou contient des produits qui n'ont pas une signification économique importante pour la majorité des populations intéressées.

Mais ayant été dans l'impossibilité de participer directement à l'élaboration de ces chiffres, ou de faire un examen exhaustif des méthodes employées à cet égard, nous avons dû les utiliser après les avoir confrontés et sélectionnés.

B. Méthode

L'Ouest africain, ainsi que nous l'avons signalé dans notre introduction, comprend quinze pays ; il serait impossible de vouloir, dans le cadre de cette étude et dans la limite du temps dont nous disposons, vérifier pour chacun la validité des thèses de monnaie neutre ou de monnaie non-neutre.

Aussi avons-nous choisi quatre d'entre eux, à savoir le Ghana, le Sénégal, la Côte d'Ivoire et la Guinée. Chacun de ces pays semble faire, en matière de politique économique et monétaire, des expériences différentes[16]. Le Ghana et la Guinée, qui ont un système monétaire plus ou moins indépendant – c'est-à-dire non intégré dans une grande zone monétaire – sont souvent enclins à faire une politique monétaire plus expansionniste que le Sénégal et la Côte d'Ivoire qui, du fait de leur appartenance à l'Union monétaire ouest-africaine (UMOA) et de la Zone franc, observent une discipline et une politique monétaire très strictes et prudentes.

Mais précisons que parmi ces quatre pays, nous insisterons plus sur le Ghana pour les trois raisons suivantes :

- le Ghana étant notre lieu de résidence, nous y avons vécu, au cours de ces dernières années, tous les phénomènes monétaires et leurs conséquences sur l'ensemble de son activité économique. Donc, nous parlerons de ces phénomènes et de leurs conséquences en meilleure connaissance de cause.

- le Ghana, à notre avis, dispose, comparativement aux trois autres pays, d'informations statistiques plus variées et plus complètes, ce qui permet de ce fait une observation et une analyse relativement plus poussées.

---

[16]Ainsi que nous allons le voir dans la deuxième partie de cette étude, le Sénégal et la Guinée pratiquent en matière de développement le socialisme. Mais le socialisme sénégalais, tel qu'il est défini par le Président Senghor, est différent de celui de la Guinée, qui semble emprunter certains principes du socialisme dit « scientifique ». La Côte d'Ivoire suit une voie capitaliste.

- L'extrême malléabilité de ses institutions monétaires, qui a favorisé au cours des dix années que nous allons prendre en considération une série d'expériences et de réformes, tant techniques que politiques, en matière de politique monétaire, fait que le Ghana présente à coup sûr un champ d'observation extrêmement plus fertile que n'importe quel autre pays ouest-africain, où la politique monétaire n'a, dans son ensemble, subi que peu de changements.

Ceci dit, l'analyse du rôle de la monnaie dans l'économie ghanéenne, c'est-à-dire la relation entre masse monétaire et niveau des prix d'une part, et du volume du produit national d'autre part, sera faite sur une période de dix années, à savoir de 1960 à 1969.

Mais cette analyse portera également sur le moyen et le court terme, afin de voir si c'est dans ces périodes que les deux thèses sur le rôle de la monnaie se vérifient le mieux.

Nous diviserons donc cette période de dix années en sous-périodes : période de pré-développement, de 1960 à 1962[27] ; période de développement, de 1963 à 1965 ; et période de stabilisation, de 1966 à 1969.

Comme nous allons le voir, ces périodes coïncident avec différentes politiques économiques et monétaires du Ghana. L'analyse de cette relation nous permettra de définir les problèmes d'ordre monétaire qui se posent au Ghana, et d'examiner ensuite la politique monétaire suivie et les problèmes que suscite cette politique.

Cette première partie comportera donc deux chapitres :

- un premier chapitre consacré à l'observation des faits – corrélation entre la masse monétaire, les prix et la production ;

- et un second chapitre portant sur l'explication des faits et l'inadéquation des politiques monétaires.

---

[27]A vrai dire, la politique systématique de développement économique du Ghana a commencé en 1951, immédiatement après le *Self Gouvernement*, ou autonomie interne. La division que nous faisons ici est plutôt d'ordre méthodologique.

Chapitre I

OBSERVATION DES FAITS : CORRÉLATION ENTRE MASSE MONÉTAIRE, PRIX ET PRODUCTION

Dans ce chapitre, nous nous proposons de découvrir le type de rapport qui existe entre la masse monétaire et le niveau général des prix d'une part, et le volume du produit national brut d'autre part. C'est-à-dire que nous nous interrogeons sur la question de savoir si la thèse de la neutralité de la monnaie peut être ou non soutenue dans l'économie ouest-africaine.

Pour ce faire, il nous faut définir d'abord ce qu'on entend dans cette économie par masse monétaire et les sources de sa création, c'est-à-dire ses contreparties.

A. Définition et structure de la masse monétaire ouest-africaine

Le système monétaire et bancaire des pays ouest-africains est calqué sur celui des anciennes puissances colonisatrices, France et Royaume-Uni. Ainsi, les termes qu'emploient les Banques centrales ou leurs autorités monétaires pour désigner la masse monétaire sont « disponibilités monétaires » pour les pays francophones et « offre de monnaie » ou « *Money Supply* » pour les pays anglophones.

Par « disponibilités monétaires » ou « *Money Supply* », l'on entend l'ensemble de la monnaie disponible dans le système bancaire. Elles sont représentées par le montant total des principaux éléments du passif exigible à vue de l'ensemble des banques (banques d'affaires ou banques commerciales, Banques centrales) vis-à-vis de l'économie[18].

On exclut donc de cette définition ce qu'on appelle généralement les « quasi-monnaies » ou « *Near Money* », c'est-à-dire les dépôts à terme, ou *Time Deposits* ainsi que l'épargne monétaire, ou *Savings*, qui se constituent dans ces banques ou dans les institutions financières (banques de développement ou caisses d'épargne), et les sommes d'argent thésaurisées.

L'exclusion des « quasi-monnaies » se justifie par le fait qu'elles n'interviennent pas dans les règlements courants : elles sont considérées comme des « fuites », ou destinées à financer souvent des opérations économiques à long terme (Cf. tableaux 1, 2, 3 en annexes).

On distingue dans l'économie ouest-africaine trois sortes de monnaies ainsi qu'il ressort des bilans de la Banque centrale du Ghana, la *Bank of*

[18] C'est la définition que retient également le FMI dans ses études.

Ghana, et des banques commerciales ghanéennes (*Ghana Commercial Bank, Barclays Bank* et *Standard Bank of West Africa - Ghana Ltd*, tableaux 1 et 2 en annexe) et de celui établi par la BCEAO pour l'UMOA (tableau 3 en annexe). Ces trois sortes de monnaie sont :

- la monnaie divisionnaire. Constituée par l'ensemble des pièces métalliques qui jouent dans l'économie ouest-africaine le rôle de monnaie d'appoint en ce sens qu'elles répondent le mieux aux conditions de petites transactions qui sont essentiellement celles des zones rurales (faut-il rappeler que dans ces zones, ou même dans les centres urbains, certains biens, comme les cigarettes, les bonbons, les comprimés d'Aspro ou d'aspirine, etc., se vendent à l'unité ?), et aussi parce qu'elles assurent mieux la thésaurisation que les billets, car ceux-ci sont souvent détruits par les termites ou les cafards ;
- la monnaie fiduciaire ou les billets de banque. « Monnaie fiduciaire » est l'appellation originelle des billets de banque garantis ou non par une encaisse monétaire métallique. Mais aujourd'hui, dans les statistiques monétaires, on englobe souvent sous ce nom les pièces de monnaie et les billets de banque. Dans la suite de cette étude, quand nous disons « monnaie fiduciaire » sans préciser, il faut entendre pièces et billets de banque. Ces derniers sont émis dans les pays ouest-africains par les Banques centrales[19];
- la monnaie scripturale, que l'on appelle de plus en plus « monnaie de banque », est constituée par les dépôts qu'effectuent les particuliers et les entreprises auprès des banques[20]. Autrefois, la monnaie divisionnaire et les billets de banque constituaient l'essentiel des disponibilités monétaires ouest-africaines. Mais depuis l'accession à l'indépendance des pays ouest-africains, qui a entraîné leur souveraineté monétaire, on observe une régression relative de ces monnaies dans la composition de ces disponibilités. En effet, si l'on se réfère à la structure de la masse monétaire ghanéenne, les pièces et billets en circulation en 1960 représentaient 72 % environ de cette masse ; en 1968, ils n'en représentaient que 54 %. Dans les pays de l'UMOA, la même tendance à la baisse de la part relative de

[19] Dans certains pays – comme c'est notamment le cas en France – les pièces de monnaie sont émises par l'État.

[20] Les dépôts peuvent être classés en deux catégories : a) les dépôts en comptes courants, qui peuvent être temporairement débiteurs et qui appartiennent à des entreprises le plus souvent ; les détenteurs de ces comptes courants (*overdraft*) paient un intérêt ; b) les dépôts en comptes de chèques (ou comptes de dépôts), qui sont obligatoirement créditeurs et détenus généralement par les particuliers (les ménages). On peut ajouter à ces deux comptes les comptes courants postaux que gèrent les services des Postes et Télécommunications pour le compte du gouvernement.

ces monnaies dans les disponibilités monétaires s'observe : de 50 % en 1963, elles sont descendues à 45 % en 1969. Par contre, on note dans cette zone économique une nette augmentation de la part de la monnaie scripturale. Elle est liée, d'une part au développement de la pratique bancaire – multiplication du nombre des agences qui se chargent de recueillir l'épargne détenue par les particuliers, tant dans les zones rurales que dans les zones urbaines –, et d'autre part, à l'expansion et à la diversification des entreprises commerciales et industrielles, qui ne conservent en monnaie manuelle que le minimum nécessaire aux très petites transactions courantes, et conservent l'essentiel de leur trésorerie en dépôts bancaires.

Au Ghana, il convient de signaler qu'après l'instauration en 1961 du contrôle des changes, qui limite le transfert des profits des entreprises étrangères à 50 %, celles-ci se voient obligées de détenir en dépôts d'importantes sommes d'argent. En effet, précisons que les perspectives d'investissement interne de ces entreprises étant réduites en raison surtout de l'incertitude politique qui commençait à régner, elles n'avaient d'autre alternative que de détenir leurs liquidités sous cette forme.

Les rapports entre les composantes de la masse monétaire que nous venons de noter sommairement présentent pour l'économiste un grand intérêt. Ils lui permettent même, lorsque l'on suppose la masse monétaire stable, de déceler ou d'identifier les modifications qui interviennent dans le comportement des agents économiques ou dans le volume des activités économiques ; ils peuvent, en outre, indiquer le niveau de monétisation du pays étudié. On note en effet dans les pays développés, que la part relative de la monnaie scripturale est de beaucoup, et de loin, la plus importante de la masse monétaire. En France par exemple, les dépôts à vue dans les banques, comptes chèques postaux et Trésor représentaient en 1968, 66 % des disponibilités monétaires, contre 46 % au Ghana. C'est que dans les pays développés, les paiements par chèques tendent à se substituer aux paiements en monnaie fiduciaire.

Au sujet de la masse monétaire, souvent, lorsque l'on parle de stabilité monétaire, une remarque importante est à faire : il faut comprendre qu'elle n'est nullement synonyme de constance monétaire. La notion de stabilité est tout à fait relative[21] : lorsque la production augmente, la quantité de monnaie devrait en principe augmenter pour maintenir un rapport stable, autrement, on se trouverait face à une situation économique déflationniste

[21]M. Rudloff, *Économie monétaire nationale et développement*, Ed. Cujas, Paris, 1970, p. 90

qui risquerait d'entraîner des conséquences graves pour l'ensemble de l'activité économique[22]. De même, lorsque la production baisse, la masse monétaire devra également baisser pour éviter que des pressions inflationnistes ne s'exercent dans l'économie. Mais il convient de souligner que cette stabilité ne s'assure pas toute seule ; elle résulte essentiellement aujourd'hui de l'action des autorités monétaires : la Banque centrale intervient pour ajuster la masse monétaire selon les besoins réels de l'économie.

B. Contreparties de la masse monétaire ouest-africaine

Il s'agit des actifs des banques, ou, si l'on préfère, des avoirs ou créances qui sont entrés dans le patrimoine des banques lors des opérations qui ont provoqué la création de monnaies dans cette économie. On peut y distinguer trois sortes d'avoirs, ou créances.

1°) Les avoirs en devises étrangères et en or. Il s'agit ici de transferts de devises étrangères ou d'or qui proviennent soit de l'excédent des exportations sur les importations, soit des aides étrangères – dons et emprunts – ou de tout autre mouvement de capitaux. Dans les situations intégrées du système bancaire du Ghana et de l'UMOA, ces avoirs figurent respectivement sous les rubriques de *Net Balances of Foreign Exchange* ou « solde net des réserves de change » et « avoirs extérieurs nets » (Tableaux 2 et 3 en annexe). Il faut préciser que ces avoirs sont, en régime de contrôle de changes, en principe obligatoirement détenus par les Banques centrales qui, en plus, en assurent la gestion. Ainsi, la *Bank of Ghana*, en accord avec les ministères du Commerce et des Finances, établit au début de chaque année fiscale (juillet-juin) un budget des recettes et des dépenses des devises étrangères. En ce qui concerne les pays de l'UMOA, les devises étrangères autres que françaises sont déposées dans un *Pool*[23] que gère le Trésor français.

2°) Les créances sur l'économie privée résultant des crédits accordés, surtout à des entreprises ou autres unités productives (effets de commerce, escomptes ou autres avances). Les crédits accordés aux entreprises ou établissements publics (entreprises d'État)[24]sont traités comme ceux accordés au secteur privé.

---

[22]Op. cit. p. 65.

[23]À vrai dire, le Trésor français a confié la gestion de ce *Pool* de devises étrangères au Fonds français de stabilisation des changes de la Zone franc.

[24]La Banque du Ghana classe dans ses bilans les entreprises d'État sous la même rubrique que les entreprises privées.

3°) Les créances sur le Trésor public du gouvernement, c'est-à-dire des avances consenties par les banques à l'État pour l'achat de bons de Trésor ou de titres du Gouvernement.

Quant à ces deux dernières sources de création monétaire, on peut apporter des précisions en ce qui concerne leur durée et leurs affectations, c'est-à-dire les opérations exactes auxquelles sont destinés les crédits. Pour ce qui est de la durée, on classe les crédits en : crédits à court terme, crédits à moyen terme et crédits à long terme.

Selon leur durée, cette répartition des crédits est relativement plus nette dans les bilans qu'établit la BCEAO que dans les bilans des banques ghanéennes. Au Ghana, il faut en effet se référer à la nature des effets escomptés par les banques pour opérer une telle répartition ; celle-ci se révèle parfois difficile si l'on sait que le gouvernement du Ghana, lorsqu'il se trouve devant une situation critique, peut transformer ses effets à court terme – *Treasury Bills* – en des effets à long terme, les *Government Securities.*

De toute manière, que ce soit au Ghana ou dans les pays membres de l'UMOA, il faut noter que les crédits à court et moyen terme sont nettement plus importants que les crédits à long terme.

Si l'on prend en considération l'accroissement des crédits à court et moyen terme consentis à l'économie des pays membres de l'UMOA entre 1969 et 1970, on constate qu'il est de 25 080 millions de Fcfa, pour un accroissement total de 27 462 millions de Fcfa, soit 91 % de ce total ; les crédits à court terme en représentent à eux seuls 71 %. En ce qui concerne l'accroissement des crédits à court terme, la part de la Côte d'Ivoire est de 66 % du total de l'accroissement des crédits, contre respectivement 12 % et 9 % au Sénégal (cf. tableaux 4, 5, 6 en annexe).

Si l'on en juge donc par l'importance des crédits à court terme que nous venons de souligner, ces activités économiques sont des opérations productives courtes. Il ne serait peut-être pas exagéré d'affirmer que la masse monétaire qui leur correspond a plutôt un caractère transactionnel. Cette affirmation paraît d'autant plus vraie lorsqu'on prend en considération l'activité des principales productions de ces pays. En effet, l'on constate qu'il y a une forte corrélation entre la masse monétaire et les périodes où ces productions sont intenses.

Au Ghana, les encours de crédits les plus élevés se situent entre décembre et avril, c'est-à-dire pendant la grande campagne de cacao – *Main Cocoa Crop*[25].

---

[25]Il y a aussi une petite campagne de cacao, la *Mid Cocoa Crop,* qui se déroule entre deux grandes campagnes.

Dans les pays de l'UMOA, il ressort de l'allure du graphique N° 1 que les encours les plus élevés sont compris entre le début du mois de novembre et la fin du mois de février ; ce qui correspond également aux campagnes d'arachide et de café.

On peut donc dire que ces principales productions, qui sont surtout destinées à l'exportation, seront, pour l'essentiel, à l'origine de grandes variations de la masse monétaire. Elles déterminent aussi, par l'importance de leurs prix de vente sur les marchés mondiaux et par leur volume, le niveau des avoirs extérieurs. La masse monétaire ouest-africaine sera d'autant plus forte que les récoltes sont bonnes, ou d'autant plus faible qu'elles sont mauvaises, ou bien, si l'on veut, liée aux changements des conditions climatiques qui déterminent les récoltes.

Si, dans les pays de l'UMOA, les statuts de la BCEAO prohibent l'octroi de crédits aux gouvernements de ces pays pour le financement de leurs projets économiques à moyen ou long terme, en Guinée et au Ghana, le concours de la Banque centrale et des autres institutions bancaires aux gouvernements de ces pays est à cet égard assez prépondérant.

Au Ghana, si l'on se reporte aux tableaux 1 et 5, on note que l'achat de titres du gouvernement effectué par la *Bank of Ghana* et les banques commerciales ghanéennes représentait en 1968 respectivement 31 % et 12 % du montant total de leur actif (soit 133,7 millions N¢ pour la *Bank of Ghana,* pour un actif total de 427,5 millions N¢, et 42,5 millions N¢ pour les banques commerciales, pour un actif de 344,1 millions N¢).

En Guinée, les crédits accordés par le système bancaire se chiffraient en 1968 à 30,8 milliards de francs guinéens, soit 41 % d'un total de 74 milliards de crédits consentis par les banques. Dans ces pays, les dépenses de l'État constituent donc, ainsi que nous allons le voir plus en détail dans les prochains chapitres, des facteurs déterminants de la variation de la masse monétaire.

La masse monétaire et ses contreparties étant ainsi définies, il nous faut à présent aborder dans la première section l'étude de la relation entre cette masse monétaire, le niveau général des prix et la production, et dans la seconde l'étude du cas particulier du rôle de la monnaie dans les pays francophones.

SECTION I

Étude de la relation entre masse monétaire, niveau général des prix et production

Précisons tout de suite que cette étude sera faite selon deux approches :

- dans la première, nous procéderons à une observation directe des données statistiques pour voir le type de relations qui existe entre les diverses variables que nous considérons.

- dans la deuxième, nous utiliserons un modèle économétrique pour estimer l'importance de la corrélation qui existe entre ces variables. Ce n'est qu'après cette deuxième approche que nous pouvons dégager une conclusion générale.

Les variables que nous prendrons en considération sont :

1) la masse monétaire M et le niveau général des prix P (étude de la liaison entre l'évolution de la masse monétaire M et le niveau général des prix P : $M \rightarrow P$).

2) la monnaie fiduciaire M_1 et la monnaie scripturale M' (étude du rapport entre M_1 et M' :

$$\frac{M_1}{M'})$$

et

3) la vitesse de circulation de la monnaie V. Cette vitesse de circulation, c'est le rapport entre le produit national brut évalué à prix courant Q[26], et la masse monétaire M :

$$V = \frac{Q_1}{M}$$

Nous utiliserons les valeurs absolues des variables quand il s'agira surtout de calculer le rapport qui existe entre eux, et nous utiliserons leurs indices quand il s'agira de suivre leur évolution. Au besoin, nous nous référerons à leurs valeurs logarithmiques pour observer ces rapports ; c'est ce que nous ferons notamment en deuxième approximation lorsque nous utiliserons le modèle économétrique pour calculer les coefficients de corrélation et de régression.

En ce qui concerne le Ghana, sur lequel nous centrons l'essentiel de nos analyses, ainsi que nous l'avons dit, les indices utilisés sont calculés sur la base mars 1963 = 100. C'est la base que retient le Bureau des Services

---

[26]La comptabilité nationale ghanéenne inclut dans Q la valeur monétaire estimée de la production autoconsommée.

Statistiques du Ghana (*Central Bureau of Statistics*) et les rapports des Nations-Unies.

A. Première approche : observation directe des données ghanéennes

Au cours de la période 1960-69, la politique monétaire de la Banque du Ghana fut en parfait accord avec la politique économique du gouvernement. Lorsque celui-ci éprouvait le besoin d'une politique économique dynamique, il sollicitait de la Banque du Ghana une politique monétaire libérale conduisant à une émission plus grande de monnaie, et lorsque la situation économique devenait inquiétante, au point de compromettre éventuellement le développement, il recommandait à la Banque du Ghana des mesures de restriction monétaire afin de lui permettre de contrôler la situation.

Ainsi, la période 1960-1969 que nous étudions est subdivisée, ainsi que nous l'avons déjà dit, en trois sous-périodes correspondant chacune à une politique économique et monétaire différente.

La période 1960-1962 correspond à une période stable, où aucune décision économique et monétaire importante ne fut prise par le gouvernement et la Banque du Ghana.

La période 1963-65 est la période du lancement du plan septennal de développement qui, ainsi que nous allons le voir dans la seconde partie de cette étude, est appelé à transformer les structures économiques et sociales du Ghana. C'est donc la période de développement et d'émission importante de monnaie.

La période 1966-1969 correspond à une période de stabilisation économique pendant laquelle le gouvernement, face à la hausse rapide des prix et au déséquilibre de la balance des paiements, demande à la Banque du Ghana de pratiquer une politique monétaire restrictive afin d'arrêter la hausse des prix et de maintenir sous contrôle les diverses pressions qui s'exercent sur cette balance (Tableau 8 en annexe).

Dans cette première approche, nous nous référerons donc, d'une part à la période longue de dix années, et d'autre part, à chacune des sous-périodes pour étudier les différents rapports susmentionnés.

1. Relation entre niveau général des prix et masse monétaire

La relation entre le niveau général des prix et la masse monétaire n'a pas été régulière au cours des dix années. Alors que dans six cas (de 1961 à 1964 ; et de 1966 à 1969), la hausse ou la baisse du niveau général des prix a correspondu à l'augmentation ou à la diminution des disponibilités monétaires, dans trois cas (de 1960 à 1961 et de 1964 à 1966), on observe qu'il n'existe aucune relation topique entre ces deux variables (tableau 8 et graphiques 2 et 3 en annexes).

En effet, on constate qu'en 1960-1961 et 1964-1965, la masse monétaire était constante ou en baisse alors que le niveau des prix accusait une hausse, et en 1965-1966, on observe le mouvement inverse : la masse monétaire augmentait alors que le niveau des prix baissait.

Si nous considérons les taux annuels d'accroissement moyens de la masse monétaire et du niveau des prix, on constate que pour l'ensemble de la période, l'écart existant entre ces deux variables n'est pas très grand. La masse monétaire a augmenté en moyenne de 10,8 %, et le niveau général des prix de 8,7 %, soit un écart de 2,1 %.

Si nous nous référons aux taux moyens d'accroissement de la masse monétaire et du niveau général des prix pendant les sous-périodes, les écarts constatés sont plus importants que celui constaté pendant la période de dix ans. Le taux de progression de la masse monétaire a été de 8,0 % entre 1960 et 1962, accompagné d'une hausse moyenne de prix de 2,3 %, soit un écart de 5,7 %. Pour la sous-période 1963-65, ces taux ont été respectivement de 17,0 % et 21,0 %, soit un écart de 4,0 % ; et pour la sous-période 1966-69, les taux respectifs représentaient 8,2 % et 1,7 %, soit un écart de 6,5 %.

S'il apparaît que dans la période longue, ces taux moyens des variations de la masse monétaire et du niveau général des prix se rapprochent, dans le moyen terme, la relation entre ces taux est plus lâche ; ici, on observe que le niveau général des prix croît plus que proportionnellement (1963-1965) ou moins que proportionnellement (1960-62 ; 1966-69) par rapport aux modifications de la masse monétaire. Cette constatation de la non-proportionnalité se confirme par le non-parallélisme des courbes représentant l'évolution de la masse monétaire et du niveau général des prix, ou lorsque nous considérons les variations de court terme. Ceci ressort mieux dans notre deuxième approche (Cf. tableau 9 en annexe).

L'absence de relation de proportionnalité entre ces deux variables peut, elle, être attribuée aux changements de la structure de la masse monétaire, c'est-à-dire du rapport $\frac{M1}{M'}$ et des variations de la vitesse de circulation

2. Relation entre monnaie fiduciaire et monnaie scripturale

On observe qu'au cours de la période 1960-69, la monnaie fiduciaire M_1 a connu une évolution assez rapide, passant de 97,0 millions N¢ en 1960 à 150,7 millions N¢ en 1969. Son taux moyen de progression a été de l'ordre de 6,6 % par an. Dans le même temps, les dépôts à vue ont plus que doublé, passant de 59,6 millions N¢ en 1960 à 138,7 millions N¢ en 1969 ; leur taux moyen d'accroissement a été de 10,6 %. Bien que l'on note une correspondance certaine entre le mouvement de la monnaie fiduciaire et celui de la monnaie scripturale (sauf dans quatre cas : 1962-63 ; 1964-65 ; 1965-66 et 1966-67 : graphique N° 4 et tableau N° 9), le taux de progression de cette dernière a été plus fort que celui de la monnaie fiduciaire, c'est-à-dire que l'accroissement moyen des dépôts à vue a été plus que proportionnel par rapport à celui de la monnaie fiduciaire au cours des dix années que nous considérons.

Le rapport $\frac{M_1}{M'}$ au cours de cette période a fluctué entre 0,96 (1966) et 1,62 (1960).

En nous référant aux trois sous-périodes, nous constatons :

- que de 1960 à 1962, la monnaie scripturale a augmenté d'une façon presque proportionnelle à l'augmentation de la monnaie fiduciaire. Les taux annuels moyens d'accroissement ont été respectivement de 9,8 % et 9,6 %, soit un écart minime de 0,2 % ; le rapport $\frac{M_1}{M'}$ constaté étant compris entre 1,62 et 1,59 ;

- que de 1963 à 1965, alors que le taux annuel moyen d'accroissement de la monnaie fiduciaire a été de 6,8 %, celui des dépôts à vue a été très fort, à savoir 22,7 %, plus du triple du taux d'accroissement moyen de la monnaie fiduciaire.

- qu'entre 1966 et 1969, le taux annuel moyen d'accroissement de la monnaie scripturale a été très faible, comparativement à ceux des deux sous-périodes précédentes, à savoir 2,2 %, et de 4,1 % pour la monnaie fiduciaire.

De l'observation faite sur la longue période et dans les sous-périodes, il apparaît qu'il existe, d'une manière générale, une relation fonctionnelle ($M' = f(M_1)$ entre le mouvement de la monnaie fiduciaire et le mouvement de la monnaie scripturale. Cependant, il ne s'agit pas d'une relation de proportionnalité comme le supposaient les théoriciens de la neutralité de la monnaie, surtout Irving Fisher.

Bien que dans la première sous-période, il semble exister une concordance proportionnelle entre les taux moyens de progression de la monnaie fiduciaire et de la monnaie scripturale, cette proportionnalité ne se vérifie pas dans les deux autres sous-périodes. La progression de la monnaie scripturale a été plus que proportionnelle durant la période de développement, tandis qu'elle a été moins que proportionnelle durant la période de stabilisation économique.

L'évolution de la monnaie fiduciaire et des dépôts à vue constatée dans ces deux sous-périodes est intéressante et significative de la politique économique et monétaire poursuivie par le gouvernement et la Banque du Ghana.

En effet, dans la deuxième sous-période, c'est-à-dire pendant la période de développement, le taux moyen de progression accentué constaté s'explique par deux faits :

1°) l'expansion de la pratique bancaire au Ghana par suite de la création de nouvelles agences et branches de la *Ghana Commercial Bank* et les facilités de crédits qu'elle accorde aux nationaux ghanéens, permettant une émission de monnaie plus grande. On souligne que durant cette période, le phénomène de thésaurisation, particulièrement fort dans les zones rurales[27], a connu un certain recul ; les dépôts auprès des banques tendent donc à augmenter.

---

[27]Lors de la démonétisation de la livre ghanéenne en juillet 1965, la Banque du Ghana n'est arrivée à récupérer que 97,8 millions N¢, soit 84% de la quantité de monnaie supposée être en circulation, ce qui signifie que 16% de la monnaie étaient soit thésaurisés, soit détruits. Cf. *Rapport Bank of Ghana* 1966, p. 7.

2°) le fait que les dépôts dans les banques deviennent importants permet à celles-ci d'avoir une marge d'action plus large dans leurs opérations de crédits.

Il s'est produit en somme un « effet boomerang », c'est-à-dire que l'accroissement des crédits s'accompagne souvent d'émission de monnaie fiduciaire ; lorsque le volume de la monnaie fiduciaire augmente, il provoque en retour un accroissement des dépôts à vue.

Dans la troisième sous-période, si le taux de progression de la monnaie scripturale a été faible, c'est qu'il y a eu une réduction des crédits accordés au public, et surtout au gouvernement. Pendant cette période de stabilisation économique, la politique monétaire est devenue sélective ; les banques n'accordaient des crédits qu'à certains secteurs de l'économie : agriculture d'exportation et industries de produits de substitution notamment.

D'autre part, la détérioration des réserves de change de la Banque du Ghana a amené celle-ci à observer une discipline très stricte en ce qui concernait sa politique de réescompte vis-à-vis des banques commerciales. Il faut signaler aussi que les fonds spéciaux qu'elle avait mis à la disposition du gouvernement pour l'aider dans sa politique de développement durant la sous-période précédente furent gelés ; c'est-à-dire que la Banque du Ghana avait bloqué *sine die* l'utilisation de ces fonds par le gouvernement. En effet, l'utilisation de ces fonds était considérée comme l'une des causes des tensions inflationnistes de l'économie ghanéenne.

3. Comportement de la vitesse de circulation V

Au cours des dix années sur lesquelles porte l'étude, la vitesse de circulation de la monnaie a fluctué entre 5,6 et 8,1, soit autour d'une moyenne annuelle de 7,2 (cf. tableau 9 et graphique 6 en annexe). Cette vitesse de circulation paraît plus élevée que celle généralement constatée dans les pays développés. En prenant par exemple la France, on observe qu'entre 1960 et 1967, cette vitesse n'a varié qu'entre 3,4 et 2,7, soit une moyenne annuelle de 2,5[28].

Si nous comparons les vitesses de circulation de la monnaie fiduciaire détenue par le public, c'est-à-dire qui n'est pas dans les encaisses des banques, et la monnaie scripturale, on constate que jusqu'en 1964, la vitesse de circulation de la monnaie scripturale était plus grande que celle de la monnaie fiduciaire ; à partir de cette année, les deux vitesses de circulation se situent à peu près au même niveau.

---

[28]M. Rudloff, op. cit., p. 101

En considérant les sous-périodes, on note que dans la première et la troisième, la vitesse de circulation n'a connu que de très faibles variations. Les écarts à la moyenne étant compris entre 0,1 et 0,3, on peut même observer qu'entre 1968 et 1969, elle est devenue constante.

Par contre, dans la deuxième sous-période, les fluctuations de la vitesse de circulation ont été relativement plus accusées, les écarts étant compris entre 0,3 et 0,8.

Il apparaît donc que dans certains cas, la vitesse de circulation pourrait se maintenir à un niveau à peu près constant, alors que dans d'autres, elle pourrait connaître des fluctuations plus sensibles.

Les faibles variations constatées correspondent à des périodes où l'économie semble connaître une certaine stabilité – première sous-période ou périodes pendant lesquelles le gouvernement et la Banque centrale limitent les moyens de paiement, tout en essayant de maintenir le volume de la production à un niveau relativement élevé –, troisième sous-période. Toutefois, pendant cette dernière, la vitesse de circulation n'en reste pas moins très élevée.

Les changements dans la structure de la masse monétaire, et les fluctuations de la vitesse de circulation semblent donc expliquer l'absence de relation nette entre le mouvement de la masse monétaire et celui du niveau général des prix. Ceci est d'autant plus vrai que c'est pendant les sous-périodes – notamment la sous-période de développement où ces changements et fluctuations sont plus marqués – que le décalage entre mouvement des prix et mouvement de la masse monétaire est plus grand.

4. Comportement du produit national Q

Il s'agit, rappelons-le, du produit national brut à prix constant. Celui-ci donne ou représente le volume des transactions Q. Celui-ci a connu au cours des dix années une évolution assez faible, soit un taux de croissance de 2,2 % en moyenne. Après avoir stagné en 1967 et 1968, il a atteint en 1969 son niveau le plus élevé durant cette période de stabilisation.

Pendant la première sous-période, le taux de croissance moyen a été de 4,3 % par an, de 1,3 % dans la deuxième sous-période, et de 1,5 % dans la troisième.

Les faibles variations du taux de croissance constatées s''expliquent, ainsi que nous le verrons plus en détail dans la suite de cette étude, par le caractère même du système économique du Ghana, qui fait que celui-ci dépend de l'extérieur pour son approvisionnement en biens d'équipement et matières premières indispensables à ses industries. Or, durant la période que nous étudions, nous allons constater que le Ghana a été en butte, d'une façon constante, à des difficultés de la balance des paiements qui ont entravé son approvisionnement régulier en matières premières sur les marchés extérieurs. De sorte que ses industries n'ont pas pu tourner à pleine capacité pour faire progresser le produit national au même rythme que l'évolution monétaire.

***

Les premiers résultats que nous venons d'obtenir dans cette première approximation, quoiqu'intéressants et significatifs du comportement des différentes variables de l'équation de Fisher dans l'économie ghanéenne, ne nous autorisent pas encore à conclure à la non-neutralité de la monnaie dans cette économie.

En effet, si dans le long terme, on dénote d'une manière générale que les fluctuations de la vitesse de circulation et du volume du produit national ont été faibles, et que la correspondance entre les taux moyens d'accroissement de la masse monétaire et du niveau général des prix est presque étroite, en revanche, il faut souligner que la relation existant entre monnaie fiduciaire et monnaie scripturale, quoique fonctionnelle, ne reflète pas un rapport de proportionnalité, en d'autres termes, le rapport entre ces deux variables n'est pas fixe, et que d'autre part, dans les périodes moyennes, les écarts existant entre les taux d'accroissement de la masse monétaire et du niveau général des prix sont assez grands. D'autres outils d'observation doivent être utilisés avant d'en arriver à une conclusion définitive.

B. Seconde approche : l'observation économétrique

Dans cette seconde approche, nous allons, pour appréhender l'importance de la relation qui existe entre la masse monétaire et le niveau général des prix ou du volume du produit national, utiliser un modèle de régression simple, c'est-à-dire à deux variables, de la forme suivante :

$$y = a x + b$$

Nous supposons que le niveau général des prix P est fonction de la masse monétaire M

$$P = f(M)$$

Nous pouvons écrire le modèle ci-dessus en remplaçant Y, variable endogène, par P ; et x, variable exogène, par M ; c'est-à-dire :

$$P = a M + b$$

Ce modèle nous permettra de voir dans quelle proportion le niveau général des prix varie par rapport aux variations de la masse monétaire ; a représente cette proportion, c'est-à-dire le coefficient de régression, et b est une constante qui nous indiquera l'influence sur le niveau général des prix des facteurs exogènes autres que la monnaie émise par le système bancaire. De plus, ce modèle nous indiquera la corrélation existant entre la masse monétaire et le niveau général des prix.

Puisque la condition de la neutralité de la monnaie exige que les variations du niveau général des prix soient proportionnelles à celles de la masse monétaire, pour que cette proportionnalité apparaisse dans ce modèle, il faudrait d'une part que la pente de la courbe représentative de la fonction $P = f(M)$ ou de l'équation $P = aM + b$ soit égale à 45°, c'est-à-dire qu'il faudrait qu'à une variation d'une unité de la masse monétaire M corresponde une variation d'une unité du niveau des prix P, et que d'autre part, la constante b soit égale à zéro ; ce qui signifierait que d'autres facteurs exogènes n'agiraient pas sur le niveau général des prix.

Dans ces hypothèses, il faudrait que le coefficient de corrélation – que nous désignons par r –, qui atteste de l'importance de la relation liant le niveau des prix à la masse monétaire, soit égal à 1, ce qui signifierait qu'il existe une corrélation parfaite entre ces deux variables. Lorsque ces hypothèses ne seront pas vérifiées, cela signifie que la monnaie n'est pas neutre. Il faudrait alors chercher la relation pouvant exister entre le volume du produit national et la masse monétaire.

Il convient de souligner que dans cette observation, nous ferons usage des valeurs logarithmiques de la masse monétaire, du niveau des prix et du produit national ; ces valeurs logarithmiques nous donnent directement l'élasticité de ces variables. Après avoir effectué l'observation sur la longue période, nous reprendrons encore dans cette seconde approximation nos différentes sous-périodes. Pour ce qui concerne le niveau des prix, nous nous référerons aussi à la très courte période d'un an.

1. Relation entre niveau général des prix et masse monétaire

Pendant la longue période de dix ans, le niveau général des prix a varié dans la proportion de 0,95 par rapport aux variations de la masse monétaire, c'est-à-dire, en d'autres termes, qu'une augmentation de la masse monétaire d'une unité entraîne une variation du niveau général des prix de 0,95. Le coefficient de corrélation nous indique par ailleurs que la masse monétaire et le niveau des prix sont fortement liés ; ce coefficient est de l'ordre de 0,951. Il est donc clair, ainsi que nous l'avons déjà remarqué dans la première approximation, que dans la longue période, non seulement le niveau général des prix semble dépendre étroitement de la masse monétaire, mais que les taux d'accroissement du niveau général des prix et de la masse monétaire se rapprochent (Cf. tableau 1).

Lorsque nous nous reportons aux trois sous-périodes, nous observons une dépendance lâche du niveau général des prix par rapport à la masse monétaire, et dans des proportions différentes.

Ainsi, pour la première sous-période, le niveau des prix varie dans la proportion de 0,50 par rapport à la masse monétaire, avec un coefficient de corrélation faible et médiocre de 0,630. Dans la deuxième sous-période, la période de développement économique, donc de politique monétaire active, la proportion constatée est de 0,71 pour un coefficient de corrélation également faible, soit 0,710. Dans la troisième sous-période, la variation du niveau des prix et le coefficient de corrélation ont été relativement plus forts que ceux constatés dans les deux premières. Les prix ont varié dans la proportion de 0,78 par rapport à la masse monétaire, et le coefficient de corrélation a été de 0,889.

Si nous comparons les différents résultats obtenus entre eux, il apparaît que dans la longue période, la tendance générale à la hausse des prix a été, sous l'influence de la masse monétaire, plus forte que dans les périodes moyennes. On constate en effet que dans six cas sur neuf (1961 à 1964 ; 1965-1966 ; 1967 à 1969), la masse monétaire a augmenté, et le niveau général des prix dans sept cas sur neuf (1960 à 1965 ; 1967 à 1969), a monté (voir graphique N° 3).

Dans les deux dernières sous-périodes, un phénomène paradoxal apparaît. Alors que durant la période de développement économique, où l'émission de la monnaie a été la plus forte, soit 77,0 millions N¢, la proportion de la variation du niveau des prix a été relativement plus faible que dans la période de stabilisation économique et de restriction monétaire ; l'accroissement de la masse monétaire durant cette dernière période ayant été de 48,2 millions N¢.

Ce phénomène s'explique d'une part par le fait que pendant la période de développement, le gouvernement du Ghana exerçait un contrôle rigoureux sur les prix, et essayait par le système dit de « quota » d'allouer à chaque région administrative, selon la densité de sa population et de son importance économique, une quantité donnée de biens d'importation de première nécessité sur lesquels joue souvent la spéculation. La contrepartie en biens de la masse monétaire a donc été plus ou moins assurée.

D'autre part, on souligne que durant cette période, en raison du contrôle rigoureux des prix sur les marchés, les indices des prix établis par le *Central Bureau of Statistics* ne reflètent pas l'ampleur de l'évolution des prix qu'aurait normalement entraînée cet accroissement de la masse monétaire.

Les indices ont été établis à partir des prix officiels de contrôle. Dans la période de stabilisation, au contraire, le contrôle des prix a été moins rigoureux et le système de « quota » supprimé ; il y a eu un rush sur les marchés ; les gens se débarrassaient rapidement de leur monnaie alors que la quantité de biens disponibles était manifestement insuffisante pour satisfaire toute la demande ; de plus, il y a eu pendant cette période un phénomène de pénurie artificielle de marchandises provoqué par les spéculateurs. De sorte que le déséquilibre entre la quantité de monnaie disponible et l'offre de marchandises était plus grand. Ainsi s'explique en partie le niveau relativement élevé des prix durant cette période.

Maintenant, si nous nous référons à la courte période d'un an, nous constatons que non seulement les coefficients de régression des variations du niveau général des prix par rapport aux variations de la masse monétaire sont faibles, et parfois même négatifs, mais que les coefficients de corrélation sont tout à fait médiocres. Cela signifie que durant cette période courte, la masse monétaire n'influence pas le niveau général des prix (Cf. tableau N° 2).

La première conclusion que nous pouvons tirer de ces observations, c'est que la monnaie n'agit pas seulement sur le niveau général des prix, puisque des résultats obtenus, aucun ne concorde avec les hypothèses de la neutralité de la monnaie que nous avons formulées au départ.

Cependant, la proportion dans laquelle varie le niveau des prix par rapport aux variations de la masse monétaire a été dans l'ensemble assez forte, surtout en ce qui concerne la longue période. Les faibles proportions constatées pour le court terme, ainsi que les coefficients de corrélation médiocres, suggèrent que ce n'est qu'après certains ajustements, qui se produisent probablement dans les périodes moyennes, que le niveau des prix résorbe l'excédent de masse monétaire.

Si la masse monétaire n'agit pas uniquement sur le niveau des prix, dans quelle proportion agit-elle sur le produit national ?

2. Relation entre masse monétaire et produit national

Dans la première approche, il nous a été difficile de voir s'il existait une relation topique entre les variations de la masse monétaire et le volume du produit national. L. Fisher affirme que le volume du produit national ne dépend que des facteurs extra-monétaires. Pourtant, il y a de fortes présomptions, d'après les premiers résultats que nous avons obtenus à la suite de nos observations, que cette assertion ou cette supposition soit en défaut.

En utilisant le même modèle de régression simple, nous pouvons, comme précédemment, rechercher l'importance du lien qui existe entre la masse monétaire et le volume du produit national. On peut écrire :

$Q = aM + b$

Rappelons que Q représente ici le produit national à prix constant, *a* la proportion dans laquelle varie ce produit national lorsque la masse monétaire se modifie, et *b* les facteurs autres que la monnaie qui déterminent ce produit. Ici, nous n'avons pas à mettre en évidence la proportionnalité de la variation du volume du produit national par rapport à la variation de la masse monétaire, mais à constater tout simplement si cette masse a une influence quelconque sur le produit national. Aucune hypothèse n'est par conséquent nécessaire.

Au cours de la période que nous considérons, nous avons constaté qu'il existe une liaison entre monnaie et produit national. En effet, durant la période longue de dix ans, le coefficient de régression du produit national par rapport aux variations de la masse monétaire est de 0,25 ; le coefficient de corrélation constaté entre ces deux variables est de 0,947.

Pour la première sous-période, alors que le coefficient de régression estimé a été relativement fort, soit 0,59, ceux constatés dans les deux autres sous-périodes sont faibles et représentent respectivement 0,10 et 0,39, pour des coefficients de corrélation de 0,848 et 0,914 (Cf. tableau 10).

À un double point de vue, ces nouveaux résultats sont extrêmement importants :

- d'abord, ils contredisent l'hypothèse des tenants de la thèse de la neutralité de la monnaie selon laquelle le volume des transactions Q ne peut varier sous l'influence de la monnaie[29]. La constance supposée du volume des transactions ne paraît donc pas réaliste. Si le volume des transactions

[29]Remarque importante : pour les classiques, lorsqu'il y a une augmentation du produit national ou des transactions Q, c'est la masse monétaire qui s'adapte en augmentant à son tour. Si cette adaptation a lieu, il ne fait pas de doute que la corrélation entre ces deux variables soit étroite. On peut bien avoir la relation inverse M = f(Q). Dans ce cas, la thèse de la neutralité de la monnaie ne sera pas nécessairement infirmée. Mais dans notre investigation ici, la relation Q = f(M) atteste bien de la non-neutralité de la monnaie. En effet, lorsqu'on se reporte à notre graphique N°7, on observe, mise à part la période 1960-61, que c'est bien le mouvement de la masse monétaire qui entraîne celui de la production. Il y a antériorité de la courbe de la masse monétaire sur celle du produit national. Dans les recherches et études de ce genre, on doit, à notre avis, prendre en considération non seulement la relation Q = f(M), mais aussi les courbes représentatives de ces variables avant de se prononcer d'une façon définitive.

ou du produit national ne peut, d'après nos observations et investigations, être supposé constant, qu'en est-il de la constance de la vitesse de circulation de la monnaie, qui est aussi une des hypothèses ou des conditions de la neutralité de la monnaie ?

S'il est maintenant démontré que le volume des transactions ou du produit national est influencé par la masse monétaire, on peut admettre par exemple que lorsque le volume des transactions s'accroît plus vite que la masse monétaire, la vitesse de circulation tendra à s'élever, c'est-à-dire que la quantité de monnaie qui manque pour assurer les transactions sera compensée par l'augmentation de la vitesse de circulation. Inversement, si la quantité de monnaie est abondante, c'est-à-dire si les variations de la masse monétaire sont plus importantes que celles du volume des transactions, la vitesse de circulation tendrait à baisser. On peut donc dire que du fait que le produit national se modifie sous l'influence de la monnaie, cela peut entraîner dans le même temps l'instabilité de la vitesse de circulation ; lorsque le produit national varie dans une proportion plus forte que les variations de la monnaie, le rapport entre le produit et la masse monétaire, qui est la vitesse de circulation, devient grand ; et lorsqu'il varie dans une proportion très faible, ce rapport devient petit. On ne doit donc pas, dans une théorie monétaire réaliste, supposer constante cette vitesse de circulation.

En effet, les variations de la vitesse de circulation (quoique souvent faibles) que nous avons constatées au cours de la période que nous étudions semblent bien correspondre à la réalité des choses. Dans la période de stabilisation économique (troisième sous-période) où la politique monétaire était restrictive – l'accroissement moyen de la masse monétaire étant de 12 millions N¢–, la vitesse de circulation a été très élevée, tandis qu'elle a été relativement faible dans la période de développement (deuxième sous-période), où l'accroissement de la masse monétaire a été de 25,6 millions N¢ par an. Les variations en sens inverse de la vitesse de circulation par rapport aux variations du produit national peuvent s'observer dans n'importe quelle économie. Aux États-Unis par exemple, entre 1954-1957, c'est-à-dire après la période de récession, on constate qu'alors que le produit intérieur brut a augmenté de 25 %, la masse monétaire n'a progressé que de 6 %. Dans la même période, la vitesse de circulation a augmenté de 2,84 (deuxième trimestre 1954) à 3,33 (troisième trimestre 1957), soit une augmentation de 17,3 %.

Ensuite, ces résultats contredisent la preuve même de la neutralité de la monnaie avancée par les tenants de cette thèse. Si la monnaie agit simultanément sur le niveau des prix et sur le volume du produit national, il semble donc évident que les variations du niveau général des prix ne seraient jamais proportionnelles aux variations de la masse monétaire. Du fait que le volume du produit national varie, un effet de compensation apparaît. Ceci ressort de nos calculs et explique maintenant pourquoi la proportionnalité du niveau général des prix, par rapport à la masse monétaire, n'était pas vérifiée. Le niveau général des prix reste d'autant plus grand (ou petit) que l'effet de compensation sera autant plus petit (ou grand). Ceci se vérifie bien dans la période de pré-développement, où la variation du volume du produit national par rapport à la masse monétaire a été de 0,59, alors que celle du niveau général des prix a été de 0,60. Comparativement aux autres sous-périodes ou à la période longue, le niveau général des prix constaté dans cette période a été effectivement moins élevé, et le taux de croissance très élevé.

***

La conclusion définitive que nous pouvons tirer à la suite de cette deuxième vérification est claire : la thèse de la neutralité ne peut être soutenue dans le cadre de l'économie ghanéenne. La monnaie a une influence, à la fois sur le niveau des prix et le volume du produit national. D''autre part, l'investigation à laquelle nous venons de procéder nous invite à remettre en cause l'étude d'Alexandre Chabert. Dans sa vérification de la thèse de la neutralité de la monnaie dans l'économie de certains pays d'Amérique latine et du Moyen-Orient, il n'avait, en effet, tenu compte que du coefficient de corrélation et du coefficient de dépendance, c'est-à-dire de l'importance de la liaison qui existe entre masse monétaire et niveau général des prix. Ces coefficients étaient élevés pour un certain nombre de pays – Pérou, San Salvador, Uruguay, Colombie, Équateur, Brésil notamment (ils sont compris entre 0,87 et 0,97)[30]. Mais l'étude de Chabert aurait sans doute eu une valeur explicative plus intéressante si elle nous indiquait les proportions dans lesquelles se modifie le niveau des prix dans ces pays lorsque la masse monétaire varie, c'est-à-dire qu'il manquait dans cette étude les coefficients de régression. Car au fond, une fois établi le degré de corrélation entre monnaie et prix, c'est lui qui devrait nous renseigner si la monnaie est neutre ou non, avec bien entendu, les suppositions que nous avions précédemment faites. On peut donc dire que les observations

[30]A. Chabert, op. cité, p. 177

faites par A. Chabert sur la vérification de la thèse de la neutralité de la monnaie dans les pays sous-développés présentaient quelques lacunes[31].

Les résultats obtenus dans le cas du Ghana peuvent-ils être étendus aux trois autres pays que nous retenons dans cette étude ? C'est une question à laquelle il paraît difficile de répondre si l'on sait que chacun de ces pays, en dépit de certains traits communs, possède depuis l'accession à la souveraineté nationale sa propre particularité, surtout en matière de politique monétaire et économique.

Nous devons, avant de tenter une réponse, observer le comportement des indicateurs économiques dont nous disposons sur eux (Cf. tableaux 12, 13 et 14 en annexe).

---

[31]B. Rylandt , dans son étude des phénomènes inflatoires dans l'économie zaïroise, omet de calculer le coefficient de régression ; il se contente du coefficient de corrélation entre prix et monnaie.

SECTION II

Cas particulier du rôle de la monnaie dans les pays francophones : Guinée, Côte d'Ivoire et Sénégal

S'il est possible d'avoir des données exactes sur l'évolution de la masse monétaire et du produit intérieur brut à prix courant dans ces trois pays, il est par contre difficile d'attacher une grande signification aux indices des prix disponibles. L'absence d'indice général des prix y est remarquable et rend difficile de ce fait, d'une part l'évaluation du volume des transactions réelles, c'est-à-dire l'estimation du produit national à prix constant, et d'autre part l'utilisation de notre modèle de régression simple pour opérer les vérifications nécessaires.

Les indices que les services statistiques de ces pays fournissent sont, d'une part ceux du coût de la vie, c'est-à-dire ceux des prix de détail, et d'autre part ceux des prix de gros. Et ces indices, ainsi que nous l'avons déjà signalé, couvrent très peu de produits, ou ne reflètent que l'évolution du niveau des prix dans les grandes agglomérations urbaines, notamment à Dakar et Abidjan. Cependant, les statisticiens des Nations-Unies ont, à partir de ces indices, essayé d'effectuer des estimations afin de donner une idée de ce que pourrait être le niveau réel des prix dans ces pays. C'est avec la plus grande précaution que nous les utilisons ici.

Ceci dit, on remarque qu'en Côte d'Ivoire et en Guinée, la masse monétaire a dans l'ensemble évolué d'une façon considérable entre 1962 et 1968 (Cf. tableaux N° 12 et 13 et graphiques N° 3 et 9) ; elle a plus que doublé dans ces pays. Par contre, au Sénégal (Cf. tableau N° 14), on constate que la masse monétaire a connu une régression presque constante, alors que l'indice du niveau des prix de détail, aussi bien que celui des prix de gros, ont été régulièrement en hausse.

En Côte d'Ivoire, le niveau des prix a progressé dans le même sens que la masse monétaire. En Guinée, où l'indice des prix n'est pas encore officiellement établi, les rapports des organismes spécialisés des Nations-Unies et du Fonds Monétaire International soulignent qu'entre 1959-1969, le niveau des prix a augmenté dans des proportions assez considérables en dépit du contrôle que les autorités gouvernementales exercent sur eux. La hausse du niveau des prix a été le plus souvent attribuée à la politique d'expansion monétaire pratiquée dans ce pays au cours de cette période.

Une autre variable que nous pouvons observer au Sénégal et en Côte d'Ivoire, c'est la vitesse de circulation. Elle varie entre 4,6 et 7,6 dans ces pays. Et il est intéressant de noter qu'elle est relativement plus élevée au Sénégal, où le produit intérieur brut augmente dans l'ensemble, alors que la masse monétaire y accuse une baisse. En Côte d'Ivoire, on constate également que la vitesse de circulation est plus grande là où la masse monétaire est relativement faible, alors que le niveau de la production intérieure brute est assez élevé. Ce comportement de la vitesse de circulation dans ces deux pays semble être en accord avec celui constaté au Ghana.

De cette observation sommaire, il apparaît que la relation qui existe entre la masse monétaire et la vitesse de circulation (relation indirecte par l'intermédiaire du produit intérieur brut) soit la seule chose qui puisse nous intéresser dans la mesure où nous chercherons un élément positif pouvant nous permettre d'extrapoler les résultats de nos investigations précédentes à ces pays. Mais il nous faut plus d'un élément pour que l'extrapolation soit vraiment fondée. Aussi avons-nous pensé à un autre élément qui ne fait pas partie de l'équation d'Irving Fisher, un élément qui a peut-être plus de poids et qui pourrait nous aider à faire, non une extrapolation de ces résultats, mais à réfuter la validité de la thèse de la neutralité de la monnaie dans ces pays. Cet élément tient à la fois à la politique économique et monétaire des pouvoirs publics de ces pays.

Au Sénégal et en Côte d'Ivoire, ainsi que nous le verrons dans la seconde partie de cette étude, les programmes et les plans de développement économique sont établis selon le principe de monnaie stable (équilibre budgétaire), c'est-à-dire que la monnaie émise par le système bancaire doit être canalisée vers les secteurs productifs et rentables. Ainsi, pour ce qui concerne les grands travaux d'infrastructures, les gouvernements sénégalais et ivoirien tiennent compte avant tout des ressources intérieures réelles d'origine fiscale notamment, et d'autre part, du concours que les gouvernements et les organismes financiers étrangers pourraient leur apporter avant d'engager la réalisation de ces travaux. C'est dire si l'émission de monnaie nationale qu'entraîneraient ces aides étrangères aurait nécessairement une contrepartie immédiate en biens de consommation ou en biens d'équipement que ces aides permettent d'acheter (la marchandise suit l'aide). L'émission de monnaie ne sera donc pas résorbée par les prix.

De plus, il faut souligner que le concours de la Banque centrale pour le financement des budgets nationaux est strictement limité à l'escompte ou à l'achat des Bons du Trésor, et l'avance que celle-ci peut éventuellement accorder au gouvernement en attendant le recouvrement des impôts ne doit pas dépasser 15 % des recettes fiscales de l'année précédente, et doit être en plus remboursée dans les 240 jours[32].

Il ressort donc que les possibilités d'émettre de la monnaie qui n'ait pas une destination précise, qui n'ait pas un objectif de production, paraissent difficiles. Dans l'hypothèse où une telle émission pourrait se produire, destinée au financement des travaux publics par exemple, il semble qu'il existe des possibilités pour qu'elle soit compensée par des éléments réels.

En effet, cette émission n'affecterait pas uniquement le niveau des prix au point qu'on observe la proportionnalité de ce dernier.

Le Sénégal et la Côte d'Ivoire appartiennent à la Zone franc. Cette appartenance, ainsi que le souligne L. Bourcier de Carbon[33], permet « *d'ouvrir en permanence le circuit monétaire local sur le circuit monétaire (et donc de marchandises) de la métropole* ». Il apparaît donc que les excédents de revenus engendrés par une émission monétaire de la BCEAO dans ces pays trouveraient une contrepartie en biens réels, c'est-à-dire en biens importés de la France.

En effet, c'est la convertibilité des monnaies sénégalaises et ivoiriennes en francs français qui est l'un des atouts de cette zone en évitant que l'émission de monnaie de ces pays soit résorbée par les prix. Comme le souligne M. Leduc, cette émission pourrait être compensée par des « placements extérieurs »[34], c'est-à-dire se solder par un transfert de fonds vers l'extérieur ; l'effet inflationniste qu'on pourrait attendre de cette émission ne se produira donc pas. Il est donc inconcevable que, dans l'état actuel des choses, la monnaie soit neutre dans le sens où l'entendent les défenseurs de cette thèse, c'est-à-dire que la monnaie ne soit qu'un multiplicateur du niveau des prix. L'explication du haut niveau des prix dans ces pays devrait être cherchée ailleurs.

---

[32]Statuts de la BCEAO. Titre II, Section 3, article 15. 1968.

[33]L. Bourcier de Carbon, *Les rapports monétaires des métropoles et des pays d'Outre-Mer*, Cahiers de l'ISEA, Série A, N°11, mai 1959, pp. 1-26.

[34]M. Leduc, *Le rôle anti-inflationniste des institutions de la Zone Franc en Afrique de l'Ouest*, *in* Annales Faculté de Droit et des Sciences Économiques de Dakar, 1961.

Il est souvent attribué au fait que le Sénégal et la Côte d'Ivoire effectuent la majeure partie de leurs achats en France où les prix seraient relativement plus élevés que dans les autres – États-Unis, Japon, Angleterre, Allemagne, etc. (Cf. graphique N° 10).

En effet, les prix dans ces pays sont les prix français augmentés des frais de transport, des droits de douane, des marges bénéficiaires, des sociétés qui y opèrent des frais de manutention, de stockage, de casse et d'assurance.

Chapitre II

EXPLICATION DES FAITS

Du point de vue monétaire, une économie se trouve souvent placée devant un problème alternatif : elle a soit à résoudre un problème d'insuffisance de la masse monétaire, soit à faire face à celui de son abondance par rapport au volume des transactions réelles. En ce qui concerne l'économie ouest-africaine, qui est généralement considérée comme une économie partiellement monétisée, en ce sens qu'elle comporte un secteur économique moderne petit et développé, et un secteur économique traditionnel grand et arriéré[35], le problème qui devrait logiquement se poser à elle est celui de l'insuffisance de la masse monétaire. C'est dire s'il faudra, pour transformer le secteur économique traditionnel en un secteur économique moderne, y insuffler davantage de monnaie.

Or, il se trouve que nos observations et investigations du chapitre précédent nous révèlent le contraire. Elles nous suggèrent qu'il se pose en réalité à cette économie, du moins en ce qui concerne le Ghana et la Guinée, un problème d'abondance monétaire, voire même d'excès monétaire par rapport aux ressources réelles disponibles.

La première manifestation visible de l'abondance monétaire est la hausse du niveau des prix, qui introduit dans le système économique un déséquilibre défavorable pour la production nationale et pour les échanges avec l'extérieur. Elle limite notamment la production et les exportations des produits nationaux dans la mesure où ceux-ci, devenant relativement plus coûteux pour les nationaux et pour les étrangers, leur demande, et par voie de conséquence leur offre, se trouvent limitées.

La demande des nationaux se portant de préférence, et de plus en plus, sur les produits étrangers, dont les prix baissent relativement pour eux, et

---

[35]Nous avons montré, dans notre mémoire, les institutions monétaires et bancaires du Ghana, chap. II, p. 119 et suivantes, qu'il existe à vrai dire plusieurs secteurs qui s'interpénètrent. Nous en avons distingué quatre : a) le sous-secteur moderne étranger, où se trouvent les grandes firmes étrangères, b) le sous-secteur moderne national, où l'on trouve les nationaux et les Libano-Syriens, c) le sous-secteur traditionnel d'échange, où se commercialisent les produits agricoles et d) le sous-secteur traditionnel d'autoconsommation. La distinction en deux grands secteurs, moderne et traditionnel, est plutôt méthodologique ; elle permet d'avoir une vue schématique du système économique ouest-africain.

du fait de la réduction de la demande des produits nationaux par les étrangers, il s'ensuit un déficit de la balance des paiements.

Ce déficit, qui est la conséquence de la hausse des prix provoquée, elle-même par l'abondance monétaire, appelle de la part des autorités monétaires l'application des instruments de politique monétaire : politique du taux d'escompte, politique des grands emprunts publics, politique d'*open market* et politique de réserves obligatoires, qui doivent permettre de restaurer la stabilité monétaire et économique. Il s'agit de voir dans ce chapitre d'une part, les distorsions provoquées dans l'économie ouest-africaine, ou plus précisément dans l'économie ghanéenne par l'abondance monétaire, et d'autre part, si les instruments de politique monétaire et financière employés dans les économies développées sont, ou peuvent, être efficaces dans l'économie ouest-africaine.

Ce chapitre sera donc divisé en deux sections : dans la section I, nous relèverons les causes structurelles de l'abondance monétaire et les déséquilibres qu'elle a entraînés, et la section II, nous soulignerons l'inadéquation de la politique monétaire et financière pratiquée pour juguler ces déséquilibres.

SECTION I

Causes structurelles de l'abondance monétaire dans l'économie ouest-africaine

Ces causes tiennent d'une part à la source de la création de la masse monétaire, et d'autre part, à la rigidité de l'appareil de production.

A. Sources de l'abondance monétaire et conséquences immédiates

1. Sources de l'abondance monétaire

Dans le système économique colonial – le système économique de la traite ainsi qu'on l'appelait – l'offre de monnaie était déterminée d'une part par les apports de capitaux étrangers destinés à la mise en valeur des ressources naturelles, et d'autre part par les activités d'exportation et d'importation. À cette offre de monnaie correspondaient des biens de consommation courante et durable provenant pour l'essentiel des importations, de sorte qu'il existe en général un équilibre entre monnaie et éléments réels. Si l'on peut remarquer qu'au Sénégal et en Côte **d'Ivoire, ce mécanisme de l'offre de monnaie n'a pas fondamentalement** changé, au Ghana et en Guinée, on note par contre depuis leur accession à l'indépendance qu'il existe une expansion monétaire liée à l'activité de développement économique et social, c'est-à-dire une émission de monnaie à laquelle ne correspond dans l'immédiat aucune ressource en biens de consommation.

En effet, le *Bank of Ghana Act* 182 de 1963, dans sa section 15, paragraphe 3, permet à la Banque centrale du Ghana d'émettre de la monnaie fiduciaire jusqu'à concurrence de 40 % de la monnaie déjà mise en circulation, c'est-à-dire que cet *Act* 182 autorise la Banque centrale du Ghana à détenir des Bons de Trésor (*Treasury Bills*) des titres du gouvernement (*Securities*), des papiers commerciaux (*Inland commercial Bills of Exchange*) et des billets à ordre (*Promissory Notes*) pour une valeur représentant 40 % de la masse monétaire en circulation. Ce pourcentage peut être relevé jusqu'à 75 % par le ministre des Finances par une décision discrétionnaire. (Cf. tableaux 15 et 16 en annexes).

Au Ghana, ainsi qu'en Guinée, la Banque centrale a donc la possibilité de rendre élastique l'offre de monnaie, c'est-à-dire d'accorder, tant au secteur public qu'au secteur privé (par l'intermédiaire des banques), des facilités de crédits considérables.

En ce qui concerne le secteur public, ces crédits servent surtout au financement du déficit budgétaire provoqué par l'activité de développement des gouvernements : mise en place d'infrastructures routières, création d'écoles et d'entreprises d'État.

Au Ghana, le montant total des crédits consentis au gouvernement entre 1960 et 1969 a été multiplié par vingt (Cf. tableau 15 A en annexe). En 1961, ces crédits ne représentaient que 9,2 % du total de l'actif du système bancaire ; en 1969, ils sont passés à 93 %.

En Guinée, on constate également une forte progression du concours que le système bancaire apporte au gouvernement (Cf. tableau 15 B en annexe). En 1960, les crédits accordés par la Banque de Guinée au gouvernement se montaient à 5,14 milliards de francs guinéens, soit 21,5 % du montant total de crédits consentis à l'économie guinéenne ; en 1968, le concours de la Banque de Guinée représentait 36,8 milliards de francs, soit 50,8 % du total des crédits. Pour se faire une idée bien plus précise de l'ampleur de l'aide qu'apportent les banques aux gouvernements de ces pays, référons-nous au montant total des crédits cumulés entre 1960-1968.

Au Ghana, le montant total de crédits consentis au gouvernement durant cette période se chiffrait à 12 932 millions N¢, soit 55,5 % du total des crédits effectués par l'ensemble du système bancaire, et en Guinée, à 174,73 milliards de francs guinéens accordés au gouvernement, soit 48,3 % du total des crédits du système bancaire. En ce qui concerne le Ghana, ainsi que nous allons le voir plus loin, les prêts et avances du système bancaire couvrent 44 à 97 % du déficit budgétaire.

On peut donc dire que ce sont ces énormes crédits accordés à ces gouvernements, qui s'engagent dans des activités économiques non productives dans l'immédiat, qui sont essentiellement à la base de l'abondance monétaire. Quelles sont les conséquences immédiates de cette abondance monétaire ?

2. Conséquences immédiates de l'abondance monétaire

Ces crédits ont provoqué dans l'immédiat un gonflement de la demande globale. Ainsi qu'il apparaît sur notre tableau 16, au Ghana, entre 1960 et 1969, les dépenses de consommation et d'investissement des diverses unités économiques (consommation des ménages, des entreprises et du gouvernement) ont progressé de 106,4 % alors que les ressources réelles disponibles, c'est-à-dire l'offre des biens de consommation et d'investissement n'ont connu dans la même période qu'un faible accroissement de 17,3 %, Les moyennes annuelles respectives de ces accroissements étant 11,82 % et 1,92 %. Si l'on accepte, pour les raisons méthodologiques que nous venons d'indiquer, que l'économie ghanéenne est une économie à structure dualiste, c'est-à-dire une économie ayant un secteur moderne et un secteur traditionnel, on peut affirmer que ceux qui ont le plus bénéficié de cet accroissement de crédits sous forme de revenus monétaires sont les agents qui se situent dans le secteur moderne (Cf. tableau 17 en annexe).

En effet, bien que nous ne disposions pas ici d'informations statistiques complètes sur la répartition des revenus monétaires par catégorie sociale pour soutenir à fond cette affirmation, nous pouvons néanmoins saisir, à partir du tableau ci-dessous, que les traitements des agents de la fonction publique et des militaires ont considérablement augmenté. L'accroissement a été de 90 % environ entre 1961 et 1969. Si l'on y ajoute les pensions payées aux retraités et les divers transferts faits aux ménages, cet accroissement monte à 97 %. Par ailleurs, d'après les variations de revenus et de salaires enregistrées dans les entreprises ghanéennes employant plus de dix personnes, on peut également présumer que là aussi, les revenus monétaires ont beaucoup augmenté. Ce sont les agents du secteur moderne qui sont les bénéficiaires des opérations de crédit. Au contraire, durant une bonne partie de cette période, le revenu des agriculteurs, surtout celui des planteurs de cacao, n'a pas progressé. En effet, si l'on se réfère au prix d'achat du cacao au producteur, on constate que celui-ci est demeuré à un niveau stable de 224 N¢ par tonne entre 1960 et 1965, pour descendre à 150 N¢ en 1966, avant de remonter à 168 N¢ en 1967 et à 238 N¢ en 1968. Ajoutons que durant cette période, la quantité de cacao a varié entre un minimum de 334 tonnes (1968-1969) et un maximum de 557 tonnes (1964-1965).

Ce qu'il y a d'important à souligner, c'est que la demande des titulaires de revenus provenant du secteur moderne se porte d'abord et essentiellement sur les produits d'importation. De même, la demande des nouveaux bénéficiaires, c'est-à-dire ceux qui sont intégrés dans le secteur moderne grâce à une politique de relèvement de l'effectif des agents de la fonction publique, de l'africanisation des cadres ou de création d'entreprises d'État : fermes d'État (*State Farms Corporation*), brigade des travailleurs (*Workers Brigades*) etc., se porte aussi, de par l'effet de démonstration, sur les biens d'importation. De sorte que la pression exercée par l'accroissement de la demande sur la balance commerciale a souvent été, durant cette période, extrêmement grande. Le déficit cumulé pour l'ensemble de ces dix années de cette balance commerciale se chiffrait à 395 millions N¢ environ.

Dans les premières années, de 1960 à 1962, quand le Ghana disposait encore d'importantes réserves de change, le gouvernement a pu procéder à des importations assez considérables pour satisfaire la demande dans une large mesure. Mais à partir de 1963, ces réserves ont commencé à s'amenuiser, pour être remplacées par un endettement entre 1965 et 1969 (Cf. tableaux 18 en annexe).

Parallèlement à cet épuisement des réserves, il faut noter la baisse sensible du cours mondial du cacao, qui représente 63 % des exportations du Ghana. De 452 N¢ par tonne en 1960, ce cours est tombé à 282 N¢ en 1965, avant de remonter progressivement jusqu'à 1034 N¢[36]. Les services statistiques du gouvernement du Ghana estiment à 300 millions de dollars la perte du revenu réel provoqué par la dégradation du prix de cacao entre 1960-1965[37].

Devant cette dégradation de la balance commerciale et l'épuisement des réserves de change, l'artifice souvent utilisé par le gouvernement pour assurer un volume assez important d'importations pour satisfaire la demande intérieure a consisté dans l'emploi des crédits fournisseurs à moyen terme et des crédits à 180 jours d'échéance. En 1965, le total des dettes accumulées par l'utilisation de ces crédits représentait 475 millions de dollars. Malgré l'effort consenti par le gouvernement pour pourvoir le marché intérieur, l'écart entre la demande et l'offre de biens est demeuré assez élevé : 89,1 %, soit une moyenne annuelle d'excédent de demande de 9,9 % (Cf. graphique N° 11).

Mais ici, on peut se demander pourquoi la production intérieure n'a pas répondu à cet excédent de demande.

---

[36] N. Yaseem Ahmad, *in* Economy Survey, Ghana, 1957-1969, Centra Bureau of Statistics, Accra

[37]C'est le niveau le plus élevé atteint depuis la seconde guerre mondiale. Pendant la guerre de Corée, quand le prix de cacao était considéré comme extrêmement rémunérateur, le niveau élevé se situait autour de 934 N¢.

B. Rigidité de l'appareil de production comme cause de la non-satisfaction de l'excédent de demande

Selon les partisans de la thèse de la non-neutralité de la monnaie, l'excédent de la demande devrait constituer en soi une incitation au secteur productif intérieur, et provoquer une offre accrue de biens de consommation et d'investissement. Au Ghana, où la propension marginale à consommer se situe autour de 0,95, le multiplicateur keynésien devrait être de 20. Pour jouer réellement, la production intérieure réelle devrait croître de 20 fois, c'est-à-dire que le multiplicateur devrait entraîner une multiplication par 20 du revenu réel. Or, il ressortait de nos observations précédentes que les performances de la production intérieure ont été plutôt faibles.

Quelles sont les causes de ces faibles performances ? On peut en distinguer trois :

- rigidité de la production agricole ;
- rigidité de la production industrielle, et
- insuffisance des transports.

1. Rigidité de la production agricole

Dans le secteur agricole, en ne retenant que les produits vivriers qui constituent la base de l'alimentation et qui font, par conséquent, l'objet d'une demande importante et régulière – il s'agit notamment du maïs, du manioc, des ignames et patates douces, du mil, des arachides et du riz – on constate que leur taux de croissance moyen annuel a été de l'ordre de 2,9 % entre 1960 et 1968 pour une population qui, pendant la même période, s'accroissait de 3 % en moyenne par an. Comparé à celui de la population, le taux de croissance de la production vivrière peut paraître aux yeux d'un non-averti comme presque suffisant pour permettre à la population de couvrir ses besoins alimentaires. En fait, il est insuffisant. Pour connaître le taux de croissance de la production vivrière qui serait suffisant, il faudrait tenir compte de l'échelonnement des repas dans la journée ou dans la semaine et de l'importance de ces repas du point de vue quantitatif. On peut dire, d'une manière générale, que le Ghanéen ou le travailleur ghanéen prend trois repas principaux par jour. Mais il ne faut pas perdre de vue qu'entre-temps, il adore prendre d'autres « petits plats » c'est-à-dire entre le petit déjeuner et le déjeuner, et entre le déjeuner et le dîner. Ces « petits plats » peuvent varier deux ou trois fois dans un bref espace de temps : on peut avoir envie de manger des frites d'igname, et, quelques instants après, prendre du plantain grillé avec des arachides, du maïs bouilli ou toute autre chose[38]. Si l'on additionnait tous les « petits plats » pris dans la journée, il ne serait peut-être pas exagéré de dire que leur quantité est à peu près la même que celle des trois soi-disant principaux repas (Cf. tableau 19 en annexe). De sorte que la demande en produits vivriers est généralement grande. Mais il convient d'ouvrir ici une parenthèse pour dire que l'importance de la demande pour les produits vivriers que nous essayons de faire ressortir peut, à vrai dire, trouver une explication plus rationnelle et convaincante dans le bas niveau du revenu de la population. En effet, dans les pays pauvres, il semble que les dépenses alimentaires occupent une place prépondérante dans le budget de la consommation. Ceci ressort clairement du tableau 19 ci-après sur la structure des dépenses de consommation des ménages ghanéens entre 1961et 1962, où les dépenses alimentaires représentent 65,8 % des dépenses de consommation, ce pourcentage étant de 70,2 % dans les zones rurales et de 60,3 % dans les centres urbains. Selon la loi de Engel, ce n'est que lorsque le revenu de la population d'un pays s'élève que la propension de cette population à consommer des produits alimentaires tend à baisser.

Pour se rendre compte de l'insuffisance du taux de croissance de ces produits, il faudrait comparer cette demande à leur production intérieure, et non au taux de croissance de la population, comme on a souvent tendance à le faire.

Pour fixer les idées, nous pouvons considérer les données dont nous disposons. Au Ghana, le taux moyen de croissance de la production d'igname est de 13,3 % par an, ce qui est considéré comme suffisant pour couvrir les besoins de la population, qui tournent autour de 900 000 ou 1 million de tonnes (besoins pour les exigences des repas principaux et des « petits plats »). Et on voit que ce taux se situe nettement au-dessus du taux de croissance de la population. Le taux de croissance annuel moyen enregistré pour le riz est de 4,2 %. Il se situe également au-dessus du taux de croissance de la population et peut paraître aux yeux d'un non-averti, comme suffisant. Mais en réalité, il faut dire que ce taux ne permet pas de satisfaire la demande intérieure. En effet, si on se réfère au tableau 20 ci-dessous, on se rend compte qu'il existe un excédent de la consommation du riz par rapport à la production intérieure.

---

[38]Ce qui peut frapper le touriste européen qui débarque dans une ville ou un village de la Côte du Bénin, ce sont les *chop bars*, ou cantines, qui sont ouverts du matin au soir et qui sont tout le temps engorgés de gens, ou plus pittoresque encore, la vente de différentes sortes de nourritures sur les trottoirs, ou les femmes qui passent de maison en maison ou de bureau en bureau pour vendre à manger aux gens.

De ce tableau, il ressort que cette production intérieure du riz ne fournit, *grossomodo*, que 50 % de la consommation intérieure. On pourrait estimer que, pour couvrir toute la demande actuelle de riz, il faudrait multiplier son taux de production actuel par deux, c'est-à-dire qu'il faudrait au moins un taux de 8,4 %. En ce qui concerne le maïs, le manioc, le mil et les arachides, dont les taux de croissance actuels se situent respectivement autour de 1,2 %, 0,9 %, - 3,5 % et 1,8 %, il faudrait, pour pouvoir estimer les taux de croissance qui seraient suffisants, connaître la demande réelle actuelle (Cf. tableau 20 en annexe).

Quels sont les facteurs qui expliquent ces faibles taux de croissance de la production ?

En réalité, ces taux ne sont que le reflet des faibles rendements enregistrés dans la production de ces produits. Le maïs fournit, par exemple, 10 quintaux à l'hectare contre 25 aux États-Unis ; la récolte du riz est de 17,9 quintaux à l'hectare contre 36 aux États-Unis et 45 en Europe occidentale. Ces faibles rendements s'expliquent eux-mêmes par un certain nombre de facteurs qui sont d'ordre technique, économique, sociologique et naturel.

a) Facteurs techniques et économiques

Il faut incriminer avant tout les instruments et méthodes culturales utilisés. La petite exploitation agricole, qui constitue la source principale de l'offre de produits alimentaires – 97 à 98 % – n'a pas encore dépassé le stade de la *daba*, des machettes, des pioches, etc., et de la jachère.

De plus, elle n'a guère été encouragée, au cours des dix années que nous étudions, par le gouvernement. Celui-ci a en effet préféré consacrer son effort au développement des grandes exploitations mécanisées : *State Farms Corporation, Young Farmers Council, Workers Brigades.* Or, la grande exploitation mécanisée pose de sérieux problèmes, car ceux qui y travaillent se considèrent moins comme des cultivateurs que comme des fonctionnaires ou des ouvriers salariés ; ils respectent de ce fait scrupuleusement leurs horaires de travail, et sont animés d'autre part par l'esprit que c'est le « *Blanc qu'on triche* » ou « *qu'on ne se tue pas pour le travail du gouvernement* ». La grande exploitation n'a pu, de ce fait, répondre à l'espoir que le gouvernement avait fondé sur elle ; elle n'a en fait pu fournir que de 2 à 3 % de la production vivrière[39].

---

[39]La grande exploitation se consacre plus à la production des cultures d'exportation : caoutchouc, palmiers à huile, etc.

Par ailleurs, mentionnons qu'aucun organisme de commercialisation analogue au *Ghana Cocoa Marketing Board* et au *Ghana Cocoa Marketing Company*, chargés respectivement de l'achat et de la vente du cacao, n'existe pour assurer aux petits producteurs de vivres des débouchés et des revenus garantis. La production de vivres par ces petits exploitants n'est donc pas encouragée.

b) Facteurs sociologiques

Soulignons ici deux phénomènes importants qui sont responsables aussi de la stagnation de la production agricole. Il y a d'une part la scolarisation qui, rendue gratuite et obligatoire par le gouvernement en 1961, a privé la petite exploitation d'une part non négligeable de sa main-d'œuvre ; d'autre part, il y a l'exode rural : les jeunes instruits, les *semieducated teenagers*, comme on les appelle, prennent, dès l'obtention de leurs diplômes – certificat de fin d'études primaires ou brevet de l'enseignement secondaire – le chemin des grandes villes à la recherche d'un emploi de bureau. Il y a aussi les adultes qui, pour une question de revenu, abandonnent les travaux champêtres pour un travail de manœuvre dans les villes. L'importance de ce phénomène d'exode rural, faute d'informations statistiques précises, ne peut s'apprécier pour l'instant qu'à travers l'excédent des demandes d'emploi enregistrées chaque année par le *National Redemployment Center*. De 88 382 personnes cherchant un emploi en 1965, cet excédent est passé à 302 421 en 1969, soit une progression d'environ 242 % en quatre ans.

c) Facteurs naturels

Le dernier facteur qui empêche souvent la production vivrière de croître dans des proportions suffisantes pour absorber l'excédent de demande se trouve dans les conditions climatiques défavorables : la sécher

esse, qui brûle les cultures ou provoque des récoltes prématurées, ou des pluies abondantes qui conduisent à l'érosion anormale de la terre arable, détruisant ainsi les tubercules – ignames, patates douces, manioc, etc. – qu'on fait pousser en buttes, ou à la détérioration des produits (maïs, mil, sorgho) par manque de soleil.

Tels sont quelques-uns des facteurs qui expliquent les faibles taux de croissance de l'agriculture ghanéenne. Qu'en est-il de la production industrielle ?

2. Rigidité de la production industrielle

Elle a progressé dans des proportions assez fortes comparativement à la production agricole. Les statistiques des grandes industries ghanéennes, à savoir celles employant plus de dix salariés, montrent qu'entre 1962 et 1969, les taux de croissance de la production industrielle et de sa valeur ajoutée ont été, au prix constant de 1962, de 11,1 %et 7,1 % respectivement (Cf. tableau 21 ci-après).

Cependant, si l'on compare ces taux de croissance à la capacité de production des industries ghanéennes, on peut dire qu'ils sont insuffisants ou faibles. En effet, une enquête, menée entre 1961 et 1966 par le Département des Études de la Banque du Ghana, permet d'avancer que tout l'équipement industriel ghanéen est sous-utilisé[40]. Sur les 300 industries sur lesquelles portait cette enquête, 180 seulement étaient en mesure de fournir des renseignements complets sur l'état de leur comptabilité et de leur fonctionnement.

Le Département des Études, qui a classé ces 180 industries en 25 groupes selon la nature des produits qu'elles fabriquent, estime que pour une capacité de 153 millions N¢, ces industries ne produisent que pour une valeur de 93,2 millions N¢, soit 52,2 % seulement de leur capacité de production ; il y aurait donc un sous-emploi de 47,8 %. De même, selon une autre investigation sur les vingt entreprises d'État qui opéraient en 1964-65, on n'estimait qu'aucune ne tournait à pleine capacité[41]. Une dizaine fonctionnait à 50 % de leur capacité de production, trois à moins de 10 %, et une – *The Paper Bag division of the Paper Conversion Corporation at Takoradi* – à 3,5 %. D'une manière générale, on pense que ces industries d'État tournaient à 42 % de leur capacité. D'autres recherches sur d'autres industries révèleront sans doute que l'appareil industriel ghanéen ne fonctionne pas à pleine capacité. Dans l'hypothèse où tout cet appareil tournerait à plein régime, on peut logiquement espérer que les taux de croissance actuels de 11,1 % et 7,1 % seraient dépassés, et qu'ils pourraient théoriquement atteindre 22,2 % pour la production industrielle et 14,2 % pour sa valeur ajoutée.

Ce sous-emploi de la capacité réelle de production, joint au chômage, aurait dû faciliter le jeu du multiplicateur keynésien et l'augmentation de la production. S'il n'en a pas été ainsi, c'est qu'il y a eu des facteurs de blocage non recensés dans la théorie keynésienne.

Quels sont ces facteurs qui empêchent à l'heure actuelle les industries ghanéennes d'atteindre ces taux de croissance élevés ? Il y en a quatre :

- l'insuffisance des matières premières et produits semi-finis ;
- les difficultés d'importation des biens de production d'origine industrielle ;

---

[40]M. K. Brenya, *Survey of Manufacturing Enterprises*, Bank of Ghana, 1967.

[41] N. Yaseem Ahmad, op. cit., pp. 115-118.

- le défaut de personnel qualifié, et
- des facteurs politiques.

a) Insuffisance des matières premières et produits semi-finis.

Ceci peut paraître paradoxal, puisque le Ghana passe pour être un grand producteur de produits primaires – cacao, bois, manganèse, bauxite, or, diamants, etc. Il faut comprendre ce qu'on entend par matières premières ; ce ne sont pas les produits primaires à l'état brut, ce sont les produits semi-finis. Pour donner un exemple concret, la bauxite, que le Ghana produit en grande quantité et dont il dispose d'importantes réserves, ne constitue pas, pour la *Volta Aluminium Company* (Valco), une fonderie d'aluminium d'une capacité de 145 000 tonnes, une matière première, c'est l'alumine. Or, à l'heure actuelle, la Valco importe cette alumine de la Jamaïque.

De même, on peut citer l'exemple des confiseries et pâtisseries ghanéennes – dont notamment *Pioneer Biscuit of Edward Nassar Ltd*, à Kumasi – qui importent beaucoup de chocolat alors même que le Ghana est le premier producteur mondial de cacao, et, du reste, produit de la pâte et du beurre de cacao. Presque toutes les industries ghanéennes sont conçues de cette façon bizarre : elles comptent sur l'importation des matières semi-finies pour tourner même s'il y a des possibilités de fabriquer ces matières semi-finies sur place. Or, le volume des importations de ces matières premières dépend de la position de la balance des paiements, Et nous avons indiqué plus haut que pour la période que nous examinons, cette balance a été déficitaire d'une façon permanente. Cela a donc posé à ces industries le problème de l'approvisionnement en matières premières.

b) Difficultés d'importation des biens de production d'origine industrielle

Soulignons que, toujours en raison de ce déficit de la balance des paiements, ces industries ont rencontré beaucoup de difficultés pour se procurer des pièces de rechange à l'extérieur. Tout l'équipement industriel étant importé, lorsqu'une pièce est abîmée, il faut l'importer. Même si l'on suppose que l'on dispose de devises étrangères, il faut attendre un certain délai avant que cette pièce ne soit livrée. Tous ces problèmes ont été encore aggravés par le mauvais système de licence d'importation, qui n'a pas su, pendant longtemps, donner la priorité à l'importation des matières premières et produits industriels, puisqu'il faut en effet déposer, pour faire endosser les lettres de crédit couvrant l'importation de ces matières premières et produits industriels, 5 % de la valeur de celles-ci auprès de la

Banque du Ghana. Soulignons que ce sont les secteurs privés et coopératifs qui ont le plus souffert de ce système d'importation.

c) Défaut de personnel qualifié

Il y a eu un manque notoire de personnel qualifié, non seulement pour gérer les industries, mais aussi pour les faire tourner convenablement ; nous pensons ici surtout au manque de techniciens ou d'ouvriers spécialisés. Le Ghana a donc été dans l'obligation de faire appel à de la main-d'œuvre spécialisée étrangère, et ceci n'a pas manqué de poser aussi le problème de devises étrangères, donc de la balance des paiements[42].

d) Facteur politique

Celui-ci a compromis entre 1962 et 1965 une croissance industrielle élevée. Il s'agit de la publication en juillet 1962, par le Parti de la Convention du Peuple (*Convention People's Party* - CPP) de son programme *Work and Happiness* (Travail et Bien-Être), qui proclame le socialisme comme système de développement de l'économie ghanéenne. Cette publication a été suivie par des rumeurs sur l'intention du gouvernement de nationaliser ou de confisquer les entreprises privées. Cela semblait d'autant plus vraisemblables – du moins aux yeux des étrangers – que quelques mois plus tôt, le 24 mars 1962, le Président de la République lui-même, le Dr Kwame Nkrumah, avait dans une déclaration défini les cinq secteurs que doit comprendre l'économie ghanéenne. Il s'agit :

- du secteur d'État ;
- du secteur mixte (privé et État) ;
- du secteur privé étranger ;
- du secteur coopératif ;
- et du petit secteur privé.

Et il soulignait précisément dans sa déclaration :

- que les étrangers qui se trouvent dans le petit secteur privé peuvent continuer à y opérer sans toutefois chercher à agrandir la sphère de leurs activités ;
- qu'au cas où les étrangers veulent vendre leurs entreprises, ils devraient donner la « première option au gouvernement », c'est-à-dire qu'ils devraient proposer d'abord la vente de ces entreprises au gouvernement que toutes les entreprises privées ou mixtes, doivent réinvestir 60 % de

[42]L'emploi de 142 techniciens étrangers dans la *State Gold Mining Corporation*, la société d'État d'exploitation des mines d'or, coûte chaque année 400 000 N (400 000 $) en devises étrangères.

leurs profits au Ghana après paiement des diverses taxes (42,5 % des bénéfices)[43].

- et que dans l'éventualité d'une nationalisation, les entreprises intéressées seraient convenablement indemnisées.

Cette prise de position du chef de l'État et le programme de la Convention du Peuple ont quelque peu découragé le secteur privé étranger qui, jusque-là, pourvoyait pour une grande part le marché intérieur en produits industriels. Non seulement les industries étrangères n'ont pas cherché à accroître leurs affaires par de nouveaux investissements, mais encore, elles n'ont fait aucun effort pour obtenir des sociétés-mères – c'est-à-dire les firmes étrangères dont elles dépendaient comme filiales – les matières premières ou l'aide dont elles avaient besoin pour tourner convenablement. Elles sont restées jusqu'en février 1966 dans une situation d'expectative, c'était le *wait and see,* comme on disait alors au Ghana[44].

Ainsi donc, de nombreux facteurs ont bloqué, tant au niveau du secteur agricole qu'au niveau du secteur industriel, l'expansion rapide ou satisfaisante du produit intérieur brut, et le multiplicateur n'a pu avoir un effet d'entraînement plus grand sur les éléments réels de l'économie ghanéenne. C'est l'absence d'un effet d'entraînement plus grand qui explique que l'excédent de demande a été résorbé par le niveau des prix. Et il est intéressant de souligner que ce sont les prix des produits alimentaires locaux (produits vivriers), dont la production s'est le plus faiblement accrue, qui ont souvent enregistré les hausses les plus fortes, plus fortes que celles que l'on aurait dû logiquement constater sur les prix des produits alimentaires importés (Cf. tableau 22 en annexe).

Les prix des produits textiles et des biens durables – importés ou produits localement – ont ainsi marqué une forte tendance à la hausse.

e) Facteur jouant pour les produits agricoles et les produits industriels : l'insuffisance des transports

Outre les faibles taux de croissance et les facteurs qui les expliquent, on peut attribuer le niveau élevé des prix à l'insuffisance du réseau de communication et de transports. Si, dans son premier plan de développement, celui de 1952-1957, ainsi que nous le verrons dans la seconde partie de

---

[43]Avant cette déclaration, les entreprises étrangères pouvaient transférer 50% de leurs bénéfices. Mais elles n'étaient pas obligées de réinvestir les 50% des bénéfices qui n'étaient pas rapatriés. Il y a dans cette déclaration une diminution de 10% des bénéfices rapatriés. Et les 60% des bénéfices non rapatriés doivent, être obligatoirement réinvestis.

[44]*Economic Survey Ghana*, 1962, p. 21.

cette étude, le gouvernement du Ghana a fait un effort louable pour développer les routes inter-Etats et celles reliant les grandes agglomérations urbaines, il reste que les routes secondaires, ou *Feeder Roads,* avaient très peu retenu son attention. L'insuffisance de ces *Feeder Roads*, qui doivent pour l'essentiel permettre d'acheminer les produits vivriers jusqu'au niveau des grandes routes et des centres urbains, et les produits importés jusque dans les zones rurales, constitue un sérieux goulot d'étranglement pour l'économie ghanéenne. Ainsi, les prix des produits vivriers ont tendance à être plus élevés dans les centres urbains que les produits alimentaires d'importation, et les prix des produits importés plus élevés dans les zones rurales.

En résumé de cette section, on peut dire que les distorsions causées par l'abondance monétaire dans l'économie ghanéenne sont au nombre de deux :

- d'abord, elle a provoqué une demande intérieure qui, de par les importations massives qu'elle a suscitées, a entraîné un déficit de la balance des paiements et l'accumulation de dettes extérieures ;

- ensuite, l'insuffisance de l'offre intérieure face à la demande non satisfaite par les importations a eu pour conséquence l'élévation du niveau des prix intérieurs.

En Guinée, il semble que l'expansion monétaire a eu à peu près les mêmes conséquences. Sans que l'on puisse indiquer ces conséquences sur le niveau des prix pour des raisons que nous avons évoquées dans le premier chapitre, à savoir que l'indice des prix n'est pas encore officiellement établi, on peut néanmoins voir que cette expansion monétaire exerce une forte pression sur les importations et la balance des paiements. Cette pression provient essentiellement de l'accroissement des dépenses du gouvernement pour les biens d'équipement (Cf. tableau 23 en annexe).

Le déficit de la balance des paiements a été comblé d'une part à 45 % par les aides obtenues par le gouvernement de Guinée dans le cadre de ses accords bilatéraux (surtout avec les pays communistes), et d'autre part en utilisant ses réserves de change. Celles-ci, de 22 millions de dollars en 1960, ont enregistré une baisse de 60 millions de dollars en 1968, soit un endettement de 38 millions pour l'année 1968. De plus, il faut la Guinée atteignaient 246 millions de mentionner que vers la fin de 1968, les dettes extérieures accumulées par dollars.

Le déficit de la balance des paiements et la hausse du niveau des prix posent au Ghana – ainsi qu'ils en posent d'ailleurs à n'importe quel autre pays – le problème de la stabilité économique, monétaire et sociale qui, nous semble-t-il, est la condition d'un développement ou d'une croissance économique rapide. Les mesures prises par le gouvernement et les autorités monétaires pour prévenir ou pour juguler ces distorsions suscitent elles-mêmes à leur tour d'autres problèmes économiques et sociaux : elles compromettent par exemple le processus même du développement amorcé et aggravent le problème de chômage ou de sous-emploi. On peut donc s'interroger sur l'efficacité ou l'opportunité de ces mesures, non seulement pour l'économie ghanéenne, mais aussi pour l'économie des autres pays de l'Ouest africain, où des mesures monétaires et financières analogues sont prises dans l'intention d'éviter que les problèmes du déficit de la balance des paiements ou de la hausse du niveau des prix ne se posent de façon grave.

SECTION II
Inadéquation de la politique monétaire et financière

Dans cette section, nous examinerons d'abord les divers instruments de la politique monétaire et financière, et ensuite leurs effets dans l'économie ouest-africaine, c'est-à-dire leur efficacité et leurs conséquences.

A. Instruments de la politique monétaire et financière

La politique monétaire est employée dans l'économie ouest-africaine à deux titres :

- à titre préventif, dans la mesure où les autorités monétaires prennent *a priori* certaines dispositions en vue de contrôler les opérations de création monétaire et d'orienter celles-ci dans les secteurs économiques jugés prioritaires ou plus rentables, et

- à titre thérapeutique, dans la mesure où les autorités monétaires et les pouvoirs publics, face aux distorsions créées dans l'économie par une expansion monétaire excessive, adoptent, afin de rétablir l'équilibre, des mesures monétaires et financières pour refréner cette expansion.

1. Mesures préventives

Les instruments employés ici par les Banques centrales sont :

- la prescription de réserves obligatoires aux banques commerciales ;
- la politique d'octrois sélectifs de crédits ;
- la politique de plafonds de réescompte.

À ces trois instruments s'ajoutent trois autres destinés, d'une part plutôt à limiter l'accroissement des dépenses globales ou à des fins d'ordre social, et d'autre part, à parer à la dépréciation de la monnaie nationale vis-à-vis de l'extérieur, et, dans les trois cas, à consolider le pouvoir d'achat de la monnaie sur le plan intérieur. Il s'agit de la politique de l'épargne forcée, du contrôle des prix des produits de première nécessité, et de la politique du contrôle des changes.

Tous ces instruments de politique monétaire et financière sont utilisés au Ghana, à l'exception de celui des plafonds de réescompte, surtout utilisé dans les pays de l'UMOA.

L'un des objectifs du gouvernement du Ghana est d'assurer, malgré son programme de développement économique ambitieux, la stabilité monétaire.

À cet égard, son souci majeur est d'abord de surveiller de près les opérations des banques commerciales afin d'éviter de la part de celles-ci une trop grande offre de monnaie, et, par la même occasion, de promouvoir une saine et prudente pratique bancaire au Ghana. Elle cherche ensuite à orienter d'une façon judicieuse la monnaie disponible dans les secteurs vitaux de l'économie. Dans le passé, avons-nous indiqué par ailleurs[45], l'activité des banques s'était concentrée essentiellement sur le financement du commerce qui était particulièrement contrôlé par le secteur privé étranger. Bien qu'avec la création de la *Ghana Commercial Bank*et de la Banque du Ghana, les crédits consentis aux producteurs ghanéens se soient rapidement développés, soulignons qu'une grande partie a été encore utilisée pour financer le commerce (de détail notamment).

Aussi, à partir du 1er avril 1964, la Banque du Ghana a mis en application un texte, le *Credit Control Regulation* – contenu dans les articles 29 à 33 du *Bank of Ghana Act 1963* – dont le but est de contrôler l'activité de toutes les banques commerciales. Ce texte leur demande de se conformer aux directives de contrôle quantitatif et qualitatif de la Banque du Ghana afin de s'occuper un peu plus des opérations de crédit à moyen et à long terme, c'est-à-dire de consentir plus de crédits aux secteurs productifs de l'économie – agriculture[46] et industrie – qu'au secteur commercial. Outre cette recommandation, le texte demande instamment :

- que toutes les transactions ou opérations de crédit effectuées pour le compte des banques étrangères ou pour tout étranger au Ghana, soient couvertes à cent pour cent par des devises étrangères. Cette disposition permet d'éviter que les banques commerciales ghanéennes détiennent des encaisses oisives en devises étrangères à l'étranger ;

- qu'en ce qui concerne les dépôts (dépôts à vue, dépôts à terme et épargnes), une fraction importante soit toujours maintenue en réserves dans les banques. Les ratios ou coefficients de ces réserves obligatoires à détenir sont fixés selon les saisons et selon la conjoncture économique. Ainsi, par exemple, du 1er mars au 31 août, les banques doivent avoir en réserve 48 % de leurs dépôts, et 54 % du 1er septembre au 28 février. Ce qui revient à dire que dans le premier cas, les banques peuvent (Cf. tableau 24 en annexe) utiliser 52 % de leurs encaisses monétaires pour les opérations de crédit ou émission de monnaie fiduciaire, et que dans le second cas, elles ne peuvent en utiliser que 46 %. Le niveau assez élevé du coefficient de réserve dans le deuxième cas s'explique par le fait que les

[45]Dans notre ouvrage précédent, *Genèse des institutions monétaire et bancaires du Ghana,* nous avons souligné au chapitre II, Sect. I, que les Banques commerciales – surtout étrangères – consacraient leurs activités uniquement au commerce.

[46]Il s'agit essentiellement de l'agriculture d'exportation.

autorités monétaires entendent contraindre les banques à réduire leurs opérations de prêts aux producteurs pendant la grande campagne d'achat de cacao, quand les crédits atteignent généralement leur encours le plus élevé ;

- toujours selon la réglementation, les banques doivent détenir auprès de la Banque centrale des comptes de dépôts spéciaux : *Compte L* pour 5 % et *Compte B* dans la proportion de 18 % ; il s'agit ici des comptes où sont déposés respectivement des Bons du Trésor et des titres à long terme achetés par les banques commerciales. Du fait que ces effets sont déposés auprès de la Banque du Ghana, les banques commerciales voient limiter en quelque sorte leurs possibilités de réescompte. En effet, lorsqu'elles sont dans la nécessité, la Banque centrale ne peut leur transformer ces effets en monnaie fiduciaire.

Au total, le minimum et le maximum de réserves obligatoires fixés aux banques sont compris entre 71 % (mars-août) et 77 % (septembre-février) (Cf. tableau 24 en annexe).

D'autre part, il leur est demandé de soumettre à l'approbation de la Banque du Ghana tous les prêts dépassant 10 000 N¢, à l'exception de ceux qui sont accordés à la production agricole et industrielle.

Ajoutons à ces mesures de contrôle l'obligation faite aux banques commerciales d'exiger, lorsqu'elles endossent les lettres de crédit de leurs clients, que ceux-ci déposent en espèces une somme représentant 15 % de la valeur de ces crédits lorsqu'il s'agit de biens de consommation courante (produits alimentaires, fuel, etc.) et durable (appareils ménagers et pièces de rechange), 5 % en ce qui concerne les matières premières et 1 % pour les biens d'équipement.

Cette somme, redéposée à la Banque du Ghana par les banques commerciales, devrait en principe décourager la demande des produits d'importation, et donner en même temps l'occasion à la Banque du Ghana de contrôler si ces importations sont conformes aux prescriptions de la réglementation régissant le système des licences d'importation et, de surcroît, limiter ou réduire la quantité de monnaie en circulation.

Toutes ces politiques de contrôle de crédit sont complétées par d'autres, qui existaient d'ailleurs depuis 1961. Il s'agit de la politique de l'épargne forcée, qui opère un prélèvement autoritaire sur tous les revenus monétaires, de la politique du contrôle des changes et du contrôle des prix.

La politique de l''épargne forcée, *Compulsory Saving Scheme*, introduite en 1961, cherche à augmenter la pression fiscale, c'est-à-dire à réduire le montant des revenus monétaires aux mains des diverses catégories de consommateurs par un impôt supplémentaire. Ainsi, tous les revenus ou salaires à moins de 240 N¢ sont astreints à un prélèvement de 5 %, tandis que tous les revenus au-dessus de ce montant le sont à un prélèvement de10%. Les planteurs de cacao, qui disposent d'importantes ressources monétaires après la campagne de commercialisation, doivent verser à ce titre10 pesewas sur chaque charge de 30 kg, ou 10 % du prix d'achat du cacao par tonne ; les sociétés commerciales et industrielles doivent aussi verser 10 % de leurs bénéfices. Cette épargne est déposée dans un compte spécial à la Banque du Ghana, et le gouvernement s'engage à la rembourser à leurs titulaires au bout de dix ans[47].

Peuvent également s'ajouter à cette politique les grandes émissions d'emprunts du gouvernement destinées en principe à opérer une ponction d'une partie des revenus des catégories sociales les plus aisées. Toutes ces politiques ont pour objet de maintenir la pression de la demande globale sur les ressources disponibles, dans des limites raisonnables, et compatibles avec l'effort de développement du gouvernement.

Quant au contrôle des changes, entré en vigueur le 5 juillet 1961, il doit permettre de canaliser vers la Banque du Ghana toutes les devises étrangères. En effet, la loi établissant ce contrôle stipule notamment que tous les paiements à l'étranger doivent être approuvés par la Banque du Ghana, et que « *toute personne, à savoir les particuliers, les sociétés ou toutes organisations opérant sur le territoire du Ghana et disposant des fonds à l'étranger, doit les déclarer et les mettre à la disposition de la Banque du Ghana* ». Ce contrôle est en même temps doublé d'un système de licences d'importation établissant la liste des produits jugés indispensables à l'économie et déterminant les quantités de ces produits qui doivent être admises à l'importation sur la base du budget des devises étrangères qu'élabore chaque année la Banque du Ghana.

La politique de contrôle des prix est définie lors de la présentation de chaque budget, et varie d'année en année. Elle concerne surtout les produits importés jugés indispensables à l'ensemble de la population, notamment le riz, le sucre, la farine de blé, le lait, les conserves de viande et de poisson, etc.

En Guinée, il n'existe pas une panoplie aussi large qu'au Ghana pour contrôler et orienter les opérations de crédit ou pour essayer de contenir la demande globale. Il n'en reste pas moins que l'effort déployé par le gouvernement pour juguler les effets néfastes de l'expansion monétaire sur

---

[47]Ce système a été introduit au Ghana sur les conseils du Pr Nicolas Kaldor.

l'ensemble de l'économie est remarquable. Les dispositions prises en ce sens concernent le contrôle rigoureux des prix et l'instauration d'un système de rationnement des denrées alimentaires dites « de première nécessité ». L'objectif visé par le gouvernement est de limiter à un certain niveau les dépenses des consommateurs, et de les obliger ainsi à déposer dans les banques, sous forme d'épargne, l'excédent de leurs revenus monétaires. Il existe également, comme au Ghana, un contrôle des changes, et le commerce des produits d'importation est placé sous la supervision d'un organisme d'État, la Commission Économique de la Guinée (*National Economic Commission*) qui n'accepte que l'importation de produits jugés compatibles avec la politique de restructuration du système économique guinéen[48]. Avant d'approuver les licences d'importation, cette « commission » tient compte de l'évolution des prix sur les marchés mondiaux, de la position de la balance des paiements, et surtout du solde de son *Compte clearing* avec les pays de l'Europe de l'Est.

Au Sénégal et en Côte d'Ivoire, le seul instrument de contrôle de l'expansion monétaire à caractère quantitatif que nous puissions citer, c'est celui des plafonds généraux de réescompte et d'avance de crédits à court ou moyen terme. Il est utilisé par la Banque centrale à l'égard des banques commerciales, des établissements de crédit et du Trésor public. Les plafonds sont arrêtés par le Conseil d'Administration de la BCEAO, et les Comités monétaires nationaux déterminent à leur tour, dans les limites des plafonds fixés par le Conseil d'Administration, les plafonds qu'eux-mêmes entendent fixer aux entreprises nationales. À l'intérieur des plafonds sont fixés les taux d'intérêt perçus sur chaque type d'opération de crédit ou d'avance. Ainsi par exemple, les prises en pensions sur effets publics et privés à moins de six mois d'échéance donnent lieu au paiement d'un intérêt de 6 % l'an. Mais lorsque le plafond fixé est atteint, toutes les prises en pension de ces effets sont effectuées à un taux d'intérêt de 8 % l'an. Ce taux relativement élevé doit, en principe, décourager la demande de monnaie ou l'expansion monétaire au-delà des plafonds fixés.

Ces politiques de contrôle que nous venons de passer en revue sont donc pratiquées à titre préventif dans l'économie ouest-africaine, et essayent d'adapter l'offre de monnaie ou les opérations de crédit aux besoins réels de l'économie.

---

[48] *Document of International Monetary Fund*, SM/69/110, July 16th 1969.

2. Mesures thérapeutiques

En ce qui concerne les politiques de contrôle monétaire et financier adoptées après que les dangers ou les conséquences néfastes de l'expansion monétaire excessive se soient manifestées, il semble que dans les quatre pays que nous prenons en considération, jusqu'ici, elles n'ont été appliquées d'une façon systématique qu'au Ghana. Malgré toutes les précautions prises par le gouvernement du Ghana et les autorités monétaires pour surveiller l'offre de monnaie et de demande globale, des déséquilibres, ainsi que nous l'avons vu plus haut, n'ont pas manqué de se produire dans l'économie. Ils ont été d'une telle ampleur qu'ils ont contraint les autorités monétaires à prendre des mesures d'urgence s'inspirant, d'une part de la pratique de politique monétaire classique : politique du taux de l'escompte[49]et politique des grands emprunts, et d'autre part, des principes de gestion financière établis par le FMI : dévaluation[50]et politique d'équilibre budgétaire[51].

Dès le mois de janvier 1966, la Banque du Ghana a relevé son taux d'escompte de 4,5 % à 7 % afin de s'opposer d'une part au développement des demandes de crédits, et de mettre par conséquent un obstacle à la hausse du niveau des prix, et de provoquer d'autre part une entrée de capitaux privés étrangers afin de rétablir l'équilibre de la balance des paiements et de faire monter la valeur de la monnaie ghanéenne par rapport aux devises étrangères. Elle demande expressément aux banques commerciales d'élever leurs taux d'intérêt, surtout en ce qui concerne leurs opérations portant sur le commerce, les transports et communications, les services, la construction et les crédits à la consommation des biens courants.

Cette politique fut complétée plus tard, après le changement de gouvernement de février 1966, par une politique de grands emprunts publics. Le gouvernement a émis en effet par l'intermédiaire de la Banque du Ghana divers types de titres et de Bons du Trésor :

---

[49]Remarquons que dans les pays de l'UMOA, les plafonds généraux de réescompte pourraient, en cas d'urgence, être utilisés pour réduire la masse monétaire en abaissant les plafonds et en élevant le taux de réescompte.

[50]En Guinée, lors de l'échange des billets (des francs CFA en francs guinéens), il y a eu une dépréciation de la monnaie guinéenne. Mais elle n'a jamais été dévaluée, c'est-à-dire qu'il n'y a pas eu une reconnaissance officielle de la dépréciation.

[51]Ces principes de gestion financière existaient avant la création du FMI. Mais aujourd4hui, ce sont ces principes que recommande le Fonds chaque fois que se posent des problèmes de la balance des paiements à un pays sous-développé. Notons que la politique de l'équilibre budgétaire existe à titre préventif dans les pays de l'UMOA.

- *Liberation Stock* 1971/76[52];
- *Conversion Stock* 1971/75 ;
- *Stabilization Stock* 1981/86 ;
- *Liberation Stock* 1981/86, et
- *Treasury Loan* (émis tous les 15 jours) ;

dans la double intention d'éponger une bonne partie des encaisses détenues par le public (consommateurs et entreprises) et de gêner en quelque sorte les opérations des banques commerciales en les privant de ces encaisses qui auraient pu se constituer en dépôts chez elles. Ce faisant, le gouvernement espérait contraindre ces banques à réescompter leur portefeuille d'effets à la Banque du Ghana et à les amener à accepter le taux d'escompte fixé par elle. Ce taux, pensaient le gouvernement et la Banque centrale, les aurait découragés de poursuivre leurs opérations de crédit dans n'importe quelle direction.

Les autres mesures d'urgence prises par le gouvernement concernent d'une part l'équilibre du budget, qui amène la suspension ou la suppression de certaines dépenses d'investissements jugés trop ambitieux – suspension de la construction de l'autoroute Accra-Tema –, et d'autre part, la dévaluation de 30 % du cedi le 8 juillet 1967. L'objectif de cette dévaluation est d'abord de réduire le volume des importations en rendant celles-ci plus coûteuses pour les Ghanéens, et ensuite d'abaisser le coût des produits d'exportation du Ghana et de les rendre plus compétitifs sur les marchés mondiaux[53]. Cette dévaluation devrait donc en principe faire gagner au Ghana des revenus supplémentaires en devises étrangères et lui permettre ainsi de combler le déficit de sa balance des paiements, et d'assurer d'autre part au gouvernement un paiement aisé de ses dettes extérieures.

Tels ont été en gros les divers instruments de politique de contrôle de l'expansion monétaire employés dans ces quatre pays ouest-africains.

Rappelons que dans les pays membres de l'UMOA – Sénégal et Côte d'Ivoire –, c'est la politique des plafonds de réescompte qui prévaut, tandis qu'en Guinée, il n'existe pas vraiment de politique de contrôle monétaire. Le contrôle de l'expansion monétaire y est assuré par le truchement de la politique financière. Il n'y a donc vraiment qu'au Ghana que l'on trouve une gamme assez complète d'instruments de politique monétaire.

---

[52]Les chiffres, 1971/76 par exemple, indiquent l'échéance de ces titres.

[53]Notons que le Ghana n'exporte essentiellement que des produits agricoles, le cacao notamment, dont les cours sont déterminés sur le marché mondial. Cette dévaluation, ainsi que nous allons le voir p.115, ne peut pas entraîner une augmentation de la quantité de ces produits. Elle a au contraire entraîné des effets pervers.

Il s'agit de voir maintenant si ces divers instruments ont atteint leurs objectifs (Cf. tableau 25 en annexe).

B. Problème de l'efficacité de la politique monétaire et financière et ses conséquences dans l'économie ouest-africaine

L'efficacité de la politique monétaire ou financière dépend, d'une part du comportement des différents agents économiques, et d'autre part, du contexte économique dans lequel est appliquée cette politique.

S'il est incontestable que les Banques centrales peuvent en principe, par le biais de la politique de réescompte, limiter la possibilité de création de monnaie pour les banques commerciales ou faire respecter les coefficients de réserves obligatoires qu'elles leur imposent par une vérification régulière de leurs bilans ou de leurs opérations, il est néanmoins très douteux qu'elles puissent contrôler d'"une manière efficace la demande de monnaie, c'est-à-dire décourager, par une politique monétaire quelconque, les consommateurs ou les entreprises d'avoir recours aux banques.

Au Ghana, ainsi qu'il apparaît sur notre tableau 25, les réserves détenues par les banques commerciales ont été importantes, et leurs coefficients par rapport au montant total des dépôts sont nettement supérieurs à ceux que leur prescrit la Banque du Ghana. Ces coefficients ont fluctué entre 80 et 99,5 %. La marge des opérations rémunératrices dans lesquelles ces banques pouvaient librement s'engager a donc été généralement faible. Ainsi, de ce point de vue, on peut dire que l'offre de monnaie a effectivement été contrôlée ou orientée dans la direction voulue par la Banque centrale. Mais en ce qui concerne la politique du taux d'escompte, il est difficile de dire si les espérances des autorités monétaires ont toujours été comblées. Le relèvement de ce taux par la Banque du Ghana a bien, semble-t-il, contraint dans une certaine mesure les banques commerciales à réduire leurs opérations de crédit(Cf. tableau 26 en annexe).

En effet, la part relative de leurs opérations de crédits a baissé de 50,2 % à 45,4 %, et cette baisse s'est reflétée par ailleurs sur le volume des crédits accordés au secteur privé, pour lequel ce volume a fléchi de 14,1 % en 1966 à 12,9 % en 1967. Mais lorsqu'on prend en considération l'ensemble du système bancaire, y compris la Banque centrale, il s'est produit un accroissement de la demande de monnaie par rapport aux années précédentes, même durant la période où le taux a été relevé.

Il convient de souligner à cet égard que cet accroissement est dû au fait que dans l'économie ghanéenne, les plus grands bénéficiaires de crédits bancaires à l'heure actuelle sont les institutions publiques et le gouvernement, dont la demande dépend moins du taux d'escompte ou des taux d'intérêt pratiqués par les banques que des objectifs de leur politique et de l'importance des activités économiques dans lesquelles ils se sont engagés. Le *Ghana Cocoa Marketing Board* par exemple aura toujours recours au système bancaire quel que soit le niveau du taux d'intérêt, car il lui faut absolument financer la commercialisation du cacao.

D'ailleurs, si le secteur privé semble avoir réagi favorablement dans le sens voulu par les autorités monétaires, il faut bien reconnaître que les restrictions de crédit n'ont pas été sans conséquences dangereuses pour son activité économique. S'occupant du commerce import-export pour l'essentiel, ce secteur a vite manqué des crédits nécessaires pour poursuivre ses affaires de façon normale.

Pour résoudre cette difficulté, les grandes firmes et les entrepreneurs (*Contractors*) de ce secteur étaient disposés à accepter le taux d'intérêt imposé, quitte à faire supporter aux consommateurs les coûts supplémentaires qui en résultaient. Et c'est pour éviter que ces firmes et entrepreneurs ne s'engagent dans cette voie, qui aurait entretenu non seulement une offre excessive de monnaie, mais aussi une élévation du coût de la vie, que la Banque du Ghana décida en mars 1967 un allègement, de 7à 6 %, du taux d'escompte, et un an plus tard, de 6 à 5,5 %.

Ici encore, il semble que les banques commerciales et le secteur privé aient réagi dans le sens souhaité par la Banque centrale. Les crédits accordés par les banques commerciales ont en fait augmenté, de même que la demande du secteur privé. Cependant, il est difficile de dire ici si cette augmentation a été la conséquence des baisses successives du taux d'escompte, puisque, ainsi que nous l'avons indiqué plus haut, la monnaie ghanéenne a été dévaluée de 30 %. Cette dévaluation rend plus coûteux de 43%[54]environ les produits importés, et exige, en ce qui concerne les producteurs, davantage de crédits ou de concours du système bancaire pour financer les importations de matières premières et de pièces de rechange.

Par ailleurs, elle a même entraîné des ajustements de salaires et de revenus chez les catégories sociales qui se trouvent dans le secteur moderne,

---

[54]Le coût des opérations de change de la monnaie ghanéenne contre les devises étrangères est donné par le rapport $\frac{30}{70} = 0,428 \approx 43\ \%$

surtout chez les agents de la fonction publique et les militaires[55] et aussi chez les planteurs de cacao dont les prix d'achat ont été majorés de 30 %[56].

Ces ajustements de revenus ont nécessité bien évidemment des crédits supplémentaires. Et dans les milieux d'affaires ghanéens, il a été admis que durant cette période, c'est moins la baisse du taux d'escompte qui a provoqué l'accroissement des crédits que l'effet de la dévaluation.

Quant à savoir si la hausse du taux d'escompte a provoqué une entrée de capitaux étrangers, la chose paraît douteuse en raison du système de contrôle des changes. Les capitaux qui sont le plus souvent intéressés par cette politique sont ceux à court terme, avides d'un placement rentable immédiat. Or, n'étant pas sûrs de pouvoir sortir à leur guise de la « souricière » que constitue le système de contrôle des changes, dès que des conditions de rendement meilleures se présentent ailleurs, ils préfèrent s'abstenir. De plus, l'inexistence au Ghana d'un véritable marché monétaire ou financier ne peut faciliter ce genre de spéculation.

La politique des grands emprunts décidés par le gouvernement comme mesures complémentaires à la politique du taux d'escompte pour absorber une partie de la monnaie détenue par le public aurait pu sans doute être efficace ou avoir un sens dans la mesure où le gouvernement n'aurait pas été confronté à des problèmes financiers particuliers.

Or, depuis 1963, son budget a constamment été déficitaire. De sorte que la monnaie qu'il absorbait dans le public servait avant tout à financer ce déficit et retournait très rapidement dans le public.

Si le gouvernement avait financé son déficit par création de monnaie, l'effet inflationniste aurait été plus fort. Mais il aurait mieux valu réduire le déficit, c'est-à-dire les dépenses. Sans doute le gouvernement a-t-il bien pris des mesures d'austérité financière en vue de tenter d'équilibrer son budget pour rendre efficace cette politique, c'est-à-dire geler la monnaie absorbée du public. Mais il est difficile, dans le contexte économique ghanéen actuel, où le gouvernement est le plus gros employeur, que cette politique d'austérité prenne beaucoup d'ampleur ; elle pose en fait un problème social crucial : le chômage.

Ce problème social, la dévaluation du 8 juillet 1967 le posera aussi, mais en des termes plus ardus. Si l'effet escompté d'une opération de dévalua-

---

[55]Cf. tableau 19 p. 253.On constate qu'à partir de 1967, le montant total des salaires payés a été très élevé.

[56]Les ajustements sont pratiqués pour maintenir le même niveau de revenu réel qu'avant. Il ne s'agit donc pas d'une majoration réelle.

tion est de rendre compétitifs les produits ghanéens sur les marchés mondiaux[57], il est certain que les bénéfices en devises étrangères réalisés à la suite de cette opération seront vite absorbés par les importations ; car les prix des produits des pays industrialisés ne cessant de monter (Cf. graphique 12), celles-ci deviennent en effet plus coûteuses.

Le Ghana dépend de l'extérieur non seulement pour l'importation de biens de consommation représentant à peu près 11%[58]de la consommation privée, mais aussi de ses biens d'équipement et matières premières, qui comptent pour 69,7 % du total des importations. Même si l'on suppose que les consommateurs acceptent de restreindre leur consommation de produits manufacturés importés au profit des produits de substitution, ils s'aperçoivent que ces produits sont souvent aussi chers que ceux qui sont importés en raison des prix élevés qu'industries et entrepreneurs doivent payer pour importer les matières premières qui leur sont nécessaires. Et en se référant à la qualité des deux produits en présence, ils préfèrent naturellement ceux d'importation, de meilleure qualité.

Ce choix pose aux entrepreneurs des problèmes de rentabilité de leurs industries. En effet, lorsque la demande des produits nationaux fléchit en raison de la préférence des produits importés, les entrepreneurs cherchent à comprimer leurs coûts de production. Et comme il leur est pratiquement impossible de comprimer les coûts des matières premières, ils n'ont souvent d'autre solution que de réduire l'effectif de leur personnel. Rien que l'effort fait par le gouvernement entre 1966 et 1967 pour assainir les finances publiques (la dévaluation s'inscrit, bien entendu, dans cet effort) a conduit au licenciement de 65 645 travailleurs, ceux-ci ayant été déclarés par les diverses entreprises comme en surplus.

De plus, la politique de développement a été dans l'ensemble compromise, puisque les biens d'équipement nécessaires à sa réalisation normale n'ont guère été épargnés par la hausse des prix provoquée par la dévaluation. Certains projets en cours de réalisation, comme la grande fabrique de chocolat de Drevici, à Tema, la grande raffinerie d'or de Takwa, *Tema Hotorway*, ou le complexe de conserverie de Tema, etc., ont été abandonnés, et ceci a encore posé le problème de la mise au chômage d'une partie considérable des travailleurs.

D'autre part, la demande des biens d'importation étant difficile à comprimer, il s'avère que le déséquilibre de la balance des paiements que souhaite éliminer le gouvernement tend à devenir permanent.

---

[57]Cf. graphique 12

[58]Cette consommation représente 30,3% des importations.

Eu égard à tous ces problèmes, la question que l'on doit se poser est celle de l'opportunité de la dévaluation dans l'économie ouest-africaine, et dans les économies sous-développées en général.

Le succès d'une politique de dévaluation dépend essentiellement de l'élasticité de la demande et de l'offre des produits que l'on veut rendre compétitifs sur les marchés extérieurs. Si la demande et l'offre de ces produits sont élastiques, on peut espérer qu'en diminuant la valeur extérieure de la monnaie nationale, la production de ces produits sera encouragée et provoquera en conséquence, d'une part, sur le plan intérieur, un accroissement du niveau de l'emploi en ressources naturelles et en main-d'œuvre, et d'autre part, sur le plan extérieur, un accroissement du revenu en devises étrangères et une limitation des importations, ce qui permettra de rétablir l'équilibre de la balance des paiements. Par contre, si la demande et l'offre sont inélastiques, la dévaluation se révèlera parfois plus que vaine, voire même néfaste.

Pour les pays développés, qui disposent d'une puissante capacité de production et des ressources en matières premières et en main-d'œuvre suffisantes, on peut penser que la dévaluation a quelques succès. Les dévaluations britannique de 1961 et française de 1969 semblent avoir atteint leur objectif dans le court et moyen terne.

Le graphique N° 13 montre qu'entre 1970 et 1972, la balance des paiements française a été équilibrée comme conséquence d'un relèvement des exportations françaises provoqué par la dévaluation.

En ce qui concerne les pays ouest-africains, on peut mettre l'accent sur leur trop grande dépendance sur un ou deux produits d'exportation dans leurs relations commerciales avec l'extérieur, le Ghana exportant principalement du cacao, la Côte d'Ivoire du café et le Sénégal de l'arachide. La demande de ces produits est en général inélastique. En réalité, ces pays ne vendent pas leurs produits à un prix national, mais au cours mondial qui s'impose à eux. Donc, rendre leur prix de vente moins élevé sur les marchés mondiaux ne provoquera pas du tout de variations, ou n'en provoquera que de très faibles.

Même dans l'hypothèse où la demande extérieure serait élastique, l'effet bénéfique de la dévaluation ne saurait se manifester dans l'immédiat[59]. En effet, on ne peut espérer augmenter dans le court terme la production de ces produits agricoles. Il faudra quatre ou cinq ans pour faire produire un plant de cacao ou de café. Il est vrai qu'on peut disposer de stocks suffisants pour répondre à l'accroissement de la demande. Mais ces stocks, s'ils

[59]M. Bye : *Relations économiques internationales*, 3e édition, Dalloz pp. 533 à 547.

existent, risquent d'être vite épuisés. Et avant que la production puisse augmenter, la dévaluation aura suscité d'autres problèmes qui viendront compliquer ceux qui existaient avant.

Sur ce point, le Ghana semble fournir l'exemple de ce que peuvent être les effets d'une dévaluation dans les structures actuelles de l'économie ouest-africaine. En effet, alors que le gouvernement ghanéen escomptait stimuler la production des produits d'exportation et gagner des devises étrangères en dévaluant le cedi, on constate que la même année, la production de cacao a baissé de 10,7 %. Si elle a connu l'année suivante, en 1968, une légère hausse, elle est retombée rapidement de 15,6 % en 1969. Paradoxalement, pendant la période de dévaluation, le prix du cacao sur les marchés mondiaux a enregistré une tendance à la hausse.

Quant à la production minière, elle a également enregistré des baisses de quantité dans tous les secteurs : or, diamants, bauxite et manganèse. Si on examine toujours le tableau 27, on sera sans doute étonné de constater que la valeur en cedis de la production minière n'a pas considérablement fléchi. À vrai dire, cela s'explique d'une part par le fait que les effets de la dévaluation du cedi ont été un peu atténués par la dévaluation de 12,5 % de la livre sterling en novembre 1967, et d'autre part, par le fait que dès mars 1968, le prix de l'or, qui est aussi l'une des principales productions du Ghana, n'a cessé d'enregistrer de fortes hausses ; ce prix a évolué d'environ 14 % après la dévaluation.

On peut donc dire que les hausses des prix du cacao et de l'or et la dévaluation de la livre ont maintenu, plus ou moins, le niveau des recettes en devises étrangères qu'avait le Ghana avant la dévaluation. La diminution de la production de ces produits aurait, sans cette hausse, entraîné une perte considérable pour le Ghana.

Sur le plan intérieur, cependant, les effets de cette dévaluation se sont manifestés dans toute leur ampleur : rien n'a pu arrêter la hausse du coût de la vie, ni l'accroissement du chômage.

Quant au contrôle des changes et des prix, ils ont accentué les distorsions déjà créées par l'abondance monétaire. Ils ont fait apparaître des marchés parallèles de change et des marchandises sur lesquels s'exercent toutes sortes de spéculations. En ce qui concerne le marché parallèle de changes, soulignons que ce sont souvent les demandes de transferts de fonds que la Banque du Ghana n'a pas pu satisfaire du fait même des restrictions qu'impose ce contrôle de changes qui s'y portent. Comme le quota de revenus admis à l'exportation ou au rapatriement est de 50 %, ces demandes sont très importantes, et il n'est sans doute pas étonnant de constater sur ce marché que la valeur du cedi se déprécie vite et considérablement.

Nous pouvons même constater une relation entre la valeur du cedi sur le marché parallèle et la masse monétaire en circulation. En 1963-65, alors que l'accroissement de la masse monétaire était relativement grand, on constatait que le cedi s'échangeait entre 130 et 145 francs CFA au poste frontalier de Lomé-Aflao, alors que son cours officiel était de 250 Fcfa ; de même, entre 1966 et 1969, quand l'accroissement de la masse monétaire a connu une baisse relative, les cours sur le marché parallèle ont enregistré une nette amélioration ; ces cours ont alors fluctué entre 180 et 225 Fcfa, le cours officiel étant fixé à 270 Fcfa.

Les écarts qui apparaissent entre les taux de change officiel et parallèle stimulent beaucoup la fraude avec les pays voisins. Les planteurs de cacao, surtout ceux qui sont non loin des frontières, préfèrent en effet vendre leur production au Togo ou en Côte d'Ivoire contre des francs CFA qu'ils changent ensuite en cedis. Cette opération frauduleuse leur procure d'importants revenus monétaires. Certains utilisent leurs francs CFA pour acheter des produits tels que boissons alcoolisées (whisky, gin, vin, etc.) parfums et tissus imprimés pour les revendre sur le marché parallèle à des prix exorbitants.

Certains étrangers, Libano-Syriens, Indiens et Pakistanais pratiquent des opérations « d'arbitrage »[60], c'est-à-dire qu'ayant le droit de rapatrier 50 % de leurs bénéfices ou revenus, ils utilisent les devises étrangères que leur procure la Banque du Ghana pour maximiser leurs revenus en échangeant ces devises en cedis sur le marché parallèle. D'autres utilisent ces devises pour acheter des articles à l'étranger et les introduisent dans le pays en contrebande pour les revendre sur le marché parallèle à des prix élevés.

Il faut également mentionner les opérations de sous-évaluation des importations soumises au système de licences. Soulignons qu'il s'agit d'une pratique fondée sur la corruption de certains fonctionnaires chargés de délivrer les licences d'importation et d'exportation et de certains agents de la douane. Ceux-ci acceptent, moyennant une somme d'argent, que les importateurs ou les exportateurs ne déclarent pas les valeurs ou les quantités exactes de leurs marchandises.

---

[60]Les opérations d'arbitrage stabilisent généralement les cours. Ici, ces opérations sont déséquilibrantes. Ces étrangers utilisent au maximum leurs droits en devises qu'ils n'utiliseraient pas s'il n'y avait pas de marché parallèle.

Il est évident que toutes ces opérations ont eu pour résultat de réduire la capacité d'approvisionnement du Ghana par les circuits officiels, et sont par conséquent responsables, pour une grande part, de la hausse des prix.

Le contrôle des prix a eu à peu près les mêmes conséquences que le contrôle des changes. Les écarts qu'il entretient entre prix officiels et prix de marché noir ont incité les spéculateurs à détourner certains produits des réseaux officiels de distribution. Ce phénomène de détournement de produits, connu au Ghana sous le nom de « *Hoarding of Goods* », ou « pénurie artificielle », ou encore « phénomène d'accaparement », a porté notamment sur les produits textiles (*Wax Print*), le lait, le sucre, le riz et les conserves de viande et poissons (corned beef, sardines et pilchards).

Au total, il ressort de cette section que, hormis la politique des plafonds de réescompte appliquée dans les pays de l'UMOA, et la politique de réserves obligatoires qui, au Ghana, porte sur une détention importante de divers dépôts, bons et titres du gouvernement, que la politique monétaire et financière se révèle, soit comme une opération d'une faible efficacité, soit comme une opération dont les conséquences sont plus redoutables que celles qu'elle prétend éliminer. Les relations économiques de l'Ouest africain, ou, plus précisément, celles du Ghana, ne sont pas conçues selon les principes économiques de concurrence parfaite et de libre-échange pour que les déséquilibres qui s'y manifestent à la suite d'une expansion monétaire puissent être corrigés en utilisant simplement des instruments tels que le taux d'escompte ou la dévaluation.

En ce qui concerne particulièrement la dévaluation, disons que c'est une arme de guerre économique efficace pour les pays qui ont atteint un niveau de production industrielle élevé et diversifié, c'est-à-dire des pays qui exportent surtout des produits industriels à des prix dépendant de leurs coûts de production intérieurs, et qui, après la dévaluation de leur monnaie, vendent par conséquent moins cher ; des pays dont, en outre, la production est déjà élastique, mais qui ne parviennent pas à soutenir la concurrence sur les marchés mondiaux. Une dépréciation de la valeur extérieure de leur monnaie peut rendre leurs produits compétitifs et les aider à prendre une place plus grande dans la concurrence. Encore qu'ici, pour que les effets de la dévaluation soient positifs, il faudrait que les autres pays apportent leur soutien au pays qui dévalue, c'est-à-dire qu'ils ne dévaluent pas, par exemple, leur propre monnaie, ou n'élèvent pas leurs droits de douane.

Les pays ouest-africains sont, pour l'instant, à l'aube de leur industrialisation. Ils ont besoin d'apports importants de biens de consommation et d'équipement des pays industrialisés. Une dévaluation qui, ainsi que nous l'avons indiqué, rend onéreux ces apports, est donc inopportune.

Conclusion de la première partie

Au terme de cette première partie de nos recherches, quel enseignement pouvons-nous tirer ?

On peut soutenir, avec un certain degré de certitude, que la monnaie n'est pas neutre dans l'économie ouest-africaine. Elle a un rôle ambivalent : elle agit à la fois sur le niveau général des prix – phénomènes monétaires – et sur la production intérieure – phénomènes réels. Cependant, il est très important de souligner que son rôle sur les phénomènes monétaires est plus prépondérant que son rôle sur les phénomènes réels. Ceci s'explique à la fois par la rigidité de l'appareil productif intérieure – faibles taux de croissance enregistrés au niveau de la production agricole et de la production industrielle – et par les difficultés qu'éprouvent certains pays – le Ghana et la Guinée en l'occurrence – à s'approvisionner normalement sur les marchés extérieurs en produits de consommation courante ou d'équipement du fait du déficit permanent de leur balance des paiements.

Si des causes structurelles expliquent ainsi la prépondérance des phénomènes monétaires, l'application des mesures orthodoxes de politique monétaire et financière ne se justifie guère dans cette économie. Pour que la monnaie ait un effet d'entraînement plus grand, il s'avère indispensable que les structures économiques qui existent à l'heure actuelle soient changées. Nous essayerons de dégager dans la seconde partie de cette étude des politiques actuellement essayées, et celle que l'on peut proposer en vue de changer ces structures.

Partie II

LES POLITIQUES DE RESTRUCTURATION ET DE FINANCEMENT PROPOSEES

Le bien-être pour tous, tel est le pari que se proposent de gagner en un court laps de temps les gouvernements ouest-africains. Ainsi qu'il ressort de leurs déclarations de politique générale, ce bien-être se conçoit à un double point de vue :

1°) par l'accession par les populations de leurs pays respectifs à un niveau de vie matériel élevé : acquisition accrue de biens de consommation, création d'une importante infrastructure sociale facilitant l'élimination des maladies et de l'ignorance ;

2°) par l'accession à un degré de liberté politique tel que ces populations puissent réaliser pleinement leur émancipation culturelle et spirituelle[61].

Cet objectif implique donc une vie plus satisfaisante, non seulement en termes réels, mais aussi en termes d'affirmation de soi. Le fondement et le moyen pour parvenir à cet objectif résident dans une croissance économique accélérée.

À notre avis, la croissance économique, d'une manière générale, peut s'obtenir de deux façons :

1°) dans le cadre des structures économiques et sociales existantes. Ainsi par exemple, les pays d'Europe occidentale s'efforcent d'atteindre une expansion économique et un niveau de vie élevé dans le cadre des principes fondamentaux du système capitaliste établi, et les pays d'Europe de l'Est, s'y efforcent dans le cadre du système socialiste défini à partir de la doctrine marxiste-léniniste ;

2°) par une remise en cause des anciennes structures et la création de nouvelles, des structures dites « de passage »[62].

Pour provoquer la croissance, cette seconde approche s'impose souvent lorsque l'ancien système économique ne correspond pas à l'idéal social auquel on aspire, ou lorsque son évolution aboutit à un blocage.

---

[61]L.S. Senghor, *Socialisme africain et développement, ou La voie sénégalaise*, in *Sénégal An 2*, pp. 1 à 7, supplément à *Développement et Civilisation* ; Dr Kwame Nkrumah, *7^th^Year Development Plan* 1963/64-1969/70, préface.

[62]La mise en place des « structures de passage » s'effectue à partir des éléments positifs ou moteurs des anciennes structures et des éléments positifs nouveaux ; cf. J. C. Perrin, *Transformation des sociétés traditionnelles*, in *Structures traditionnelles et développement*, p. 10, Éditions Eyrolles, Paris, 1968.

Pour les pays ouest-africains qui sortent de la colonisation, la croissance économique accélérée devrait logiquement se concevoir dans le rejet de l'ancien système colonial, caractérisé, sur le plan intérieur, par une distorsion entre secteur économique moderne et secteur économique traditionnel, et sur le plan extérieur, par une division du travail qui les confine dans le rôle de producteurs de produits primaires.

Ici, la création des « structures de passage » peut se situer à deux niveaux :

1°) au niveau d'une intégration du secteur de l'économie traditionnelle dans le secteur moderne, c'est-à-dire en d'autres termes, par une désagrégation de l'économie traditionnelle en lui imposant les éléments moteurs du secteur moderne, et

2°) au niveau d'une dynamisation du secteur traditionnel par le biais d'une amélioration progressive de ses propres « éléments moteurs » et l'intégration d' « éléments moteurs » étrangers.

Malgré les divergences que l'on observe dans les orientations idéologiques des gouvernements ouest-africains, il apparaît cependant que ceux-ci aient opté pour le premier procédé, mais en adoptant des modes de financement différents pour le réaliser. Nous trouvons le développement par une politique de monnaie stable, qui fut celle du Ghana de 1951 à 1959, et qui est actuellement la politique pratiquée au Sénégal et en Côte d'Ivoire ; et le développement par une politique de monnaie active, retenue par le Ghana et la Guinée.

L'objet de cette seconde partie est de constater dans le premier chapitre la portée et les limites de ces politiques de restructuration et de financement ; et dans le second chapitre, d'envisager la perspective d'une politique de restructuration et de financement pouvant aboutir à la fois au bien-être des populations et à l'indépendance économique des pays ouest-africains.

Chapitre I

Politiques de développement et de financement essayées

Ce chapitre est divisé en trois sections. Nous examinerons dans la section 1 le développement par une politique de monnaie stable ; dans la section 2, le développement par une politique de monnaie active ; et dans la section 3, les limites et les conséquences de ces politiques.

Mais auparavant, il nous faut présenter sommairement dans une section préliminaire, le schéma théorique qui semble servir de substratum aux politiques de restructuration dans les pays-africains.

Cette présentation est nécessaire, car elle permettra de voir en dernière analyse, la direction dans laquelle les recherches théoriques en matière de développement de ces pays devraient être orientées, si jamais ce schéma ne correspond à la réalité des choses.

SECTION PRELIMINAIRE
Schéma théorique de la politique de développement

Les théories du sous-développement insistent beaucoup sur le caractère dualiste des économies du Tiers-Monde et lui attribuent, à juste titre, leur retard économique et social. Les solutions qui leur sont proposées pour réduire ce retard consistent naturellement à faire disparaître le dualisme par une politique de modernisation. Certains économistes, dont notamment W.A. Lewis, G. Maynard, W. Barber et H.G. Aubrey, décrivent dans leurs études, le schéma théorique que peut emprunter cette modernisation[63].

Nous faisons ressortir ici les traits essentiels de ce schéma et son implication sur le plan de la politique économique.

A. Présentation du schéma

1. Observation des faits

Dans les économies sous-développées, deux faits essentiels retiennent l'attention :

1) le réservoir de main-d'œuvre que constitue la population rurale pour la création d'activités nouvelles, et,

2) la faible productivité marginale de cette main-d'œuvre.

En effet, les statistiques révèlent souvent que dans ces économies, le secteur d'économie traditionnelle occupe entre 60 et 80 % de la main-d'œuvre active. Ce pourcentage fort élevé s'explique par la faible productivité marginale du travail en raison du caractère peu évolué des facteurs de production employés. De sorte que pour satisfaire les besoins minimaux en nourriture et en vêtements de l'ensemble de la population, une fraction importante de celle-ci est obligée de s'engager dans l'agriculture.

---

[63]W. Arthur Lewis, *Economic Development with Unlimited Supplies of Labour*, *in* the Manchester School, mai 1954, pp. 139 à 191 ; *Unlimited Labour, Further Note*, *in* The Manchester School, Vol. XXVI, pp. 1 à 32, 1958 ; G. Maynard, *Economic Development and the Price Level*, ch. III, Macmillan & 00, London ; W. Barber, *The Economies of British Central Africa. A Case Study of Economic Development in a dualist Society*, ch. VIII et IX, Stanford University Press, 1961 ; H. G. Aubrey, *Small Industry in Economic Development, in Review Social Research*, vol. 8 n° 3, pp. 269-270, sept. 1951.

En revanche, dans le secteur moderne[64], la productivité marginale du travail est relativement élevée du fait de la *« nature des activités qui y sont exercées et des facteurs de production mis à la disposition des travailleurs »*.

Par ailleurs, on observe un écart entre les revenus moyens payés dans l'un et l'autre secteur. Comme on peut être induit à le supposer, cet écart ne correspond nullement à la différence observée dans les productivités marginales des deux secteurs. Le niveau de salaire dans le secteur moderne n'est pas fixé en fonction de la productivité marginale de la main-d'œuvre ou du capital employé, comme cela arrive en principe dans les pays capitalistes, mais par rapport au niveau du revenu moyen du secteur d'économie de subsistance.

Aussi, le niveau des revenus moyens payés dans les économies sous-développées est généralement bas. Ceci a un avantage capital – ainsi que nous allons le voir – dans l'accélération du processus de modernisation tel qu'il est présenté par W. A. Lewis.

2. Hypothèse fondamentale du schéma

En raison de la forte productivité du travail dans le secteur moderne, on peut légitimement supposer qu'un développement rapide de l'ensemble de l'économie pourrait être obtenu si on procédait au transfert de la main-d'œuvre rurale vers ce secteur. Il suffirait, pour que ce transfert puisse être opéré, que les salaires moyens payés dans le secteur moderne soient majorés. Lewis et Barber évaluent entre 30 et 50 %, le taux de majoration qui serait nécessaire à cet effet.

Ce taux étant justifié par trois considérations :

1°) le coût de vie élevé dans le secteur moderne (frais de transport, loyers, etc.),

2°) le dommage moral subi par la main-d'œuvre transférée, et

3°) la reconnaissance de l'utilité du travail que cette main-d'œuvre est appelée à accomplir dans l'extension et le fonctionnement du secteur moderne.

Si ces auteurs sont d'accord sur l'observation des faits et l'hypothèse fondamentale telles que nous venons de les exposer, il n'en reste pas moins – aussi paradoxal que cela puisse paraître – qu'ils soutiennent des points de vue différents quant au déroulement même du mécanisme devant conduire à la disparition du dualisme. Lewis montre que l'écart entre les deux revenus devrait permettre une absorption progressive et totale de la main-

---

[64]Dans notre ouvrage *Les Institutions Monétaires et Bancaires du Ghana*, nous avons distingué le sous-secteur moderne national. Celui-ci comprend certaines activités agricoles, le cacao par exemple. Le secteur moderne n'est donc pas uniquement industriel.

d'œuvre du secteur traditionnel, alors que pour Barber, Maynard et Aubrey, le phénomène d'absorption n'a pas besoin d'être total pour qu'apparaisse une économie moderne généralisée.

a) Point de vue de Lewis

Celui-ci raisonne non seulement dans le cadre d'une économie nationale, mais aussi dans le cadre des relations internationales, dans la mesure où il met l'accent sur le rôle important que la compétitivité du secteur moderne national vis-à-vis des économies développées peut jouer dans l'accélération du processus d'absorption.

Cadre national

Son point de vue part de l'idée simple qu'il existe dans le secteur moderne, ou capitaliste, un surplus de capital[65]. Dès lors, la clé du processus de développement se trouve dans l'utilisation qui sera fait de ce surplus. S'il est utilisé pour créer de nouvelles activités, le secteur moderne se développe en absorbant – dans l'hypothèse de la majoration de salaire retenue – une partie de la main-d'œuvre du secteur traditionnel. La quantité de main-d'œuvre prélevée et le nouveau surplus dégagé à la suite de l'opération d'investissement seront plus élevés que si le mécanisme se déroule dans un pays capitaliste. Le graphique 14 nous aide à fixer les idées.

En effet, dans un pays capitaliste, rappelons que le volume de la main-d'œuvre est déterminé par deux éléments :

1) la productivité marginale du capital disponible représentée sur le graphique par les courbes N_1, N_2. N_3 etc., et

2) le taux courant de salaire OV, c'est-à-dire en d'autres termes, que le volume de la main-d'œuvre OV_1 est déterminé par le point de concours des courbes représentatives de ces deux variables : courbes N_1, N_2, N_3, etc., avec VV', VV'', VV''', etc.

Le taux de salaire OW de la main-d'œuvre transférée de l'économie de subsistance est, quant à lui, déterminé, ainsi que nous venons de le voir, en fonction du niveau de revenu OS de cette économie de subsistance, et se situe, de plus, au-dessous du taux de salaire OV en pays capitaliste, c'est-à-dire que nous avons :

$OV > OW > OS$

[65]Ce capital, selon lui, peut être également mobilisé par une émission monétaire.

Le volume de la main-d'œuvre en pays capitaliste OV_1, pour un taux de salaire OV, est inférieur au volume de la main-d'œuvre transférée OW_1 pour un salaire OW. Le surplus WN_1, dégagé par cette main-d'œuvre OW_1 à la suite de l'investissement du capital disponible, est plus grand que le surplus VN_1V', qui serait théoriquement dégagé dans un pays capitaliste ($WN_1W' > VN_1V'$), où le taux de salaire est égal à la productivité marginale du capital investi.

Le réinvestissement du surplus WN_1W' favorisera une nouvelle absorption de la population rurale, le volume total de la main-d'œuvre absorbée sera, par exemple, OW_2 (l'accroissement de la main-d'œuvre nouvelle étant W_1 W_2), dégageant un surplus W N_2 W'' supérieur au surplus V N_2 V'' qu'on obtiendrait dans un pays capitaliste avec une main-d'œuvre OV_2 inférieure à OW_2. Le mécanisme se poursuivra, s'auto-entretenant jusqu'à ce que disparaisse la main-d'œuvre disponible dans le secteur de subsistance.

Cadre international

Le lien qui existe entre le salaire dans l'économie moderne et le niveau moyen des revenus en économie de subsistance constitue un élément fondamental dans les relations commerciales internationales. Il assure un niveau de salaire bas dans le secteur à haute productivité des pays sous-développés. Même si un écart de 30 à 50 % est nécessaire pour provoquer le déplacement de la population, le taux de salaire ainsi déterminé est loin d'atteindre celui pratiqué par les pays développés. Il en résulte que sur les marchés internationaux, les produits des pays sous-développés engagés dans ce processus de restructuration seront plus compétitifs que les produits du même genre fabriqués dans les pays développés.

Cette cc se traduira par une augmentation du montant des recettes d'exportation, facilitant en retour une importation accrue des facteurs de production. Plus le volume de ces facteurs s'accroît, plus considérable sera le mouvement de transfert de la main-d'œuvre rurale, et plus le processus d'intégration s'accélérera.

Cet optimisme sur le déroulement mécanique et cumulatif du processus est fondé sur le fait que Lewis pense, comme les grands économistes classiques, qu'à un niveau de revenu de substance donné, l'offre de main-d'œuvre du secteur traditionnel est illimitée. Et c'est sur ce point que son point de vue diverge avec celui des autres auteurs cités.

b) Points de vue de Barber, Maynard et Aubrey

Pour ces derniers, l'offre de main-d'œuvre du secteur de subsistance devient, à partir d'un certain seuil, inélastique. Car ce secteur est capable à un moment donné de réagir contre son dépeuplement, et d'amorcer sa propre mutation, qui doit déboucher plus tard sur la disparition du dualisme. Le seuil approximatif fixé par Barber est de 50 % de la population active de ce secteur.

En-deçà de cette limite, les prélèvements de la main-d'œuvre sont possibles en raison de l'existence du chômage déguisé ; la main-d'œuvre non touchée par les prélèvements s'accommode de la nouvelle situation ; elle travaille, peut-être, un peu plus qu'avant.

Mais lorsque le transfert dépasse cette limite, les conditions de vie dans le secteur de l'économie traditionnelle deviennent difficiles. La fraction de la population rurale qui n'a pu être déplacée se trouve contrainte, pour assurer le même niveau de subsistance qu'avait l'ensemble de la population, de procéder à une transformation de structures, à savoir l'amélioration des anciennes méthodes culturales.

Cette transformation doit aboutir à des relations d'une économie d'interdépendance, dans la mesure où l'accroissement de la demande qui s'adresse à elle l'oblige à se procurer dans le secteur de l'économie moderne les biens d'équipement qui lui sont indispensables. La mutation continuera jusqu'à ce que naisse une véritable économie moderne employant les mêmes techniques de production et de gestion que celles qui existent déjà dans le secteur moderne.

Tel est en gros l'un des schémas théoriques, séduisants et stimulants, proposés à l'intention des responsables politiques et économiques des pays sous-développés. Quelle est son implication sur le plan concret de la politique de développement ?

B. Implication du schéma sur le plan de la politique de développement

Que l'on retienne l'un ou l'autre mécanisme du schéma n'a que peu d'importance, car chacun d'eux doit, théoriquement, déboucher sur la disparition du dualisme. Mais les deux mécanismes impliquent dans leur phase initiale que l'on consacre le capital disponible à la création de nouvelles formes d'activités, celles-ci pouvant consister en la mise en place d'une importante infrastructure économique et sociale – énergie, transports et communications, éducation, santé et administration –, ou en un effort intense d'industrialisation – industries lourdes ou légères.

Cependant, le problème qui s'est souvent posé est celui de savoir quelles sont, dans la gamme des activités nouvelles, celles qui sont susceptibles de mener à terme dans les meilleurs délais le processus de modernisation ?

On a souvent défendu le point de vue que, dans les pays moins développés, pour faire fructifier rapidement les investissements productifs, il est nécessaire que les structures d'accueil – organismes administratifs, organismes financiers, etc. – et les services de base ou « *support services* » – infrastructures routières, ferroviaires, portuaires et sociales soient d'abord créées.

Or, il se trouve que la rentabilité de ces structures est diffuse, ou n'est perceptible que dans le très long terme. Si, dans la phase initiale, on leur consacre le capital disponible, on risque de ne pas obtenir l'effet cumulatif d'absorption de Lewis – l'investissement en infrastructures ne pouvant dégager un surplus réinvestissable –, ni l'effet de mutation complète du secteur de subsistance de Barber, Maynard et Aubrey, dans la mesure où, ici, l'approvisionnement en biens d'équipements de ce secteur sera limité par la non-extension des activités réellement productives dans le secteur moderne.

Aussi, la solution généralement retenue dans la réalité consiste-t-elle à développer simultanément les infrastructures de base et les industries tout en donnant toutefois une certaine priorité aux premières. Ceci apparaît clairement dans les divers plans de développement du Ghana, élaborés suivant la technique du *shopping list,* qui consiste à recueillir et à additionner les principaux projets établis par les différents ministères et collectivités locales. Notons que le Pr W.A. Lewis a toujours eu un droit de regard sur ces plans[66].

Mais il convient de préciser toutefois que, dans ses recommandations pratiques au gouvernement du Ghana, il semble apporter quelques restrictions à son schéma théorique. En effet, pour rendre possible le transfert de la main-d'œuvre rurale vers les activités nouvelles, il suggère qu'un effort soit fait pour accroître la production vivrière. Ce qui présuppose qu'une fraction de la population rurale (12 % environ) devrait être maintenu à cet effet dans le secteur de subsistance, mais que la productivité de celle-ci devrait être considérablement augmentée par l'emploi de facteurs de production modernes.

Au Sénégal, en Côte d'Ivoire et en Guinée, les plans de développement adoptent à peu près cette solution.

---

[66]W.A. Lewis, *Report on industrialisation and economic policy of the Gold Coast,* Government Printer, Accra, 1953. Rappelons que le Pr Lewis a été pendant longtemps l'un des conseillers économiques du gouvernement Kwame Nkrumah. Il a pris part à la discussion du plan septennal 1963-64/1969-70 du Ghana.

Mais le développement simultané de l'infrastructure de base et des industries constitue-t-il une véritable solution pouvant faire jouer les mécanismes du schéma au point que s'accomplisse l'intégration du secteur traditionnel dans le secteur moderne ?

Il nous semble que le contexte international dans lequel les gouvernements ouest-africains insèrent leur politique de développement pourrait favoriser ou freiner cette intégration. En effet, le commerce extérieur et l'aide étrangères jouant un rôle important dans les ressources de financement de leur politique, tout reste lié à l'état conjoncturel de ces variables.

SECTION I
Développement économique par une politique de monnaie stable

Avant d'examiner l'application de cette politique au Ghana, en Côte d'Ivoire et au Sénégal, il nous faut voir quels sont ses objectifs et ses critères.

A. Objectifs et critères de la politique de monnaie stable

1. Objectifs

Par une politique de monnaie stable, les gouvernements se proposent d'atteindre un double objectif :

1°) assurer le développement économique dans la stabilité des prix intérieurs, et

2°) conserver ou consolider la valeur de la monnaie nationale vis-à-vis des monnaies étrangères par une balance des paiements équilibrée ou excédentaire.

Ces objectifs cherchent, en principe, à répondre à des considérations d'ordre social et économique.

Lorsque l'on essaie de provoquer la croissance économique par une politique du *deficit financing,* il arrive, ainsi que nous l'avons vu plus haut, que si la masse des biens et services mise à la disposition des consommateurs demeure constante ou n'évolue que faiblement, le niveau des prix monte. La hausse des prix entraîne l'amenuisement des revenus fixes – ceux des salariés et des rentiers – alors qu'elle accroît ceux des industriels, commerçants et spéculateurs. Cette hausse comporte donc un danger d'aggravation de l'écart social. Elle compromet par ailleurs l'expansion économique dans la mesure où, en s'emballant, elle provoque des phénomènes néfastes : d'une part, elle diminue la confiance des investisseurs privés nationaux et étrangers (fuite des capitaux nationaux et blocage de l'apport de capitaux étrangers), et d'autre part, elle rend plus onéreux les prix des produits d'exportation, ce qui signifie une baisse du volume d'exportation de ces produits et, partant, de l'activité productive intérieure et du niveau de l'emploi.

2. Critères

Cette politique repose sur deux critères :

- d'abord sur l'équilibre budgétaire ; en effet, elle suppose que dans les finances publiques le total des dépenses ne dépasse pas le total des ressources jugées normales, c'est-à-dire des ressources autres que l'emprunt ou les manipulations monétaires. Ceci revient à dire que les dépenses publiques doivent être essentiellement financées par les impôts ;

- ensuite, sur un contrôle rigoureux de crédit. L'octroi du crédit est strictement limité aux secteurs productifs[67].

Cette politique, d'inspiration classique, qui vise à un équilibre financier, économique et social, semble avoir parfaitement réussi dans la première expérience de développement économique et social du Ghana.

B. L'expérience ghanéenne 1951-1959

Au lendemain de la proclamation du *Self Gouvernment* ou de l'autonomie interne en 1951, le nouveau gouvernement – *le Business Gouvernment* – présidé par le Dr Kwame Nkrumah, lança un plan quinquennal de développement 1952-57, auquel il ajouta plus tard, pour la période 1957-59, un plan dit « *Consolidation Développement Plan* »[68]. Ces plans, qui s'inscrivaient dans une perspective générale de transformation des structures coloniales et traditionnelles, devaient se conformer en même temps au principe orthodoxe de gestion financière hérité de l'administration coloniale britannique[69].

II s'agit d'examiner dans ce paragraphe les objectifs que ces plans se proposaient d'atteindre, et si ce principe a pu être respecté (Cf. tableau 28 en annexe).

1. Objectifs et réalisation des plans

a) Objectifs

Le tableau 28 permet de saisir quelles étaient les préoccupations majeures du gouvernement durant la période sous revue. Ainsi qu'il ressort des études ou rapports précédant ou accompagnant les plans, il s'agissait de remédier au plus vite à l'état de « sous-équipement » dans lequel le gou-

---

[67]Voir 1ère partie, chapitre II, section 2.

[68]Ces plans constituaient à vrai dire une modification fondamentale du plan décennal 1950-1960 lancé par l'Administration coloniale le 1er avril 1950. Ce dernier plan étant lui-même le réajustement et le prolongement du plan Alan Burns 1944-1953.

[69]La circulaire n°s C R 10100/Vol IV datée du 31 décembre 1957 rappelle aux fonctionnaires responsables de l'élaboration des plans ce principe.

vernement de la Couronne avait longtemps laisse le système de communications – routes, chemins de fer, postes et télécommunications, ports, radiodiffusion – de l'éducation nationale et de la santé publique[70]. Or, ces services constituaient aux yeux du nouveau gouvernement la base même de tout progrès économique. Aussi a-t-il été décidé de leur assurer le standing le plus élevé possible (*high standard*) pour la période des plans.

Les communications occupaient, par conséquent, la première place, avec 97,1 millions N¢, soit 33,6 % des investissements prévus, et les services sociaux – éducation et santé – la deuxième place, avec 76,8 millions N¢, soit 27,0 % des investissements. Ces sommes énormes devaient être consacrées à la fois à l'amélioration et à l'extension des réseaux de communication et des services sociaux existants, et à la construction de nouveaux.

Mais le gouvernement était confronté aussi à des problèmes d'ordre politique. En effet, si l'autonomie interne d'une part, et l'indépendance d'autre part, qui était en perspective pour 1957, devaient avoir un sens réel aux yeux de la population, il fallait réorganiser l'administration, préparer et réaliser la relève des cadres coloniaux britanniques. Ainsi le gouvernement plaça-t-il l'administration en troisième position dans l'échelle de ses priorités, avec un investissement de 37 millions N¢, soit 12,6 % de l'ensemble des investissements.

On peut sans doute s'étonner que l'industrie et l'agriculture – groupées sous le titre d'« économie » – ne venaient qu'en cinquième position, après les « divers services productifs » – électricité, eau et imprimerie –, avec 24,9 millions N¢, soit 9,0 % seulement des investissements projetés. Le peu d'importance accordée à ces secteurs pourrait s'expliquer selon trois considérations :

- d'abord, s'il fallait respecter le principe orthodoxe de gestion, le gouvernement ne devrait pas s'engager dans des activités susceptibles de gêner le secteur privé ou de surcharger ses dépenses ;
- ensuite, à supposer même qu'il se soit engagé dans ces activités productives, il lui aurait été, sinon impossible, du moins difficile de trouver, dans ces premières années du *Self Government*, le personnel technique capable de les gérer convenablement ;
- enfin, la conjoncture économique internationale lui était très favorable, en ce sens que les produits d'exportation ghanéens se vendaient très bien sur les marchés mondiaux, de sorte qu'il pouvait encore se permettre

[70]Le gouvernement fait également référence à l'état déplorable des plantations de cacao ; cf. tableau 29 pour voir les chiffres comparatifs.

d'approvisionner le marché intérieur en produits manufacturés et alimentaires d'importation en attendant de mettre sur pied une véritable politique d'industrialisation et de développement agricole.

Notons que dans le plan quinquennal élaboré en 1959, l'importance accordée à ces secteurs (Cf. tableau 29 en annexe) s'était considérablement accrue, puisqu'il leur destinait 100 millions N¢, sur un total de 700 millions N¢ d'investissements prévus. Ce montant était donc quatre fois supérieur à celui qu'il leur affectait dans les premiers plans[71].

Il convient de souligner par ailleurs que les sommes consacrées à ces secteurs avaient en réalité plus servi à développer et à améliorer les services indirectement productifs – éradication des grandes endémies ravageant les cultures et le bétail, comme la mosaïque du cacao, les capsides du cocotier et la maladie du sommeil, par la lutte contre la mouche tsé-tsé – ou à créer certaines entreprises considérées comme le symbole de l'indépendance économique, et qui rehaussaient en même temps le prestige national. Il s'agit par exemple de la création de la marine marchande ghanéenne, la *Black Star Line*, à laquelle on avait consacré 600 000 N¢ en 1957 et 1 million N¢ en 1959[72](Cf. tableaux 30, 31, 32 en annexe).

b) Réalisation

Le tableau 30 nous montre qu'au 30 juin 1958, 79,1 % de l'ensemble des investissements projetés avaient été exécutés. Dans l'industrie et l'agriculture (poste « Economie »), les investissements réalisés dépassaient légèrement les prévisions. Des pourcentages particulièrement élevés, représentant respectivement 80,1 % et 82,6 % des prévisions, avaient également été enregistrés en ce qui concerne les postes « Communication » et « Administration générale »

L'*Economic Survey* de 1957 fait remarquer que si certains investissements n'avaient pu être entièrement réalisés, c'est que l'effectif des cadres devant assurer l'encadrement de l'exécution des travaux était tout simplement insuffisant.

Malheureusement, nous ne disposons pas de chiffres précis pour nous renseigner sur l'importance effective des travaux qui avaient pu être accomplis. Néanmoins, un inventaire effectué pour la décennie 1951-1961 (Cf. tableau 31 en annexe) permet d'affirmer que d'importants et réels progrès ont pu être réalisés pour remédier, d'une manière considérable, à l'état

---

[71]Dans le 2ème Plan quinquennal, le gouvernement comptait créer 600 nouvelles industries.

[72]La *Ghana Airways* devait être créée plus tard.

de sous-équipement, dans lequel se trouvait le Ghana dans le domaine des infrastructures économiques et sociales à la veille du *Self Government.*

2. Sources de financement des plans

Le tableau 32, qui les expose, comprend trois parties.

Dans la partie A, on constate que les ressources du gouvernement provenaient essentiellement des droits sur le cacao, des droits et taxes à l'importation et des impôts sur le revenu. Elles servaient d'abord à financer les dépenses de fonctionnement – *Recurrent Expenditure* – c'est-à-dire la partie B.

Le surplus restant après le financement de ces dépenses constituait, avec les transferts de capitaux en provenance de l'étranger, le « *revenu disponible pour la formation du capital* », c'est-à-dire la partie C. Précisons que ces transferts étaient faits sur les importantes réserves monétaires dont disposait le gouvernement sur le marché financier londonien[73] (Cf. tableau 33 en annexe).

Si nous comparons le montant total des investissements prévus – 287 millions N¢ – à celui des « revenus disponibles pour la formation du capital » de 1950 à 1957, nous pouvons dire que le gouvernement avait largement les moyens de s'engager dans la voie d'une véritable politique de monnaie stable. On pourrait presque dire qu'en fait, cela s'imposait à lui. Il n'a donc pas eu à faire appel à l'épargne privée intérieure par voie d'émission de titres, ni au concours financier étranger, ni au procédé du *deficit financing.*

Malgré le développement extraordinaire de ces services improductifs, qui ont sans nul doute engendré une forte demande, le niveau général des prix ne semble pas avoir beaucoup augmenté. Les indices disponibles à cet égard en ce qui concerne la région d'Accra montrent qu'entre 1954 et 1959, les prix n'ont progressé que de 1,6 % en moyenne par an. Le taux de croissance économique annuel enregistré pour l'ensemble du pays est évalué à 4,8 %. En se référant au tableau 33, on constate que, sauf en 1956 et 1957, le solde de la balance des paiements, qui, essentiellement, ne portait alors que sur les transactions courantes, était largement excédentaire. Cela signifie que le gouvernement n'avait éprouvé aucune difficulté pour faire face à la demande créée par ces investissements. De plus, ce solde lui permettait de constituer d'importantes réserves et, par conséquent, de

[73] Il s'agit d'importantes réserves en sterlings.

consolider la valeur de la monnaie nationale vis-à-vis des monnaies étrangères[74].

C. Expérience de monnaie stable au Sénégal et en Côte d'Ivoire

1. Bref rappel du fondement de cette politique

Les réformes de structures au Sénégal et en Côte d'Ivoire – ainsi que dans les autres pays de l'UMOA – s'opèrent également, à l'heure actuelle, dans le contexte d'une politique de monnaie stable. Celle-ci apparaît à la fois comme la continuation de la pratique de gestion financière saine imposée sous le régime colonial, et comme la discipline d'harmonisation de la législation monétaire et bancaire que requiert l'appartenance à l'UMOA.

En effet, rappelons que l'article 206 d'un décret en date du 30 décembre 1912enjoignait aux comptables publics, ou trésoriers-payeurs, de ne « *constater les dépenses dans leur comptabilité, pour le service local, que dans la limite des fonds du service local* ». Cela signifie en d'autres termes le respect rigoureux du principe de l'équilibre budgétaire.

Il faut préciser toutefois qu'en raison des difficultés financières souvent rencontrées par les administrations coloniales locales, ce principe avait dû être quelque peu assoupli. Celles-ci pouvaient avoir un déficit budgétaire, mais il ne devait en aucun cas être couvert par des avances de l'institution d'émission. Pour le combler, elles devaient s'adresser au Trésor français pour obtenir les fonds nécessaires qui se présentaient sous trois formes :

1°) les « avances spéciales », remboursables avant le 31 décembre de l'année où elles avaient été consenties. Elles permettaient aux Trésors locaux de faire face à leurs engagements financiers en attendant l'entrée totale des recettes fiscales ;

2°) les « avances simples sur recettes budgétaires », remboursables en principe dans un délai maximum de deux ans, et

3°) les « subventions d'équilibre », destinées à couvrir les déficits définitifs. Mais ces dernières, en raison des dangers d'inflation qu'elles comportaient, avaient été progressivement transformées en crédits, accordés aujourd'hui par le Fonds d'Aide et de Coopération (FAC) pour la réalisation de projets d'investissement précis[75].

Avec l'indépendance, le principe de ces avances n'a nullement disparu. Mais pour permettre aux États nouvellement indépendants de s'affranchir

---

[74]Le Ghana faisant partie du *West Africa CurrencyBoard*, il s'agissait de la consolidation de la livre du *West Africa Currency Board.*

[75]Cf. M. Leduc, op. cit., pp. 85 à 92.

de ces aides qui auraient pu être considérées comme des liens de dépendance vis-à-vis du Trésor français, la BCEAO leur donne des possibilités d'avances en compte courant. Celles-ci sont toutefois limitées en volume et en durée : en effet, elles ne doivent pas dépasser 15 % des recettes fiscales de l'État constatées au cours de l'année budgétaire écoulée, et sont remboursables dans un délai de 240 jours au maximum[76]. II s'agit donc d'une aide à court terme.

Par ailleurs, mentionnons que ces pays ont désormais la possibilité de financer leur déficit budgétaire par l'émission de bons de Trésor ; ceci leur permet donc de drainer une partie de l'épargne des personnes physiques et morales. Tout est donc prévu pour que les Trésors publics ne sollicitent pas des banques d'émission un financement pouvant dégénérer en déséquilibre monétaire et économique.

Dans le paragraphe suivant, nous examinerons les objectifs économiques et sociaux que les plans sénégalais et ivoiriens se proposent d'atteindre, et l'importance des financements réalisés dans les conditions de cette politique.

2. Objectifs des plans sénégalais et ivoiriens

Ils ne diffèrent guère de ceux des deux premiers plans ghanéens. (Cf. tableau 34 en annexe). Cependant, soulignons que la contribution que ces gouvernements demandent au secteur privé dans leurs efforts de développement est expressément déterminée. Ainsi, en Côte d'Ivoire par exemple, celle-ci devait représenter 49 % du montant total des investissements envisagés pour la période 1960-69.

Au Sénégal, elle était fixée à 33 % dans le premier plan quadriennal. Si les objectifs de développement y sont, entre 1960 et 1969, contenus dans deux plans quadriennaux ayant un caractère semi-coercitif et semi-incitatif, en Côte d'Ivoire, le gouvernement se veut beaucoup plus réaliste et pragmatique. Il n'établit pas de plans à proprement parler, mais des programmes d'investissements intitulés « Perspectives décennales »[77] qui ne prennent en considération que les fonds réellement disponibles, ou ceux dont il peut éventuellement disposer, c'est-à-dire les fonds que lui fournissent ses budgets de fonctionnement (impôts) et d'équipement, et ceux qui ont déjà fait l'objet d'une convention entre lui et les préteurs de fonds nationaux ou étrangers.

---

[76]Cf. les statuts de la BCEAO modifiés en décembre 1968.

[77]Cf. *Planification en Côte d'Ivoire. Orientation du futur Plan Décennal*, *in* Association pour l'étude des problèmes d'Outre-mer, Bulletin n° 174, pp. 9 à 18.

Au Sénégal, ainsi qu'il apparaît sur le tableau 34, les deux plans mettent particulièrement l'accent sur les infrastructures économiques et sociales. Alors que dans le premier plan (1961-1965), il était prévu de lui consacrer 49,5 milliards de Fcfa, soit 52 % du montant total des investissements programmés, dans le second plan (1965-1969), cette enveloppe s'était accrue de 4,1 milliards, les portants à 56 % de l'ensemble des prévisions.

Les infrastructures sont suivies par l'industrie, le commerce, les transports et le tourisme, avec 32,1 milliards dans le premier plan et 30,2 dans le second, soit respectivement 33 et 22 % des investissements globaux envisagés. On note cependant une baisse relative de 11 % des investissements prévus dans ces secteurs au profit, d'une part, de l'agriculture, qui représente dans le 2ème plan 22 % des dépenses, alors que sa part n'était que de 11 % dans le premier, et d'autre part, des infrastructures économiques et sociales(Cf. tableau 35 et 36 en annexe).

En ne prenant en considération que les investissements dont le gouvernement doit assurer le financement (Cf. tableaux 35 et 36 en annexe), on constate que dans le premier plan, 75 % des fonds éventuellement disponibles devaient être destinés au développement des secteurs improductifs, soit49,1 milliards de Fcfa, et dans le second, la part était de 80 %, bien qu'ici, les investissements en valeur absolue ne dussent porter que sur 33,3 milliards.

En Côte d'Ivoire, les « Perspectives décennales 1960-1969 » (Cf. tableau 37 en annexe) prévoyaient une dépense d'investissement de 339 milliards de Fcfa dont 232,8 milliards, soit 65 % du montant total. Des investissements devaient être affectés au logement, aux infrastructures économiques et sociales, et au renouvellement (amortissement du capital existant). 71,2 milliards étaient prévus pour le développement de l'industrie et du commerce, et 35 milliards pour l'investissement agricole. La part de l'agriculture ne comptait donc dans ces perspectives décennales que pour 14 % du montant total des investissements prévus.

Soulignons qu'au bout de six ans de réalisation de ces perspectives décennales, le gouvernement ivoirien a redéfini l'importance de ses propres objectifs, c'est-à-dire que les investissements publics furent envisagés dans un nouveau programme intitulé « Loi-plan 1967-1970 »[78]afin de tenir compte d'une part, des priorités qui s'étaient (Cf. tableau 38 en annexe)imposées au cours de la première phase de son expérience de développement, et d'autre part intégrer dans ces *Perspectives* les fonds dont il envisageait l'accroissement d''une façon certaine.

---

[78]On a ajouté aux *Perspectives 1960-1969* une année pour obtenir *Perspectives 1960-1970.*

Ainsi, dans la Loi-plan 1967-1970, les prévisions ont été réparties en un « noyau garanti » représentant les ressources qui pourraient être disponibles pour le financement des objectifs, et une « tranche opérationnelle » correspondant aux fonds déjà engagés.

La planification ivoirienne, si l'on peut se permettre de l'appeler ainsi, n'envisage en aucune manière l'intervention de l'État dans les activités industrielles. Ces dernières sont uniquement réservées au secteur privé national et étranger. De même, en ce qui concerne le logement, sur un total de 28 milliards d'investissements prévus, la part de l'État n'est que d'un milliard.

On ne doit pas s'étonner que le gouvernement ivoirien ait laissé les secteurs les plus productifs de l'économie entre les mains de l'entreprise privée. Ceci correspond parfaitement à l'option d'une économie de « libre-entreprise » qu'il a faite au lendemain même de l'indépendance. Même dans le secteur productif où il intervient pour l'instant – le secteur agricole – il faut noter que cette intervention est essentiellement limitée aux produits d'exportation : fruits du palmier, du cocotier, hévéa, etc. Et là encore, le gouvernement précise bien que dès que la production de ces plantations sera devenue rentable, celles-ci devront être vendues au secteur privé ivoirien[79].

Au Sénégal, en dépit de la voie socialiste de développement choisie, l'industrialisation relève également de l'activité du secteur privé, et l'État s'interdit toute intervention dans ce domaine, en soulignant notamment que « *le mirage des entreprises industrielles d'État doit être évité pour deux raisons. D'une part, l'expérience des entreprises d'État montre qu'il est très difficile d'avoir une gestion aussi efficace que dans une entreprise privée. D'autre part, la faiblesse de nos moyens financiers publics impose une marque à notre socialisme en renforçant le rôle du secteur privé* »[80](Cf. tableau 39, 39 bis en annexe).

Ainsi, les 62,4 milliards de Fcfa d'investissements prévus dans les deux plans pour l'industrie, le commerce, le tourisme, etc., devraient être presque entièrement réalisés grâce à l'initiative privée nationale ou étrangère (caractère indicatif et incitatif).

---

[79]Cf. *Économie ivoirienne in* Bulletin de l'Afrique Noire, n° spécial 2ème édition, 1971,Édiafric, pp. 191-192.

[80]Abdou Diouf, *Quelques aspects de la Pratique du Socialisme Sénégalais in* L'Économie Sénégalaise, Bulletin d'Afrique Noire, N° spécial, 1ère édition, Édiafric, 1970.

3. Réalisations et sources de financement

Pour le Sénégal, nous ne disposons de chiffres que sur les investissements publics[81]. Les tableaux 35 et 36 montrent le montant des déboursements effectués pour chaque objectif donné, son importance par rapport au total des investissements prévus, et par rapport au total des investissements réalisés. Dans l'ensemble, on remarque que dans le premier plan, 65 % des objectifs ont été atteints. Les réalisations ayant été fortes dans le logement, les routes, l'agriculture et la formation.

Bien que le FMI n'ait fourni, pour le 2ème plan, que les dépenses effectuées au 30 février 1966, on constate néanmoins qu'à cette date déjà, plus de 81 % des investissements publics envisagés avaient été réalisés. Ce qui permet d'avancer que les conditions de financement sur la période du 2ème plan étaient bien meilleures que celles du premier plan. En effet, en nous référant au tableau 39, qui retrace les différentes sources de financement, on observe que sur un total de 49,3 milliards de Fcfa de financement externe envisagé, 42 milliards avaient été fournis au 30 juin 1966, alors que dans le premier plan, sur un total de 30 milliards qu'escomptait le gouvernement, 12 milliards n'avaient pu être obtenus en fin de compte.

En Côte d'Ivoire, les publications de l'Ediafric[82] permettent de constater que les objectifs des *Perspectives décennales* ont été atteints, et même dépassés. Pour la période 1960-1965, les investissements privés s'élevaient à 95 milliards de Fcfa au lieu des 79,7 milliards envisagés (soit 16 milliards d'investissement en moyenne par an), dont24 milliards dans l'industrie, 35 milliards dans le bâtiment et les services, 4,5 milliards dans les plantations industrielles et 31 milliards dans le renouvellement (Cf. tableaux 40, 40 bis en annexe).

Le rapport du *Budget Spécial d'Investissement et d'Équipement* (BSIE) évalue à 144,8 milliards les investissements réalisés durant la période de la Loi-Plan 1967-1970, ces investissements représentant 144 % des prévisions, tranches opérationnelles comprises.

Les fonds proviennent des sources suivantes :

- Budget Spécial d'Investissement et d'Équipement à 108 milliards (108 % du noyau garanti) ;
- Collectivités locales .... 12 milliards
- Subvention d'équilibre.. 6,8 milliards

[81]D'après le rapport de l'OCDE 1972, le montant cumulé des investissements privés directs étrangers s'élevait fin 1971 à 153,8 millions de dollars environ.

[82]Cf. *Mémento de l'Économie Africaine*, 6ème édition, 1970, pp. 158-160.

- Prêts extérieurs.. 17 milliards

Les fonds fournis par le BSIE (CF. tableaux 40 et 40 bis en annexe) se répartissent entre les secteurs comme suit, en millions de Fcfa :

- Agriculture.. 19 934 (70 % du NG)[83]
- Infrastructures économiques................... 48 885 (119 % du NG)
- Développement culturel.......................... 6 062 (109 % du NG)
- Infrastructures sanitaires......................... 2 146 (44 % du NG)
- Infrastructures administratives................ 11 838 (146 % du NG)[84]

Pour ce qui concerne le secteur privé, soulignons que l'ensemble de ses investissements pour la période de la Loi-Plan est évalué par le BSIE à 108 milliards de Fcfa de 1965, soit une moyenne de 27 milliards d'investissements par an[85].

Au Sénégal, aussi bien qu'en Côte d'Ivoire, on peut s'interroger sur l'impact que ces énormes investissements – dont la plus grande partie est consacrée à l'infrastructure économique et sociale – ont eu sur l'équilibre économique de ces pays. Nous pouvons, ainsi que nous venons de le faire pour le Ghana, prendre en considération deux données : les variations du niveau des prix et la position de la balance des comptes avec l'extérieur. Mais nous devons rappeler encore une fois que pour ces pays, l'indice du niveau des prix n'existe que pour les grandes agglomérations.

À Dakar, pour la période 1967-70, les variations des prix pour la « consommation européenne » étaient comprises entre 2,0 % et 2,9 %. À Abidjan, pour la même période, les variations étaient comprises entre 2,0 et 6,1 % pour la « consommation européenne », et 3,2 et 13,9 % pour la « consommation africaine ».

Les faibles variations observées pour la « consommation européenne » (produits importés) s'expliquent par l'appartenance de ces pays à la Zone franc. En effet, comme nous l'avons déjà mentionné dans la première partie de cette étude, ces pays ont la possibilité d'avoir un compte débiteur illimité vis-à-vis du « Compte d'Opération », ce qui leur permet de s'approvisionner sur le marché français – même s'ils ont une balance commerciale constamment déficitaire, comme c'est notamment le cas du Sénégal – en biens de consommation pour compenser la demande provoquée par une forte activité d'investissement (Cf. tableau 41 en annexe).

---

[83] NG signifie « noyau garanti ».

[84] Cf. tableaux 40 A et 40 B

[85] Le rapport de l'OCDE 1972 évalue l'entrée des ressources privées cumulées fin 1971 à 201,6 millions de dollars.

Quant aux variations fortes des prix de la « consommation africaine », elles traduisent sans nul doute les rigidités de l'offre du secteur d'économie traditionnelle que nous avons déjà relevées dans l'explication de la hausse des prix au Ghana (1ère partie)[86].

En ce qui concerne les transactions avec l'extérieur, seule la Côte d'Ivoire a pu maintenir une balance commerciale excédentaire malgré l'importance de ses investissements. Ceci lui a permis de constituer d'importantes réserves (Cf. tableau 42 en annexe). En 1969, celles-ci étaient évaluées à 28,1 milliards de Fcfa, alors qu'au Sénégal, on observait un déficit de 3,92 milliards. En supposant que ces pays poursuivent leur développement économique en dehors de la Zone franc, il est permis de penser que seule la Côte d'Ivoire pourrait maintenir la stabilité et la convertibilité de sa monnaie vis-à-vis de l'extérieur.

En conclusion de cette section, on peut dire que les expériences de développement économique et social tentées dans le cadre d'une politique de monnaie stable semblent jusqu'ici avoir bien réussi. Cette réussite est due à deux circonstances : d'une part, à la facilité qu'ont eu les gouvernements des pays intéressés à dégager, dans une conjoncture économique internationale favorable, des ressources fiscales assez substantielles (cas notamment du Ghana) et, d'autre part, à la possibilité d'un concours financier étranger important (Côte d'Ivoire et Sénégal)[87].

Mais l'expérience des années 60 du Ghana et de la Guinée montre aussi que lorsque ces situations n'existent pas ou sont très incertaines, un pays peut être acculé, face à l'importance de ses besoins en développement, à s'engager dans la voie d'une politique de monnaie active, ou *deficit financing*.

[86]Dans les pays que nous considérons ici lorsqu'on parle du développement de l'agriculture, il s'agit surtout au développement de l'agriculture d'exportation.

[87]La Côte d'Ivoire a bénéficié des deux circonstances à la fois.

SECTION II

Développement économique dans le cadre d'une politique de monnaie active

Introduction

Cette politique de monnaie active est souvent qualifiée de « procédé inflationniste de développement », car elle implique une intervention massive de la Banque d'émission dans le financement des projets économiques et sociaux, et ceci de deux façons :

1°) par l'application d'un taux d'escompte faible qui incite les entrepreneurs à procéder à d'importants investissements, et

2°) par un concours direct de l'État (avances en compte courant, achats de titres gouvernementaux) pour permettre à celui-ci de faire face à ses dépenses à court, moyen et long terme.

À première vue, cette politique paraît s'opposer à la politique de monnaie stable. Mais en réalité, il n'en est rien. En effet, si, dans la conception économique classique, l'on considère le problème de l'équilibre des finances publiques isolément de l'ensemble de l'activité économique, la conception moderne fait de cet équilibre le corollaire de l'équilibre économique. En d'autres termes, cette conception moderne n'exclut pas le principe de l'équilibre budgétaire, mais elle estime que dans une période de récession au de stagnation économique, ce principe doit souffrir des exceptions, l'État devant pouvoir mettre son budget en déficit, car ce déficit constitue en soi la condition de la reprise et de l'équilibre économique.

Une fois cet équilibre économique rétabli, il sera plus facile à l'État d'assurer celui de son budget. Cette conception est d'inspiration keynésienne. Le financement du déficit par une émission de la Banque centrale provoque un accroissement de la demande des biens de consommation et d'équipement qui stimule à son tour l'activité économique productive dans les conditions d'une politique de *cheap money,* et assure le plein-emploi des facteurs de production (Cf. tableau 43 en annexe).

Dans les pays d'Afrique de l'Ouest, si le sous-développement paraît fournir en soi la condition de l'application d'une telle politique, il faut reconnaître que les pays qui l'adoptent y sont contraints par une situation financière difficile face aux besoins énormes de leurs plans de développement.

C'est du moins ce qui apparaît dans les cas du Ghana et de la Guinée que nous examinerons dans cette étude.

A. Importance des besoins de développement au Ghana et en Guinée

1. Ghana

À partir de juillet 1962, le Ghana entra dans une nouvelle phase de sa politique de développement. En effet, à cette date, le Parti de la Convention du Peuple (*Convention People's Party* - CPP) adopta à son congrès de Kumasi un programme intitulé « *Work and Happiness* » recommandant au gouvernement d'engager le pays sur la voie d'une transformation de type socialiste. Ceci impliquait en l'occurrence une intervention accrue de l'État dans l'activité économique.

À cet égard, le plan septennal de développement 1963-1964/1969-1970 élaboré ne constituait, aux dires du gouvernement, que le premier d'une série de plans qu'il entendait mettre en œuvre jusqu'à ce que l'objectif socialiste fixé fût atteint. Le coût de ce plan était évalué à 2033 millions N¢ (Cf. tableau 43 en annexe). Si on en déduisait les dépenses d'amortissement du capital existant, chiffrées à 280,4 millions N¢, les investissements dans le secteur d'État devaient monter à 666,6 millions N¢, soit 32 % des prévisions, tandis que ceux prévus pour les secteurs privé et mixte s'élevaient à respectivement 547,4 millions N¢ et 538,6 millions N¢.

Dans la ventilation des investissements par secteur d'activité, ainsi qu'il apparaît sur le tableau 43, ce sont les infrastructures économiques et sociales qui arrivent, comme dans les plans précédents, en première position, avec 42 % des dépenses projetées, suivies par l'industrie, avec 24 %, et l'agriculture, avec 17 %. Ce qu'il y a d'important à noter dans la conception de ce plan, c'est le rôle que l'État entend désormais confier au secteur privé, malgré son option socialiste, dans l'exploitation minière (bauxite, or, fabrication d'alumine) l'urbanisation et la construction de logements(Cf. tableaux 44, 45, 46 en annexe),et la promotion de l'agriculture, le secteur mixte devant s'occuper, quant à lui, des transports et de la création d'industries de dégrossissement et de substitution.[88]

Ce rôle du secteur privé est d'autant plus frappant si l'on considère le pourcentage de sa participation : il doit intervenir pour 54 % dans le financement des investissements envisagés (y compris les amortissements), contre 46 % seulement pour l'État, les investissements à réaliser par ce

[88]Cf. *Seven Years Development Plan*, p. 271.

dernier étant évalués à 951 millions N¢, dont 62,7 % devant être affectés au secteur non productif, et 37,3 % à l'industrie et à l'agriculture.

2. Guinée

En Guinée, les deux plans de développement lancés entre 1960 et 1971, en donnant priorité aux infrastructures économique et sociales, ont suivi la même ligne de conception que ceux que nous venons d'examiner pour le Sénégal, la Côte d'Ivoire et le Ghana. Ainsi, dans le premier plan triennal (Cf. tableau 45 en annexe), dont les investissements s'élevaient à 44,3 milliards de francs guinéens, et réalisé à 93 %, le développement des services sociaux, la construction d'aéroports, de routes, la réorganisation de l'administration, etc., devaient absorber 25,3 milliards, soit 57,1 % du montant total des investissements. Dans le second plan septennal 1964-71, dont le coût d'investissement ne devait pas dépasser 131,2 milliards, ce pourcentage fut porté à 62,9 % (Cf. tableau 46 en annexe).

Cependant, il convient de souligner que dans l'optique des transformations économique et sociale de la Guinée, l'action du secteur privé devrait progressivement être réduite au maximum possible afin que l'État puisse assurer un contrôle effectif de l'économie. Aussi apparaît-il dans ces plans que, malgré l'importance donnée aux infrastructures économiques et sociales, l'État s'efforce de consacrer d'importantes sommes aux secteurs industriel et agricole. En effet, dans le second plan, 48,6 milliards étaient destinés à leur développement. Au bout de la 3ème tranche (le plan était divisé en quatre tranches), 17,9 milliards de francs guinéens étaient investis dans ces secteurs, représentant 35 % de l'ensemble des investissements effectivement réalisés à ce stade (Cf. tableau 47 en annexe).

B. Sources de financement envisagées et financements effectivement réalisés

Que ce soit en Guinée ou au Ghana, le gouvernement tient compte d'abord de ses possibilités de financement classique, à savoir l'épargne intérieure, qu'il peut mobiliser par le truchement de la fiscalité ou l'émission d'emprunts, c'est-à-dire prélevée sur le revenu distribué, et l'aide étrangère (dons et prêts) dont il peut disposer, et il fixe en dernière analyse, en fonction de l'estimation de ces possibilités de financement classique, la contribution que la Banque centrale doit lui apporter dans l'exécution des projets.

Au Ghana, où le budget englobe à la fois les dépenses de fonctionnement et de développement, il était prévu qu'à la fin de la période que couvre le plan, celles-ci monteraient à 2 498 millions N¢ (Cf. tableau 47 en annexe), dont 2,38 milliards N¢, soit 85 % des dépenses totales devant provenir des ressources classiques, dont 86 % de ressources internes et 14 % de ressources extérieures.

Pour se procurer ces ressources internes, non seulement le gouvernement espérait voir le taux de la fiscalité existante progresser d'une façon considérable, mais comptait surtout lever de nouveaux impôts qui, de 32 millions N¢ dans la première année de l'exécution du plan, devaient atteindre dans la dernière année62 millions N¢. Par ailleurs, les bénéfices des entreprises d'État et la vente des biens et services par l'État (eau. électricité, etc.) compteraient pour 9 % de ces ressources.

Le déficit à combler par le gouvernement était estimé à 150 millions N¢ et la Banque centrale devait intervenir pour 112 millions dans son financement, soit 4 % du montant total des dépenses budgétaires prévues, et 14 % des seules dépenses de développement, si l'on exclut celles prévues pour l'aménagement de la vallée de la Volta[89](Cf. tableaux 48, 49 en annexe).

Précisons que, malgré l'intervention massive prévue de la Banque centrale, il restait encore au gouvernement à trouver 38 millions N¢ pour combler complètement le déficit, ce montant pouvant éventuellement s'élever à 108 millions N¢ si, par exemple, les prix des biens d'équipement d'importation augmentaient, ou si les cours des produits d'exportation baissaient.

À vrai dire, ce plan septennal n'a pu être entièrement réalisé, car après le coup d'État militaire du 24 février 1966, qui renversa le régime du CPP, il fut immédiatement suspendu. Néanmoins, le principe du *deficit financin* resta en vigueur, même si par ailleurs, ainsi que nous l'avons souligné dans la première partie de cette étude, le gouvernement s'employait à réfréner l'expansion monétaire et la hausse des prix.

Le tableau 48 expose les revenus (provenant de ressources traditionnelles), les dépenses de fonctionnement et de développement, et les déficits estimés et réalisés durant les périodes 1963-64 et 1964-68. Ce qui est intéressant ici, c'est d'examiner des sources auxquelles a eu recours le gouvernement pour financer les déficits successifs, dont le montant total pour la période considérée paraît deux fois plus élevé que celui initialement prévu pour la période du plan, soit 366,9 millions N¢ (Cf. tableau 49 en annexe).

[89]67,4 millions N¢ de dépenses sont prévues pour la période du plan, mais le projet dit « *Volta-Project* » devrait coûter en principe 271 millions N¢, dont une bonne partie devrait être prise en charge par *Kaiser Industries Corporation of America.*

Les ressources d'origine interne ont pu fournir un revenu brut de 462,3 millions N¢, dont 81,7 millions provenaient d'une avance en compte courant (*Ways and Means*) de la Banque centrale, 237 millions d'émission de bons et de titres, et 42,9 millions de fonds spéciaux. Soulignons que les titres sont essentiellement souscrits par la Banque centrale, les banques commerciales et les compagnies d'assurances – le *State Insurance Corporation* notamment qui y investit les fonds de la Sécurité sociale (*Social Security*). Mais on peut estimer que la part de la Banque centrale dans la souscription est de loin la plus importante, carle montant cumulé de sa souscription représentait fin 1 968 132,7 millions N¢, contre 87,2 millions N¢ pour l'ensemble des trois banques commerciales ghanéennes.

Il convient de faire remarquer que la souscription de la Banque centrale aux titres du gouvernement correspond, à vrai dire, à une émission de monnaie sans contrepartie réelle (Cf. tableau 50 en annexe).

Les « fonds spéciaux » sont constitués soit par des contributions volontaires (*Trust Funds*), soit par l'épargne forcée (*Compulsory Savings*).

L'aide consentie par les pays étrangers et les organismes internationaux était évaluée à 41,3 millions N¢, alors que celle qu'escomptait le gouvernement pendant la période du plan était chiffrée à 478 millions N¢. Le FMI[90]a fourni entre 1966 et 1968un prêt de 27,0 millions N¢, et les « fonds contrepartie », en provenance surtout des États-Unis et de l'URSS, représentaient 9,5 millions de nouveaux cedis, soit 23 % de l'assistance étrangère.

En ce qui concerne la Guinée, notons que dans le financement de ses plans, la part de l'aide étrangère a été toujours plus forte que celle des ressources d'origine interne. De 1960 à la fin de la réalisation de la 3ème tranche du plan septennal, cette aide totalisait 55,5 milliards de francs guinéens, contre 36,6 milliards de ressources internes. Sur ces dernières, le concours direct de la Banque centrale de Guinée représentait 15,1 milliards, soit 41 % des ressources internes (Cf. tableau 50 en annexe), ce qui est énorme.

[90]Les fonds fournis par le FMI « *stand-by* » ont une échéance courte ou moyenne, et permettent au gouvernement d'importer certains biens d'équipement et matières premières. Ces fonds ont souvent fait l'objet de négociations spéciales ; cf. *Report of the Board Bank of Ghana*, 1966.

SECTION III

Limites et conséquences des politiques actuellement essayées

Les exposés précédents mettent en évidence la structure et les modes de financement sur lesquels comptent les gouvernements ouest-africains pour élever le niveau de vie de leurs populations. La question que nous devons nous poser est de savoir si ces moyens sont susceptibles de conduire un jour à l'accomplissement de cet objectif.

Pour pouvoir y répondre, il est indispensable de formuler certaines hypothèses. Le premier élément fondamental à partir duquel celles-ci peuvent être formulées est le rapport capital/production.

$\frac{C}{G} = b$ ou ICOR (*Incremental Capital-Output Ratio*).

C représente le capital investi, G la production qui résulte de cet investissement, et *b* le coefficient de capital.

$\underline{b}$ peut être le coefficient marginal du capital lorsque

$\underline{b}$ ou ICOR (Incremental Capital-Output Ratio) $b = \frac{\Delta C}{\Delta G}$

Harvey Leibenstein établit qu'il existe une relation inverse entre le taux de croissance économique et le coefficient b, ou ICOR. Plus ce taux est élevé, plus le coefficient du capital *b* est faible[91].

En effet, selon lui, la production G, ou son taux de croissance ΔC,sont fonction du capital investi C ou de son taux d'accroissement ΔC, plus des facteurs non-économiques (*non-capital inputs*), tels que le progrès technologique, les changements structurels (meilleure organisation institutionnelle et de gestion, changement de mentalités), accroissement de la connaissance (savoir-faire), etc. On a donc :

G = f (N, C). N représente les facteurs non-économiques (*non-capital inputs*). Le rapport inverse entre le capital investi C et le taux de croissance

---

[91]H. Leibenstein, *Incremental capital-output ratio and Growth paths*, *in* Review of Economics and Statistic, February 1966, pp. 20-27.

économique est fondé sur l'hypothèse (et sur l'observation aussi)[92] que ce capital entraîne une production plus que proportionnelle au capital investi ; et les facteurs non-économiques contribuent aussi pour une grande part – près de 80 % – à cet accroissement. De sorte que plus la production, sous l'influence du capital et des facteurs non-économiques, augmente, plus le coefficient *b* (ICOR) diminue.

En ce qui concerne les pays ouest-africains, avec le processus de développement actuel, qui donne priorité aux infrastructures économiques et sociales, à l'industrie extractive et de substitution nécessitant d'importants capitaux, et à des activités relevant du secteur tertiaire, il est à présumer que ce coefficient soit élevé. Ceci semble confirmé par les études récentes faites par le Secrétariat de la Conférence des Nations unies pour le Commerce et le Développement (Cnuced) qui estiment que pour le Ghana, le coefficient marginal de capital atteignait 10,2 %entre 1965 et 1969[93].

Comparé à ceux généralement observés dans les pays développés, qui sont de l'ordre de 4,6 pour la France et de 3,3 pour l'Allemagne[94], ce coefficient paraît effectivement très élevé Néanmoins, il pourrait être ramené à une proportion plus faible si, dans le long terme, les ressources actuelles de financement évoluaient substantiellement de manière à permettre, non seulement de nouveaux investissements dans les secteurs les plus productifs, mais surtout d'assurer une meilleure utilisation de la capacité de production existante par un approvisionnement régulier en matières premières et en pièces détachées.

Dans les pays de l'Ouest africain, la formation de l'épargne, etpar conséquent, de l'investissement, dépend, pour l'essentiel, des relations commerciales internationales ; les sources des recettes fiscales de l'État, telles que nous venons de les examiner, le démontrent assez largement. Pour savoir si les sources de financement actuelles vont évoluer, c'est-à-dire si le processus d'investissement engagé peut conduire à long terme à une croissance économique élevée, c'est à l'étude des perspectives du commerce international qu'il nous faut procéder en dernière analyse. Si les perspectives sont bonnes, on peut espérer que le développement, tel qu'il

---

92 K. Ohkawa et H. Rosovsky ont observé, au Japon, pour la période 1890-1931, la relation qui existe entre le taux de croissance économique et le coefficient au capital. Cf. *Economic Fluctuations in prewar Japan* in *Hitotsubashi Journal of Economics*, october 1962, p. 24.

93 *Rapport du Secrétariat de la Cnuced*, Nations unies, New-York, 1972, p. 32.

94 H. Leibenstein, op. cit., p. 27 ; Cf. *United Nations, Economic Commission for Europe, Some factors in economic Growthduring the 1950's.* Ces coefficients sont valables pour la période 1949-59.

est conçu, se poursuivra, et débouchera sur une véritable élévation du niveau de vie. Dans le cas contraire, on sera face à une impasse. Mais celle-ci pourrait être contournée si l'aide étrangère dont bénéficient ces pays augmentait.

Nous devons donc examiner dans cette section comment se présentent les perspectives du commerce international et l'aide étrangère aux pays ouest-africains.

A. Perspectives du commerce international des pays de l'Ouest africain

II s'agit de l'estimation à long terme du taux de croissance des recettes d'exportation qui déterminent, dans une proportion considérable, d'une part le niveau du revenu monétaire des entreprises et des particuliers, et par conséquent, leur propension à épargner et à investir ; et d'autre part, le volume des revenus fiscaux de l'État grâce aux droits et taxes d'entrée et de sortie que celui-ci perçoit, et par l'imposition même du revenu des entreprises et des particuliers.

Cette estimation prend d'abord en considération les facteurs pertinents qui agissent sur le niveau des exportations, c'est-à-dire les facteurs qui influent sur la demande et sur l'offre des pays importateurs (facteurs locaux), et ensuite l'évolution passée des exportations et des cours sur les marchés mondiaux.

En opposant les recettes d'exportation aux besoins d'importation, on détermine le déficit commercial indiquant l'ampleur de l'aide que les pays intéressés peuvent solliciter de l'étranger.

Les séries statistiques dont nous disposons ne nous permettent pas de faire une véritable projection à partir de modèle économétrique. Nous utiliserons par conséquent les chiffres et les renseignements puisés ici et là dans les divers rapports des organismes spécialisés des Nations unies et de l'OCDE pour voir ce que seront ces perspectives.

1. Facteurs déterminant le volume des exportations

Si l'on tient compte de l'extraordinaire développement des activités d'exportation à l'époque coloniale, et de leur diversification après l'indépendance, nous pouvons soutenir – sauf dans des conditions météorologiques défavorables en ce qui concerne les produits agricoles – que l'offre des pays ouest-africains ne constitue pas à l'heure actuelle, et ne constituera pas encore pendant longtemps, l'élément limitatif du taux d'accroissement de leurs exportations. C'est la demande des pays importateurs qui constitue la variable déterminante. Ces derniers peuvent être classés en trois catégories :

- les pays développés à économie de marché (Europe et Amérique du Nord) ;
- les pays socialistes, et
- les pays en voie de développement.

Dans les pays à économie de marché, les principaux facteurs qui influent sur la demande sont :

- le revenu réel ;
- l'accroissement démographique ;
- la production industrielle ;
- les tendances du goût et
- l'existence de produits de remplacement.

En ne retenant que les deux premiers, on estime qu'entre 1965 et 1975, le taux de croissance de la population sera de 1,1 %, ce qui paraît faible par rapport au taux de 1,3 % observé dans les périodes 1950-1965 et 1960-1965.

Quant au revenu réel – produit intérieur brut (PIB) au prix de 1960 –, en se fondant sur les données de l'OCDE, le rapport du Secrétariat du Cnuced projette deux taux de croissance.

Dans l'hypothèse haute, il évalue que le taux de croissance du revenu sera entre 1965 et 1975 de 4,7, contre 4,9 % pour la période 1960-1965. Dans l'hypothèse basse, le revenu ne devrait s'accroître que de 4,2 %. II est intéressant de noter que les prévisions donnent pour la consommation privée un taux de 4,5 % pour l'hypothèse basse et de 5 % pour l'hypothèse haute ; les taux constatés pour la période 1960-65 étaient de 6 % (Cf. tableau 51 en annexe).

Ces divers taux laissent donc voir que les exportations des pays sous-développés, et par conséquent des pays ouest-africains, vers les pays développés occidentaux, ne devront pas évoluer de façon considérable, ou demeureront peut-être pratiquement inchangées.

En ce qui concerne les pays socialistes, leur demande de produits importés se traduit plus à travers les accords « *clearing* » ou « *swing* » (accords de compensation) – qu'ils concluent avec les pays étrangers – qu'à travers les taux de croissance de leurs revenus ou de leur population. Aussi, les exportations des pays ouest-africains vers ces pays dépendront-elles davantage du développement et de l'amélioration de leurs relations commerciales avec eux. II en sera de même en ce qui concerne les échanges entre pays sous-développés.

2. Évolution projetée des taux et recettes d'exportation

a) Evolution des taux d'exportation : offre

En ce sens qu'ils sont établis pour l'ensemble des pays en voie de développement et pour certaines catégories de produits, les taux de croissance du volume des exportations dont nous disposons ont un caractère général. Nous les examinerons donc tout en nous référant aux produits exportés par les pays ouest-africains afin de voir en quel sens et dans quelle mesure évolueront leurs exportations.

Pour l'ensemble des pays en voie de développement, ainsi que l'indique le tableau 52 en annexe, on prévoit que le volume des exportations doit s'accroître entre 1960 et 1975 de 5 % selon l'hypothèse basse, et de 5,6 % selon l'hypothèse haute (Cf. tableau 52 en annexe). Le taux de croissance réel observé pour la période 1960-1965 se situe autour de 6 %.

Les projections prévoient par conséquent une baisse du taux de croissance des exportations des pays sous-développés.

En examinant les projections par groupe de produits, on constate que les articles manufacturés et les combustibles accuseront des taux de croissance particulièrement forts par rapport aux autres produits, notamment les produits alimentaires et les matières premières agricoles. Les taux annuels d'exportation de ces produits sont respectivement évalués à 3,5 % et 2,3 % dans l'hypothèse haute, contre 9,3 % pour les articles manufacturés et 8,3 % pour les combustibles. Les évaluations donnent pour les minéraux (combustibles non compris) des taux de l'ordre de 4,3 et 4,8 %.

Eu égard aux autres produits, l'évolution accrue prévue pour les articles manufacturés et les combustibles apparaît encore mieux quand on considère leur importance relative dans l'ensemble des exportations à long terme. En 1980, les combustibles compteront pour 51 %, et les articles manufacturés pour 17 %, contre respectivement 27 % et 9 % en 1960. Il y aura donc une baisse de l'importance relative des exportations traditionnelles (Cf. tableau 53 en annexe).

Les exportations des pays ouest-africains portent essentiellement sur les produits alimentaires – café, cacao, bananes, oléagineux (arachide, coprah, huile de palme) –, les matières premières agricoles – produits forestiers, coton, cuir et peaux, caoutchouc, jute et fibres dures (kénaf), etdans une moindre mesure quelques minerais – manganèse, bauxite et fer. Le tableau 54 nous donne les taux de croissance de ces différents produits pour la période 1960-75(Cf. tableau 54 en annexe).

La production de cacao, qui constitue 63 % des recettes d'exportation du Ghana, de café, qui en constitue 37 %[95] pour la Côte d'Ivoire, et des arachides, qui en constituent 72 % pour le Sénégal, doivent s'accroître respectivement de 4,0 %, 2,3 % et 2,9 % dans l'hypothèse haute, et de 3,7 %, 2,1 % et 2,6 % dans l'hypothèse basse.

Pour le coton, le caoutchouc, le jute et les fibres dures, dont le développement s'intensifie à l'heure actuelle au Ghana et en Côte d'Ivoire, les projections estiment, dans l'hypothèse basse, des taux d'accroissement des exportations de l'ordre de 2,5 %, 1,9 %, 0,8 % et 0,4 %.

Ce faible potentiel de croissance de ces produits traduit à la fois la faible élasticité de leur demande et la politique protectionniste des pays développés à économie de marché, qui absorbent à l'heure actuelle plus de 78 % de ces produits[96].

En revanche, les perspectives d'exportation de l'aluminium et des minerais de fer et de manganèse, extraits essentiellement au Ghana et en Guinée, paraissent prometteuses, puisque leurs taux de croissance pour la période 1960-75 sont estimés à respectivement 13,3 % et 6,2 % dans l'hypothèse haute et à 12,5 % et 5,6 % dans l'hypothèse basse.

b) Niveau des prix : perspectives des recettes d'exportation

Ces différents taux de croissance des exportations, que nous venons d'examiner, sont théoriquement établis à partir des hypothèses retenues pour les taux d'accroissement du revenu des pays importateurs à économie de marché. Cependant, on pense que pour la plupart des produits, les excédents exportables dépasseraient le niveau prévu de la demande en 1975. Dans ce cas, on doit s'attendre à un fléchissement des prix des produits sur les marchés mondiaux, et par conséquent, à celui des recettes d'exportation des pays en voie de développement[97]. Exprimées en prix de 1960, elles devraient se situer entre 56,7 et 61,9 milliards de dollars en 1975. Les chiffres seraient de 533,2 ou 553,2 millions de dollars pour le Ghana, de 810 millions pour la Côte d'Ivoire et de 244,3 millions, pour le Sénégal.

---

[95]Bois, café, cacao, bananes et ananas représentent environ 85,6 % des recettes d'exportations de la Côte d'Ivoire

[96]La politique protectionniste vient du fait que les produits primaires subissent une première transformation avant l'exportation. Or, les pays importateurs préfèrent acheter des produits bruts plutôt que des produits dégrossis, ces derniers subissant des taxes ou droits à l'importation.

[97]Les deux dévaluations du dollar, en 1971 et 1972, ont contribué à l'amenuisement des recettes d'exportation des pays sous-développés dans la mesure où les prix des produits de ces pays sont exprimés en unités de compte *dollar*.

Si on les compare à leur niveau de 1963, qui était de 450,1 millions de dollars pour le Ghana, de 354 millions de dollars pour la Côte d'Ivoire et de 160 millions de dollars pour le Sénégal, ces chiffres paraissent élevés. Précisons que ces forts accroissements des recettes d'exportation seraient la conséquence d'une forte augmentation du volume de production des produits exportés par ces pays.

Mais si l'augmentation du revenu des pays importateurs ne dépasse pas le rythme annuel moyen prévu de 4,7 %, on ne doit pas s'attendre à un tel accroissement des recettes. Au contraire, elles devraient baisser. Ceci est d'autant plus certain que les projections de la demande de produits alimentaires et de matières premières agricoles sont médiocres, ainsi que nous venons de le voir.

D'autre part, la substitution des produits de synthèse aux jute et fibres dures, au caoutchouc, etc., se traduira par un manque à gagner pour le Ghana et la Côte d'Ivoire, qui se lancent dans leur développement. On peut même redouter que les excédents de production que n'arriveront pas à écouler ces pays ne leur posent des problèmes économiques et sociaux graves.

Cependant, à supposer que les recettes atteignent les niveaux prévus pour 1975, on peut se demander si elles seront suffisantes pour permettre à ces pays de faire face à leurs besoins d'importation afin qu'ils poursuivent normalement leurs efforts de développement.

Hormis la Côte d'Ivoire, il semble que le Ghana et le Sénégal – ainsi que tous les autres pays ouest-africains – connaîtront des problèmes du déficit commercial. On prévoit que les importations de ces pays augmenteront considérablement d'ici à 1975. Les coefficients d'élasticité d'importation par rapport au revenu que donne le secrétariat de la Cnuced sont pour le Ghana de 1,25 ou 1,30 en 1975 contre 1,10 en 1963, et pour le Sénégal de 1,32 contre 1,03 en 1963. Leurs déficits commerciaux respectifs projetés sont évalués à 385,9 et 157,2 millions de dollars en hypothèse haute et à 95,5 et 50,2 millions en hypothèse basse.

Les projections pour la Côte d'Ivoire sont très optimistes. En effet, c'est un excédent de recettes d'exportation de l'ordre de 218 millions de dollars qui est prévu en 1975. Cette situation favorable du pays tient au fait que, pour l'instant, il est un des principaux fournisseurs de bois et de café des pays de la Communauté Économique Européenne (CEE). Le seul facteur naturel qui pourrait faire baisser ces recettes d'exportation se trouverait dans l'épuisement de ses réserves actuelles de bois. On peut aussi d'ores et déjà envisager un autre facteur : la concurrence que certains pays anglophones producteurs de café (Kenya, Ouganda) seraient amenés à lui livrer lorsque ceux-ci décideront de s'associer à la Communauté Européenne en 1975[98].

En conclusion de ce paragraphe, on peut, si on omet les exportations d'aluminium, dire que les perspectives du commerce international des pays de l'Ouest africain sont plutôt médiocres en raison de la baisse de l'importance relative de la demande des pays développés pour les produits primaires traditionnels. On peut craindre que les déficits constatés dans le cadre des projections actuelles n'aillent en s'accentuant, dans la mesure où les pays développés ne sont nullement disposés ni à revaloriser, ni à stabiliser les prix de ces produits primaires. Une situation catastrophique pour le développement économique des pays de l'Ouest africain pourrait être éventuellement évitée si l'aide étrangère venait compenser le déficit commercial.

B. Perspectives et conséquences de l'aide étrangère en capital

Si le déficit commercial donne une mesure ou une indication des besoins en ressources étrangères des pays en voie de développement, il n'est, en aucun cas, le facteur déterminant le volume des transferts de ces ressources. Celui-ci dépend, d'une part des décisions de politique générale des gouvernements des pays fournisseurs de capitaux, et d'autre part, particulièrement pour les fonds privés, de la confiance et des possibilités de bénéfices qui règnent dans le pays destinataire.

L'examen des perspectives de l'apport de l'aide étrangère aux pays ouest-africains ou dans les pays en voie de développement ne peut donc se prêter à des projections économétriques, c'est-à-dire à l'estimation de coefficients ou de taux permettant de déterminer à l'avance son évolution. Nous pouvons néanmoins suivre l'évolution passée de cette aide, étudier les modifications subies par les différents éléments qui la composent – aide publique, aide privée, dons, prêts, investissements directs, etc. – afin d'estimer, compte tenu des conditions et des possibilités qui existent dans les pays ouest-africains, si ceux-ci peuvent vraiment compter sur l'apport extérieur pour combler leur déficit commercial. L'appel à l'aide étrangère pour suppléer à l'insuffisance de ressources nationales doit nous amener, par ailleurs, à soulever le problème de son impact à long terme sur l'économie des pays bénéficiaires.

98Lorsque ces pays s'associeront à la CEE, leurs produits ne seront plus taxés. Ils pourront en conséquence voir augmenter le volume de leurs exportations vers cette communauté, et donc, la Côte d'Ivoire perdra la préférence dont elle jouit auprès de cette communauté à l'heure actuelle.

1. Évolution et modalités de l'aide étrangère

La contribution des capitaux étrangers au financement du développement des pays sous-développés a considérablement augmenté au cours de la décennie 1960-70. En 1970, le montant net[99] des ressources transférées par les pays du Comité d'Aide au Développement (CAD)[100]à l'ensemble des pays sous-développés s'élevait à 15 milliards $, soit 84 % de plus qu'en 1960, et atteignait 17,1 milliards lorsque l'on y ajoutait l'apport des pays communistes et les dons privés (Cf. tableaux 55, 56, 57 en annexe)[101].

L'aide, tant publique que privée, a connu une forte progression en valeur absolue (Cf. graphique 15), la première atteignant 7,9 milliards de dollars, soit 60 % de plus qu'au début de la décennie, et la seconde 7 milliards de dollars (transactions privées bilatérales et multilatérales, crédits à l'exportation), soit plus du double par rapport au niveau de 1960. Le trait le plus marquant du courant de ressources provenant des pays développés occidentaux est l'importance relative que prend l'élément privé : il représente 47,7 % du total des fonds transférés en 1969-71, soit 13 points de plus qu'en 1960-62 (Cf. tableau 57 en annexe).

Cette importance s'explique par le changement d'attitude des principaux pays fournisseurs quant à l'opportunité et à l'efficacité de l'aide qu'ils octroient à ces pays. Les États-Unis, qui contribuent pour environ 40 % des fonds, considèrent en effet que les transferts privés portent en eux plus de possibilités de développement que les fonds publics. Cette opinion est également partagée par la République fédérale d'Allemagne et le Royaume-Uni. Aussi, ces trois pays font-ils largement appel au secteur privé pour qu'il intervienne intensément dans le financement extérieur.

En 1970, sur 6,2 milliards de dollars d'aide fournie par les États-Unis, 48 % venaient du secteur privé ; ceci est le pourcentage le plus élevé enregistré au cours de la décennie, de loin supérieur au dernier chiffre record – 41 % en 1968 – et près du double de la proportion enregistrée en 1962 et 1963.

En République fédérale d'Allemagne, les transferts du secteur privé sont encouragés par certains changements institutionnels, comme par

---

[99]C'est-à-dire l'entrée brute de ressources moins les amortissements.

[100]Le CAD regroupe l'Australie, l'Autriche, la Belgique, le Canada, le Danemark, la France, l'Allemagne fédérale, l'Italie, le Japon, les Pays-Bas, la Norvège, le Portugal, la Suède, la Suisse, le Royaume-Uni et les États-Unis.

[101]Ce montant ne comprend pas l'aide de certains pays occidentaux tels que Finlande, Nouvelle-Zélande, Luxembourg et Afrique du Sud.

exemple la nouvelle facilité de « prêt aux acheteurs » proposée par la *Kreditanstalt für Wiederaufbau* aux pays en voie de développement qui achètent des biens d'équipement à des fournisseurs allemands. D'autre part, une politique de taux d'intérêt relativement élevés cherche à amener l'épargne privée allemande à s'investir dans les titres des pays en voie de développement. Comme conséquence de cette politique, les transferts privés constituaient entre 1968 et 1970 environ 63 % des sorties de capitaux de l'Allemagne de l'Ouest.

Quand on considère les différents éléments qui composent les sorties de ressources privées en 1970, ce sont les investissements directs qui arrivent en tête, avec 3,5 milliards de dollars (1ère position pour l'ensemble des ressources transférées) suivis par les crédits à l'exportation (Cf. tableau 57 en annexe). Le montant des investissements en titres et des prêts consentis par le secteur privé reste encore faible. Si les investissements directs occupent ici une place prépondérante, c'est parce qu'ils répondent le mieux à l'exigence d'« efficacité » que recherchent désormais les pays fournisseurs.

Ceux-ci choisis sent en connaissance de cause les lieux et les activités où leurs capitaux peuvent vite être rentabilisés. Les États-Unis et le Royaume-Uni sont les pays qui s'intéressent le plus à l'intensification de ces investissements. Mais il convient de souligner que les secteurs d'activités vers lesquels ils se dirigent de préférence sont le secteur pétrolier et celui de l'industrie extractive.

L'accroissement rapide des crédits à l'exportation – ceux-ci ayant plus que quadruplé entre 1960 et 1970 – laisse présager que ce type de crédit pourrait supplante à l'avenir l'importance des investissements directs. Car ces crédits s'adaptent bien à la demande à court et moyen terme des pays en voie de développement. Dans les pays où l'on pratique une politique de monnaie active, par exemple, les gouvernements ont le plus souvent recours à ces crédits pour faire face à l'accroissement rapide de la demande des biens de consommation et d'équipement provoquée par cette politique. Nous avons déjà signalé à cet égard l'importance prise par les « crédits fournisseurs » (*Supply credits*) dans la dette extérieure du Ghana dans les années 60[102].

Dans les transactions publiques bilatérales, la baisse des donations, de 3 % en moyenne par an constatée de 1966 à 1970traduit la nouvelle politique de certains gouvernements – Danemark, République fédérale d'Allemagne, Italie, États-Unis – visant à transformer, dans une large mesure, les dons en prêts. Le Congrès des États-Unis a d'ailleurs clairement défini

---

[102]Cf. partie I, chapitre 2, section 1.

sa politique à cet égard. En effet, il décida en 1966 que les excédents ou ventes d'excédents seraient financées par des prêts remboursables en dollars. Précisons que ce type de prêt avait commencé à vrai dire depuis 1961 avec la *Public Law* (PL 480)-*Food for Peace*. Mais deux tiers des ventes d'excédents alimentaires étaient financés en monnaie nationale du pays bénéficiaire, et un tiers en monnaie convertible[103].

Avec la décision prise par le Congrès, ces ventes à des prix de faveur en monnaie du pays bénéficiaire devraient en principe cesser fin 1971. Il semble, selon nous, que cette nouvelle décision cherchait en fait à répondre à un souci d'opportunité de l'aide aux pays sous-développés. L'aide étant remboursable en monnaie convertible, les pays qui seraient amenés à la solliciter seraient ceux qui sont dans une nécessité réelle, c'est-à-dire ceux qui voudraient l'affecter à des projets de développement précis.

Les donations qui, pour l'instant, restent le principal type de transfert de capitaux, portent sur l'assistance technique, l'aide alimentaire, le soutien budgétaire et les paiements d'intérêts. L'assistance technique en est de loin l'élément le plus important. Par exemple, en 1968, les 7/8es de l'aide publique française ont consisté en subventions, 60 % d'entre elles étant accompagnées d'assistance technique.

Ce qui ressort de ce bref examen, c'est le rôle éminent que le secteur privé étranger et les prêts publics sont désormais appelés à jouer à l'avenir dans le financement des pays en voie de développement. Il est clair que les pays pouvant bénéficier d'une aide accrue seront ceux qui présenteront un intérêt pour les pays fournisseurs, ou ceux qui pourront accepter leurs conditions de prêt.

2. Conditions de transfert des ressources étrangères

Les facteurs qui déterminant le volume des apports privés directs dans un pays sont variés. Nous pouvons en retenir trois :

- d'abord la politique que poursuivent les entreprises et organismes investisseurs. Si le profit est l'élément moteur de leur action, c'est naturellement vers les secteurs les plus rentables qu'ils orienteront leurs capitaux. En ce qui concerne les pays sous-développés, ainsi que nous venons de le mentionner, les secteurs les plus recherchés aujourd'hui par les investisseurs privés sont le secteur pétrolier et celui des industries extractives. On peut y ajouter certaines industries manufacturières : chaussure, textile, etc. ;

---

[103]La monnaie nationale du pays bénéficiaire permet au gouvernement des États-Unis de faire face aux frais de ses services diplomatiques et d'utiliser le reste de l'argent pour accorder des crédits à des hommes d'affaires américains et des prêts au gouvernement du pays bénéficiaire.

- ensuite, il y a l'attitude des investisseurs, c'est-à-dire la confiance qu'ils ont à l'égard du régime politique (stabilité) ou à l'égard du régime fiscal – code des investissements favorable ou non au capital étranger ;

- enfin, la politique en matière de balance des paiements, aussi bien dans les pays bénéficiaires que dans les pays fournisseurs. Si l'existence d'un contrôle des changes constitue dans les premiers un obstacle au rapatriement des bénéfices réalisés, dans les seconds, il limite le montant de l'aide (ou de transfert de ressources) que ceux-ci peuvent être disposés à consentir.

L'importance des investissements dans les pays en voie de développement est donc liée, lorsque la première condition existe (activités rentables), aux garanties et au traitement préférentiel que les gouvernements des pays bénéficiaires et des pays donateurs donneront aux investisseurs.

Quant aux prêts, leur montant dépend avant tout des pays qui les sollicitent[104]. Cependant, ceux-ci prennent en considération les conditions qui prévalent sur les marchés financiers, notamment le niveau du taux de l'intérêt, la période d'amortissement et le délai de grâce (Cf. tableau 58 en annexe)[105]. Le volume des prêts qu'ils seront amenés à demander sera donc d'autant plus élevé que ce que le CAD définit comme « élément de faveur » sera grand, c'est-à-dire faible taux d'intérêt, échéance et délai de grâce de l'emprunt assez longs.

Ainsi qu'il apparaît au tableau 58, la moyenne des périodes d'amortissement des prêts des pays occidentaux est comprise entre 22,6 et 28,6 années. En ce qui concerne les principaux fournisseurs, les États-Unis et le Royaume-Uni ont des périodes qui se situent dans les limites de cette moyenne, les échéances pour la République fédérale d'Allemagne et la France se situant nettement en dessous. Lorsque l'on considère l'ensemble des chiffres relatifs à la moyenne, on constate que depuis 1964, il n'y a plus eu d'augmentation de la période d'amortissement, elle s'est au contraire quelque peu raccourcie.

De 1964 à 1968, le délai de grâce accordé avant que ne commence le processus d'amortissement a fluctué entre 4,6 et 6,5 années. De tous les pays prêteurs, seule la France a un délai de grâce inférieur à la moyenne, à savoir entre 1,7 et 3,1 années. Ceci tient sans doute au fait que les crédits

---

[104]Les pays fournisseurs tiennent compte, lorsqu'il s'agit de l'aide publique, de considérations historiques, politiques et stratégiques.

[105]C'est le laps de temps qui s'écoule entre le moment où le prêt est accordé et celui où l'emprunteur commence à le rembourser.

à l'exportation occupent une place prépondérante dans les transferts privés français, et que ces crédits ont besoin d'être remboursés dans les meilleurs délais. D'une façon générale, on note que le délai moyen a plutôt eu tendance à diminuer qu'à s'allonger.

De leur côté, les taux d'intérêt des obligations et des engagements de prêts ont accusé en moyenne, sur la plupart des marchés financiers, une légère hausse entre 1964 et 1968. Compris entre 6,2 et 8,1 % pour les obligations, et 3,3 et 4,5 % pour les engagements de prêts, les taux payés en République fédérale d'Allemagne sont généralement plus élevés (Cf. tableau 59 en annexe) que ceux demandés dans les principaux pays fournisseurs.

Quant aux conditions de l'aide financière des pays communistes (Chine populaire non comprise) disons qu'elles n'ont guère changé depuis que ceux-ci ont établi des relations de coopération avec les pays sous-développés. Les échéances des prêts de l'Union Soviétique sont comprises entre 8 et 12 ans, avec des taux d'intérêt s'élevant de 2,5 à 3 %. II faut noter toutefois que pour les crédits commerciaux (crédits à l'exportation), les échéances sont plus courtes, et que les taux d'intérêt tournent autour de 3 à 5 %[106].

Du raccourcissement de la période d'amortissement et du délai de grâce d'une part, et de la hausse des taux d'intérêt d'autre part, on peut conclure que les conditions de l'utilisation du capital étranger par les pays sous-développés se durcissent. II ne fait pas de doute que ceci constitue un obstacle sérieux pour le financement de leur déficit commercial. Pour ce qui est des pays ouest-africains en général, et ceux que nous prenons particulièrement en considération ici, et dont les recherches et études n'ont pas encore révélé l'existence de réserves pétrolières, ou dont l'exploitation des ressources minières est déjà entamée, les chances d'afflux d'investissements directs sont plutôt faibles, malgré les garanties que leurs gouvernements peuvent offrir.

3. Conséquences de l'utilisation de l'aide étrangère

Le rôle des capitaux étrangers dans la promotion économique et sociale des pays sous-développés n'est concevable que si leurs apports nets évoluent rapidement et de façon considérable, c'est-à-dire lorsque le courant inverse de capitaux-rapatriement des bénéfices des investissements directs, paiement des intérêts et remboursements de prêts s'amenuise cons-

---

[106]OCDE 1972, *Review Development Coopération*, pp. 69-70

tamment en valeur relative par rapport aux fonds qu'ils reçoivent. Ou encore, lorsque ces apports n'ont qu'un caractère transitoire, jouant le rôle de catalyseur dans un processus de développement autocentré.

Si, au cours de la décennie 1960-70, l'entrée nette a connu un accroissement assez remarquable, en revanche, avec la décennie commencée en 1970, on peut craindre un ralentissement, voire une régression de ces entrées. En effet, dès 1968, on a enregistré que le courant inverse de ressources des pays sous-développés a dépassé dix milliards[107] de dollars, dont 2 milliards environ constituaient des remboursements de prêts.

Lorsqu'on en déduit un milliard au titre du transfert des fonds autochtones, c'est-à-dire des investissements des pays sous-développés en valeurs et autres actifs financiers dans les pays développés, il reste 7 milliards de dollars environ représentant les paiements courants : versements d'intérêts sur la dette non amortie et bénéfices transférés par les entreprisses étrangères.

On estime qu'entre 1967 et 1968, le paiement des intérêts est passé de 1,2 milliard à 1,4 milliard de dollars, tandis que le courant des bénéfices est passé de 4,8 à 5,74 milliards. Le rapport du Secrétariat Général des Nations unies estime que pendant la période 1960-68, les entrées nouvelles de capitaux à long terme et de donations publiques ont diminué en importance relative de 4 %, tandis que les paiements nets de revenus d'investissements ont augmenté de 13 %. L'afflux net de ressources extérieures s'est, par conséquent, terriblement amenuisé par rapport aux sorties nettes de capitaux des pays sous-développés (Cf. tableaux 60, 61 en annexe).

Si les transferts de bénéfices des investissements directs ont, pour l'ensemble de l'Afrique de l'Ouest, baissé en 1967-68 – passant de 246 millions de dollars à 185 millions –, ils ont par contre augmenté en ce qui concerne le Ghana et la Côte d'Ivoire. Dans le premier, ils passent de 36 millions de dollars en 1967 à 38 millions en 1968, et dans le second, de 24 millions à 32 millions de dollars. Pour le Ghana, ces sorties de bénéfices auraient pu atteindre un niveau plus élevé si le contrôle des changes n'avait pas été instauré.

Mais le problème crucial qui se pose aux pays sous-développés dans l'utilisation des capitaux étrangers est celui de l'amortissement de la dette contractée par les gouvernements pour financer les projets ou pour faire face aux besoins de développement. Nous ne disposons pas de statistiques

---

[107]Rapport du Secrétariat de la Cnuced, 1968 ; le chiffre pour 1969 est de 11,35 milliards, dont 5,2 milliards pour le service de la dette publique, et 6,3 milliards en versements opérés au titre des bénéfices et intérêts des investissements privés.

complètes pour l'ensemble des pays ouest-africains, mais celles que nous possédons sur le Ghana permettent de mettre en évidence ce problème.

Le tableau 60 indique d'abord qu'entre 1961 et 1969, le montant de la dette extérieure du Ghana s'est élevé de 77,3 millions à 737 millions N¢, pratiquement décuplé en huit ans. Plus de la moitié de ces dettes est constituée par les crédits fournisseurs.

Le gouvernement ghanéen devait amorcer leur remboursement en 1966, la charge pour la période 1967-68 étant de plus de 100 millions N¢. Devant les difficultés de la balance des paiements, le gouvernement a dû demander à deux reprises à ses créanciers, en décembre 1966 et en octobre 1968, l'aménagement de l'ensemble de ses dettes, c'est-à-dire la fixation d'un nouveau calendrier et la consolidation des dettes. Le tableau 61 expose en colonne 4, la projection de cet aménagement pour la période 1969-83.

Quand on ajoute à ces dettes les nouveaux emprunts que le gouvernement compte contracter au cours de cette période (colonne 5) le montant annuel du service de la dette qu'il devra assurer ne s'élèvera pas à moins de 81 millions N¢. Le ratio moyen projeté des remboursements (montant annuel du service de la dette par rapport aux recettes d'exportation) s'élève approximativement à 20 %[108], ce qui se situe nettement au-dessus du ratio de 15 % généralement considéré comme étant celui au-dessus duquel il serait difficile à un pays sous-développé de résorber ses dettes extérieures.

Ensuite, dans l'hypothèse où il est possible que le Ghana honore ses nouvelles échéances, il est intéressant de connaître l'impact que cela aurait sur sa croissance économique.

Nous pouvons utiliser ici les études économétriques déjà effectuées par Norman L. Hicks à ce sujet[109], et dont les résultats apparaissent très alarmants.

Grâce à deux équations :

- PNB = 1,792 t-1 + 1741 (a)
- PNB = 2,780 + 787 (b)[110]

---

[108]L'estimation de l'OCDE est de 11% ; elle est de 54% pour la Guinée et de 8% pour la Côte d'Ivoire.

[109]N. L. Hicks, *Research Memorandum n°8, Mission to Ghana*, Accra, May 1, USAID, 1969.

[110]Ces équations sont obtenues à partir du modèle de régression : Y = ax + b. Cf. 1ère partie, p. 160.

Il calcule les différents taux de croissance possibles durant la période 1968-83 en partant de l'hypothèse que le produit national brut (PNB) est fonction de l'investissement. Mais il établit au préalable que le niveau de l'investissement est déterminé lui-même par le volume des importations, et qu'en dernière analyse, c'est celui-ci qui constitue la variable déterminante dans l'accroissement du PNB.

La projection du volume des importations est faite d'abord sur la base des recettes projetées des exportations et de l'afflux escompté de capitaux étrangers, à savoir 70 millions N¢ par an. Ensuite, il déduit le montant des importations, celui du service de la dette, et celui des transferts des investissements directs (Cf. tableaux 62 a et 62 b en annexe).

Le tableau 62donne les taux de croissance obtenus à partir de la première équation, et le tableau 62B ceux de la seconde. On y constate que les taux de croissance moyens projetés de 1,7 % et 2,7 % sont faibles, comparés aux taux de croissance de 2,8 à 3 % de la population.

Quelques observations s'imposent cependant quant aux résultats de N.L. Hicks :

1°) ils ne tiennent pas compte de la politique de substitution aux importations, c'est-à-dire de la politique qui consiste à substituer à certains produits d'importation des articles fabriqués localement. Avec cette politique, on pourrait supposer qu'au bout de quelques années, le volume des importations baissât, faisant gagner au Ghana des devises étrangères et entraînant, par voie de conséquence, une élévation du taux de croissance économique. Mais en fait, il faut remarquer que les projets élaborés dans le sens de cette politique accroissent plutôt ce volume, étant donné que les biens d'équipement, pièces détachées et matières premières proviennent essentiellement de l'étranger.

2°) Les 70 millions N¢ d'afflux de capitaux étrangers annuellement escomptés paraissent trop optimistes si l'on prend en considération le durcissement des conditions de prêt que nous venons de signaler.

3°) Ces résultats ne mettent pas l'accent sur le rapport C/G très élevé qui caractérise l'économie ghanéenne, et qui est dû à la politique de développement actuellement poursuivie.

Sur la base de ces observations, il semble justifié de conclure que, corrigé convenablement, le taux de croissance réel sera inférieur à celui actuellement projeté. S'il en est ainsi, on peut soutenir que l'aide étrangère, plutôt que de favoriser le développement rapide des pays sous-développés, risque de le ralentir, ou même de le bloquer.

En conclusion de ce chapitre, on peut dire que la restructuration économique et sociale actuellement tentée dans le cadre des politiques de monnaie stable et de monnaie active risque de ne pas aboutir à la disparition du dualisme telle que le souhaitent les gouvernements ouest-africains. Les déficiences que nous venons de relever dans l'évolution du commerce international de leurs pays d'une part, et de l'aide étrangère qu'ils reçoivent d'autre part, constituent pour eux un handicap dans la poursuite de cette restructuration. Elles empêchent par conséquent l'élévation du niveau de vie de leurs populations.

En raison de la prédominance des projets à caractère improductif, et du fait que le capital utilisé dans le processus de restructuration provient pour l'essentiel de l'étranger, il est difficile à croire que les mécanismes d'absorption et de mutation présentés dans le schéma théorique se manifesteront. Pour que ceux-ci se déroulent comme prévu, il faudrait à notre avisune conception du développement économique qui fasse appel à l'utilisation maximale de l'équipement et des matières premières disponibles sur place, c'est-à-dire un développement qui dépendra moins du commerce international et de l'aide étrangère. De cette façon, nous pensons que l'on pourrait faire jouer à l'intérieur les mécanismes du multiplicateur et de l'accélérateur, et provoquer ainsi le phénomène d'absorption et de mutation envisagé par le schéma théorique.

Chapitre II

POLITIQUE DE DÉVELOPPEMENT PROPOSEE

Le développement économique de l'Ouest africain ne suppose pas nécessairement l'intégration du secteur traditionnel dans le secteur moderne. Ce dernier, tel qu'est conçu aujourd'hui son développement, qui se traduit par une dépendance excessive de l'étranger, ne constitue pas un foyer d'impulsion de progrès technique et ne suscite pas, par conséquent, un mouvement autonome et cumulatif de croissance économique.

Étant donné l'importance du secteur d'économie traditionnelle, tant du point de vue numérique que de la grande misère qui y règne, il est souhaitable que l'on provoque les forces d'une croissance économique accélérée dans ce secteur en résolvant toutes ses contradictions sociales et économiques actuelles. Il s'agira de la mise en place de ce que nous avons déjà nommé les « structures de passage »[111].

Dans cet ordre d'idée, le développement de l'Ouest africain doit être pensé moins en termes de théorie et de planification économiques qu'en termes de *policy*, c'est-à-dire de « formulation politique », celle-ci indiquant l'orientation des « structures sociales »[112], ainsi que les transformations qu'elles doivent subir et les différentes étapes dans lesquelles ces transformations doivent être introduites.

La restructuration de ce secteur nécessitera un financement considérable, c'est-à-dire qu'elle exigera une émission monétaire importante afin de créer de véritables relations d'économie moderne, aussi bien au niveau de l'échange qu'à celui de l'investissement. Ceci suppose a priori le rejet des principes de la politique de monnaie stable tels que nous les avons indiqués : équilibre budgétaire et politique restrictive de crédit.

Cependant, il serait possible de respecter les objectifs de cette politique – stabilité intérieure des prix et équilibre de la balance extérieure – dans le cadre d'une politique de monnaie active repensée qui limiterait au maximum la fonction économique directe de l'État, et qui insisterait sur l'utilisation maximale des ressources naturelles, des potentialités économiques et techniques des pays ouest-africains.

---

[111]Cf. 2ème partie, chapitre I, p.115.

[112]Le terme de « structures sociales » entendu au sens large. Elles concernent l'ensemble des structures qui, au regard des diverses sciences sociales, caractérisent une société donnée : elles englobent les structures économiques aussi bien que les structures sociales *stricto sensu*.

Dans la nouvelle « formulation politique » du développement, le rôle de la monnaie doit être envisagé à un double point de vue :

- premièrement comme un instrument de réorientation du système économique et social actuel, et
- deuxièmement, comme un instrument de la croissance économique : financement des activités productives et des activités indirectement productives, comme par exemple les activités commerciales.

Dans ce chapitre, nous étudierons dans la section 1 le rôle de la monnaie dans la réorientation du système économique actuel ; dans la section 2, la politique de restructuration de l'appareil productif, notamment du secteur agricole ; et dans la section 3, la politique du crédit et de l'organisation du réseau commercial.

SECTION I
Rôle de la monnaie dans la réorientation du système économique

Cette réorientation relève d'une décision politique d'une importance capitale. Celle-ci doit être prise dans le court ou le moyen terme – de trois à sept ans – et viser l'élimination et la réduction des distorsions observées au niveau de la structure des revenus et de la structure des biens de consommation. Le rôle qu'on fait jouer à la monnaie ici est d'ordre essentiellement social.

A. La monnaie dans la réorientation dans la structure du revenu

Le problème fondamental qui préoccupe les responsables politiques et économiques des pays de l'Ouest africain est, avons-nous dit, l'élévation du niveau de vie de leurs populations. L'indicateur retenu pour juger de l'amélioration de ce niveau de vie est le taux d'accroissement du produit national brut (PNB) par tête d'habitant. Lorsque ce taux augmente, on affirme que ces populations connaissent un meilleur bien-être. Cette affirmation peut être valable pour les pays développés tels que les États-Unis, l'Union Soviétique, le Royaume-Uni, la France, etc., où l'intégration des structures sociales et économiques est telle que les accroissements du taux du produit national brut contribuent, dans une large mesure et de manière plus au moins équitable, à l'augmentation de la part des biens de consommation des différentes catégories sociales de la communauté nationale (Cf. tableau 63 en annexe)[113].

---

[113]Le PNB est de plus en plus contesté dans les pays industrialisés comme étant le vrai critère de l'évaluation du bien-être ou du bonheur. On constate de plus en plus dans ces pays que l'accroissement des biens matériels ne rend pas les gens heureux. Cette accumulation de richesses crée chez certains de l'angoisse. Le bien-être semble être un élément plus subjectif qu'objectif. D'où la naissance aujourd'hui d'une opinion plus favorable au développement des loisirs, et qui insiste sur la qualité de la vie, ces éléments devant faire partie des critères d'évaluation du bien-être. Malgré les critiques qui sont faites au PNB dans ces pays, nous pouvons quand même le considérer comme un critère valable pour évaluer l'amélioration du bien-être d'une population. Si l'accroissement de la richesse n'augmente pas le bonheur, c'est vrai seulement à partir d'un certain niveau. Certains biens matériels sont indispensables à l'existence de l'homme. Celui qui ne mange pas à sa faim, qui n'a ni logis ni de quoi se vêtir, ne peut s'estimer heureux, si, dans son entourage, d'autres mangent correctement, se logent et s'habillent décemment.

En Afrique de l'Ouest, ces accroissements ne semblent pas traduire une élévation équitable du bien-être de l'ensemble de la population. Le décalage entre les revenus des catégories sociales du secteur traditionnel et ceux du secteur moderne fait qu'on peut soutenir que ce sont les catégories sociales de ce dernier secteur qui bénéficient essentiellement des progrès du produit national.

Le tableau 63 relatif à la structure de la répartition du revenu réel en Côte d'Ivoire entre 1950 et 1965nous en donne un témoignage.

Le monde agricole (ou le secteur traditionnel) voit son revenu passer de 32,5 milliards de Fcfa en 1950 à 70,6 milliards en 1965 – soit un doublement en quinze ans – tandis que dans le même temps, le revenu du secteur moderne a plus que quadruplé, passant de 25,5 milliards de Fcfa à 125,1 milliards. En 1965, l'écart qui existait entre les deux niveaux de revenus était d'environ 54,5 milliards. Cet écart apparaît encore mieux lorsque que l'on prend en considération les revenus *per capita* des deux secteurs : en 1950, le revenu moyen par tête du secteur moderne pouvait être estimé à 153 166 Fcfa ; ce revenu était de 16 199 francs pour le secteur rural, soit un écart de 136 997 Fcfa. Les chiffres respectifs pour les deux secteurs pouvaient être évalués en 1965 à 177 076 et 21 857 Fcfa, soit un écart de 155 219 Fcfa.

Ces écarts paraissent donc énormes. II faut toutefois reconnaître que, durant cette période, le revenu du secteur agricole a eu tendance à augmenter plus vite que celui du secteur moderne ; 35 % environ d'augmentation contre 15 % pour ce dernier secteur. Mais il semble que cet accroissement soit le fait de l'expansion des cultures d'apport – café, cacao, bananes etc. –qui devraient en principe être classées dans le secteur moderne[114].

Pour que le produit national se répercute équitablement sur le niveau de vie de l'ensemble de la population, une politique corrective de redistribution des revenus est nécessaire. Celle-ci peut d'abord être conçue sur le plan d'une action fiscale tendant à diminuer les salaires et les traitements

[114]Nous avons calculé ces chiffres à partir des statistiques de la population de la Côte d'Ivoire en 1950 et 1965. En 1950, pour une population totale de 2 170 000 habitants, la population rurale était estimée à 2 010 000, soit 92% de la population, et la population urbaine à 160 000, soit 8 %. En 1965, ces chiffres étaient passés à 3 880 000 habitants pour la population totale, dont 3 730 000 pour la population rurale, soit 83 % de la population totale, et 650 000 pour la population urbaine, soit 17 %.

des catégories sociales aisées du secteur moderne en faveur des catégories sociales du monde agricole ou des économiquement faibles en général[115].

Cette action sera d'autant plus justifiée que l'inégalité actuelle dans la répartition des richesses ne contribue pas à une accumulation du capital productif par les catégories sociales les plus favorisées, celles-ci étant plutôt portées à de grandes dépenses de consommation. D'autre part, l'argument d'une meilleure réorganisation du secteur traditionnel pourrait être utilisé pour amener ces catégories sociales à accepter naturellement un tel transfert de revenu.

Mais en raison des situations acquises par elles et de la prise de conscience de plus en plus nette de leurs intérêts, il est vraisemblable qu'elles s'opposeront à cette mesure. Il importe dès lors de trouver un autre moyen permettant aux populations du secteur traditionnel et aux économiquement faibles du secteur moderne (artisans, ouvriers et manœuvres) d'accéder à une répartition équitable du produit national. À notre avis, la monnaie peut en constituer un.

En effet, la capacité d'acquisition des biens consommables et l'accès à certaines formes de jouissance – spectacles, culture, tourisme, etc. – des catégories sociales aisées du secteur moderne dépend du niveau élevé de leur revenu monétaire. Il n'est peut-être pas besoin d'insister sur le fait qu'un haut fonctionnaire ou un cadre moyen ouest-africain, qui gagnent par exemple entre 500 000 et un million de Fcfa, ou 4 000 N¢ par an, ont un pouvoir de disposition du produit national plus considérable qu'un paysan ou un artisan, dont le revenu monétaire se situe à peine autour de 600 N¢ ou 50 000 Fcfa.

La lutte que mènent ces deux catégories sociales pour disposer des biens de consommation apparaît inégale. Et tant qu'existera une telle inégalité dans les revenus monétaires, il serait tout à fait inexact d'affirmer, que lorsque le PNB augmente, le bien-être de l'ensemble de la population s'élève de la même façon.

Une émission monétaire au profit du secteur d'économie traditionnelle peut contribuer à l'accroissement des revenus monétaires des populations de ce secteur. Celui-ci peut s'inscrire, premièrement dans le cadre d'une politique commerciale dynamique en ce qui concerne ceux qui exercent déjà une activité économique productive, mais mal rémunérée (les paysans et les artisans) et deuxièmement, dans le cadre d'une politique d'intégration des chômeurs et des sans-travail dans le circuit économique.

---

[115]Il s'agit de la classe défavorisée par l'économie : manœuvres, artisans et ouvriers industriels.

La politique commerciale doit être à la fois une politique des prix et une politique de commercialisation des produits.

Tout d'abord, les gouvernements ouest-africains doivent être en mesure de fixer pour tous les produits du secteur traditionnel – agricoles et artisanaux – des prix assez élevés, mais réalistes, comme ils le font par exemple actuellement en ce qui concerne les produits d'exportation. II existe en effet pour le cacao, le café, le coton, l'arachide, etc., des prix de campagne toujours déterminés par les gouvernements au début de la campagne.

Pour illustrer l'augmentation du revenu monétaire par une politique des prix, un exemple concret ne serait sans doute pas superflu.

Supposons que le prix d'achat au producteur du kilo de maïs soit d'un nouveau cedi. Le paysan qui produit à l'heure actuelle une tonne de maïs ment décide d'augmenter son revenu, le par an touche un revenu monétaire annuel de 1 000 N¢. Si le gouvernent double par exemple, le prix du kilo de maïs devrait être porté à deux nouveaux cedis. Mais la question pertinente que les gens se poseront est de savoir d'où le gouvernement tirera-t-il l'argent nécessaire pour payer ce prix ?

À vrai dire, dans le contexte de l'organisation monétaire et bancaire moderne, la réponse à cette question est simple. L'argent nécessaire proviendra de la banque d'émission par l'entremise des banques commerciales. Ces dernières, lorsqu'elles ne disposent pas de liquidités suffisantes, ont la possibilité d'avoir recours à la banque d'émission en réescomptant les effets qu'elles détiennent.

Pour que le mécanisme de réescompte puisse se dérouler, et pour que le concours de la banque d'émission parvienne au niveau du paysan, il est indispensable que se constituent ensuite des réseaux de commercialisation, des *Boards,* ou « offices », à l'instar du *Ghana Cocoa Marketing Board.* Ces *Boards* émettront des effets afin d'obtenir l'argent nécessaire à la commercialisation. Il s'agira d'une simple opération de crédit fondée sur la confiance que la banque d'émission peut avoir dans une bonne organisation des entreprises chargées de la commercialisation. Mais nous n'aborderons l'étude de cette organisation que dans notre section 3.

Précisons néanmoins tout de suite que le remboursement des crédits octroyés par le système bancaire aux *Boards* se fera grâce à un processus de redistribution de revenu. C'est-à-dire que ce sont les consommateurs qui paieront en définitive une bonne partie de cette augmentation des prix. En effet, ceux qui disposent déjà de revenus élevés –fonctionnaires, employés de maisons de commerces, etc. – peuvent bien s'acquitter des nouveaux tarifs fixés par le gouvernement. D'autre part, la mise en place de ces *Boards* favorisera les échanges entre les différents secteurs d'activité et les régions. Les artisans qui disposeront de revenus importants à la suite de cette politique de prix pourront facilement acheter le maïs au nouveau prix fixé, et les producteurs de maïs pourront également, grâce à des revenus plus élevés, payer le prix relativement élevé des autres produits. Dans ce dernier cas, soulignons que la monnaie jouera plus qu'un rôle d'échange entre les secteurs d'activité ou les régions : elle développera la division du travail.

L'intégration des chômeurs et des sans-travail dans le circuit économique peut également s'effectuer grâce au concours que la banque d'émission prêtera aux entreprises – par l'intermédiaire d'autres institutions financières – qui seront disposées à les employer, toujours par le mécanisme de réescompte d'effets et de redistribution de revenus.

Ces entreprises pourront s'engager dans les grands travaux publics ou dans l'activité productive à proprement parler, c'est-à-dire de biens capitaux et de consommation. Ici, le gouvernement devra élaborer une politique salariale qui réponde au niveau de vie qu'il entend leur donner.

L'augmentation du revenu monétaire n'est qu'une élévation nominale du niveau de vie de ces catégories sociales, celle qui leur donne théoriquement les moyens de participer dans les meilleures conditions à la répartition du produit national. Si cette politique est nécessaire, il faut concéder cependant qu'elle est tout à fait insuffisante. Car en fait, elle ne provoquera pas d'une manière parallèle et proportionnelle, l'élévation réelle de leur niveau de vie.

En effet, les aspirations des populations traditionnelles en ce qui concerne l'acquisition de biens de consommation diffèrent de beaucoup de celles des catégories sociales aisées du secteur moderne. Ces dernières pourraient, dans la situation économique créée par cette politique, continuer à acheter certains biens de consommation d'un standing élevé, comme par exemple réfrigérateurs, téléviseurs, voitures, machines à laver, meubles-radio, caméras, etc. Alors que les catégories sociales du secteur traditionnel, malgré la majoration de leurs revenus monétaires, n'ambitionneront pas dans l'immédiat l'acquisition de ces biens qu'ils considèrent avant tout comme liés à un certain niveau d'instruction et de rang social[116].

En revanche, ils consacreront une bonne partie de leurs revenus à l'achat de produits de première nécessité : nourriture, vêtements, logement, outils nécessaires à l'amélioration de leurs conditions de travail ; ou

---

[116]Dans le temps, certains députés pour avoir une clientèle électorale large, distribuaient des réfrigérateurs à des personnages en vue de certains villages. Mais ceux-ci les utilisaient comme des armoires ou ne les utilisaient pas du tout.

encore à l'acquisition de certains biens qui représentent pour eux des signes ostentatoires de richesse ou qui leur sont effectivement d'une certaine utilité, comme par exemple bicyclettes, cyclomoteurs, transistors, etc.

Le tableau 64 montre l'évolution, entre 1954 et 1964, dans le village de Battor, région de la Volta, au Ghana, de la demande de certains biens parallèlement à l'accroissement du revenu monétaire des paysans (Cf. tableau 64 en annexe).

S'il s'avère que ces produits, dont la demande est susceptible de s'accroître, manquent sur le marché alors que les articles de grand standing y abondent, on ne peut espérer une élévation réelle du niveau de vie de la majorité de la population. L'assortiment ou la composition du produit national dans l'appréciation de ce niveau de vie, ou du bien-être de ces populations, est par conséquent un élément essentiel.

Pour que la politique de redistribution de revenus monétaires puisse avoir un sens pour ceux en faveur desquels elle est pratiquée, elle doit donc être doublée par des mesures complémentaires destinées à pourvoir le marché intérieur par des articles ayant une utilité réelle pour l'immense majorité des gens.

C'est seulement dans cette perspective, lorsque le produit national réel s'accroît, que l'on peut soutenir qu'il accroît d'une manière équitable le niveau de vie des populations ouest-africaines. C'est dans cette perspective-là que l'emploi du concept de produit national *per capita* aura une signification réelle.

B. Politique de réorientation de la structure de consommation

Ces mesures peuvent être élaborées à partir de la notion de « surplus économique » à laquelle les études actuelles sur le développement économique des pays sous-développés accordent, malheureusement, très peu d'importance. Pourtant, historiquement, cette notion a servi à expliquer plusieurs phénomènes économiques et sociologiques, dont notamment l'apparition du commerce et de la monnaie, la formation de l'État et celle des classes sociales.

En Afrique noire par exemple, J.-J. Marquet soutient que l'apparition de la civilisation dite « du grenier » – c'est-à-dire la civilisation qui permet la constitution du surplus agricole – fut à l'origine d'un développement inouï des métiers, de la sculpture et des chefferies[117].

[117]J.-J. Maquet, *Afrique, les civilisations noires*, p. 287, Ed. Horizons de France, Paris, 1962.

Aujourd'hui, la définition du surplus économique présente quelques difficultés du fait notamment du développement et du perfectionnement des comptabilités nationales. Dans les pays occidentaux, et dans la plupart des pays sous-développés, la structure de celles-ci ne fait que faire apparaître, dans la rubrique dépenses, les postes suivants :

- consommation des ménages ;
- consommation des administrations ;
- consommation des institutions financières ;
- formation brute de capital fixe ;
- mise en stocks par les entreprises ;
- exportation-importation.

Dans cette présentation il est difficile de discerner ce qui peut représenter le surplus économique. La tentation est souvent grande ici de l'assimiler à la formation brute de capital fixe et à la mise en stocks, qui sont, théoriquement, la contrepartie de l'épargne (I=S), alors qu'en réalité, l'épargne semble être un des composants du surplus.

Pour en avoir une idée plus claire et plus précise, il nous faut nous référer à la définition qu'en donne Charles Bettelheim[118].

Celui-ci met en évidence la notion du surplus économique courant SEC à partir du concept du produit social disponible PSD. Ce dernier représente la différence entre le produit social brut PSB et le renouvellement R (amortissement).

$$PSD = PSB - R$$

Précisons que le produit social brut correspond, selon lui, uniquement à la « *somme des produits des branches qui fournissent des services liés directement à la production matérielle* ». II en exclut les services fournis par l'armée, la police, la justice, l'administration générale ou les services de santé. Ces services, estime-t-il, « *ont un coût, mais n'ont pas de prix, car généralement, ils ne sont pas vendus* ». Il convient de souligner ici qu'il s'agit de la conception marxiste de la comptabilité nationale.

Sans nous étendre sur ce concept, disons que le surplus économique courant tel qu'il le définit, c'est l'excédent du produit social disponible PSD sur la consommation des producteurs et de leur famille CP.

$$SEC = PSD - CP$$

[118]C. Bettelheim, *Planification et croissance accélérée*, ch. 6, Ed. Maspero, Paris, 1964.

Lorsque le surplus ainsi défini provient de la période précédente, on l'écrit :

$$SEC_{t-1} = PSD_{t} - CP_{t} = PSB_{t} - (CP_{t} + R_{t})$$

Ce surplus économique courant à trois destinations. Il sert :

- à la rémunération des services considérés comme non productifs que nous venons de citer ;
- au financement de tous les investissements nécessaires, et
- au financement de toutes les autres dépenses jugées indispensables à la communauté.

Cette définition peut être rapprochée de la notion de surplus telle qu'elle est admise dans les sociétés traditionnelles ouest-africaines. Celui-ci comprend notamment :

- les semences (épargne en nature constituée en vue de l'investissement) ;
- des prélèvements pour solliciter le service de quelqu'un ou pour faire des cadeaux, et
- des prélèvements faits en vue de faire face à des situations imprévues ou difficiles, comme les famines[119].

Lorsque l'accumulation du surplus est importante, ces derniers servent également à élever le niveau de consommation de la population.

En Afrique de l'Ouest, en raison de l'écart considérable qui existe entre les revenus réels des catégories sociales du secteur moderne et ceux du secteur traditionnel, on peut soutenir que le surplus économique dégagé par ces deux secteurs est destiné plus à la satisfaction des catégories sociales du premier secteur et au financement des investissements, qui prennent plus en considération les aspirations de consommation et de bien-être de ces catégories sociales.

Cette affirmation nous est d'autre part suggérée par les taux de croissance considérables de certains postes de leurs comptabilités nationales :

- le compte capital des entreprises non financières ;
- le compte d'affectation et le compte capital des administrations, et
- le compte de capital des institutions financières.

Le graphique suivant et un tableau nous montrent l'évolution de ces postes de 1960 à 1967 en Côte d'Ivoire (Cf. tableau 65 en annexe).

Lorsque que l'on se propose d'améliorer le bien-être réel de la majorité de la population parallèlement à l'augmentation du revenu monétaire, c'est sur la structure de ce surplus économique courant qu'il faudra surtout agir.

---

[119]Cf. section II, p. 202.

Cette action consistera :

- à réduire la part du surplus consacrée à la rétribution des certains services actuellement rendus, notamment par l'administration et l'armée ;

- à limiter la part consacrée aux investissements actuels, et

- à augmenter la part qui, dans les sociétés traditionnelles ouest-africaines, est destinée à faire face aux situations difficiles.

L'augmentation de cette dernière doit être affectée à l'accroissement de la consommation des catégories sociales du secteur traditionnel, des économiquement faibles du secteur moderne, des chômeurs et des sans-travail intégrés dans le circuit économique.

La première action implique la limitation ou la réduction de l'effectif de l'administration et de l'armée, et la seconde une adaptation de la formation du capital fixe aux conditions locales qui prédominent actuellement.

Cette adaptation pourrait conduire à l'utilisation des facteurs de production locaux dont le coût sera considérablement diminué par rapport à celui des facteurs actuellement utilisés, et qui sont importés.

La modification de la structure du surplus économique appelle celle de la structure des importations. Les recettes d'exportation servent à importer les produits de consommation, les biens d'équipement et les matières premières. La restructuration doit viser ici :

- à augmenter les importations de produits de première nécessité. Il s'agit surtout de certains produits alimentaires pour lesquels il existe un déficit ; des équipements nécessaires au développement des transports en commun (autobus, camions) ou qui sont mieux adaptés au réseau de communication dans les campagnes (bicyclettes anglaises[120]et cyclomoteurs), et

- à importer les matières premières et pièces détachées pour les industries dont la production correspond aux aspirations de consommation des catégories sociales modestes.

En ce qui concerne les produits de première nécessité – surtout produits alimentaires et tissus –, les pouvoirs publics peuvent s'abstenir d'intervenir de façon rigoureuse dans leur importation. Un certain libéralisme peut être toléré à leur égard afin que les marchés intérieurs puissent être convenablement approvisionnés. Cette politique libérale pourrait entraîner la disparition de certaines conséquences fâcheuses souvent provoquées par les politiques de contrôle, de rationnement ou de quota, comme

---

[120]Les bicyclettes anglaises *Hercule*, *Raleigh* et *Rudge* sont conçues pour qu'on y fixe des porte-bagages plus larges. Leur cadre très large permet de prendre un passager.

par exemple la spéculation et le marché noir – accaparement ou constitution de stocks occultes de marchandises, phénomène d'arbitrage, etc., – notamment développés au Ghana et en Guinée[121].On peut même envisager que cette politique libérale supprime ou réduise considérablement les taxes et droits de douane grevant à l'heure actuelle les prix de ces produits.

En revanche, la prohibition pure et simple ou le contingentement de certains produits est nécessaire pour que l'État puisse réaliser une telle politique. II s'agira par exemple des produits sur lesquels la spéculation, ou plus exactement le phénomène d'accaparement et d'arbitrage, joue difficilement, – voitures, climatiseurs, magnétophones, radio-meubles, etc., – ou tout autre produit manufacturé pouvant être considéré par l'immense majorité comme un produit de luxe.

Cette action, si elle est bien menée, pourrait assurer la contrepartie réelle de l'élévation du revenu monétaire de la population. La hausse des prix que l'on pourrait redouter par suite de cette politique de restructuration sociale devrait être considérablement amortie, ou ne pas se produire du tout pour les produits de première nécessité ou de consommation courante. L'objectif de stabilité des prix intérieurs pourrait ainsi être respecté.

L'excédent de revenu monétaire qui n'aurait pas trouvé sa contrepartie dans la consommation de produits de luxe en ce qui concerne les catégories sociales aisées du secteur moderne, et l'excédent de revenu monétaire des catégories sociales du secteur traditionnel et des économiquement faibles, lorsque ceux-ci auront satisfait leurs besoins vitaux, pourront être canalisés vers le secteur bancaire pour être utilisés au financement d'un développement économique à long terme.

Mais comme nous le disions au début de cette section, il s'agit d'une solution de court ou moyen terme. Si on en faisait une solution de long terme, on se heurterait aux mêmes limites que nous avons évoquées dans le chapitre précédent en ce qui concerne les politiques de développement tentées à l'heure actuelle. Au cas où une baisse des cours mondiaux, ou une diminution des recettes d'exportation, associées à un durcissement des conditions de l'aide étrangère, se produiraient, l'approvisionnement régulier du marché intérieur pourrait être compromis ; il pourrait se traduire par exemple par une baisse du niveau de vie réel de l'ensemble de la population. Pour éviter un tel inconvénient, une politique de long terme doit être formulée visant à la transformation profonde de l'appareil productif, c'est-à-dire des structures agricoles et industrielles des pays ouest-africains.

---

[121]Cf. 1ère partie, ch. 2, p. 63

SECTION II

Politique à long terme de restructuration de l'appareil productif

La restructuration de l'appareil productif nécessite une action soutenue qui peut être exécutée en trois phases[122]:

- premièrement, une phase de « préparation du milieu social » dans laquelle on procédera, d'une part à l'élimination systématique de tous les obstacles pouvant s'opposer au progrès économique, et d'autre part, à l'introduction d'éléments nouveaux susceptibles de le favoriser. Dans cette première phase, il s'agira d'accoutumer les populations à l'utilisation des techniques simples et moins coûteuses, mais augmentant considérablement leur productivité et le rendement de leurs activités dans le cadre de nouvelles unités de production. Ici, on cherchera par exemple à centrer l'action sur la modernisation de l'industrie artisanale plutôt qu'au développement de la grande industrie moderne, à limiter l'extension de l'agriculture d'exportation au profit de la modernisation de l'agriculture vivrière. L'objectif qui doit constamment être poursuivi dans cette étape, qui va s'étaler sur une longue période – environ 30 à 40 ans – est de rendre les populations ouest-africaines réceptives au progrès technique et économique.

- deuxièmement, une étape de « décollage » se caractérisant par de grands investissements tels qu'ils sont envisagés et réalisés à l'heure actuelle, et par l'emploi de techniques de plus en plus perfectionnées afin de permettre à l'économie d'atteindre un haut niveau de développement, et

- troisièmement, une étape de « croissance économique soutenue » dans laquelle les investissements et les changements techniques seront déterminés par des facteurs conjoncturels, ou par l'évolution de la structure de la demande : biens d'équipement et consommation courante.

Dans cette section, nous ne retiendrons que la première étape, et nous ne traiterons que de la politique de transformation agricole.

Soulignons tout de suite qu'il ne s'agit nullement pour nous de négliger la politique d'industrialisation. Celle-ci, qui va suivre la même ligne de conception que la transformation des structures agricoles – élimination des obstacles, introduction de techniques simples dans l'industrie artisanale – doit être poursuivie conjointement au développement de l'agriculture.

---

[122]G. Celestine, *Dynamique des niveaux de production et productivité*, *in* Économie et Humanisme, juillet-août 1952, p. 60-67 ; W. W. Rostow, *The Take into Self - SustainingGrowth*, *Economic journal*, 1956 ; les études historiques menées par ces auteurs montrent que le développement économique est un processus de longue haleine s'échelonnant sur plusieurs étapes.

C'est afin de ne pas trop surcharger l'ouvrage que nous ne lui consacrons pas une étude approfondie.

Examinons donc les obstacles à l'épanouissement de l'agriculture ouest-africaine, ainsi que les réformes d'ordre technique et institutionnel qui s'imposent.

A. Obstacles à l'épanouissement de l'agriculture ouest-africaine

La politique agricole doit tendre vers trois objectifs :

- premièrement, un accroissement de la production alimentaire afin de limiter au maximum l'importation de produits alimentaires nécessitée par la politique de court au moyen terme ;
- deuxièmement, un accroissement de la force de travail de la population en lui assurant une ration alimentaire abondante et équilibrée, et
- troisièmement, un transfert progressif d'une partie de la main-d'œuvre agricole pour l'affecter à de nouvelles formes d'activités.

Cette politique implique la diversification et l'augmentation de la production agricole. Elle pose donc comme condition la résorption de tout ce qui peut s'opposer au dynamisme de l'agriculture ouest-africaine.

Outre les facteurs déjà cités dans la première partie de cette étude, qui expliquent la rigidité de l'offre de l'agriculture vivrière – outils aratoires archaïques, exode rural, conditions climatiques défavorables, manque d'encadrement et d'encouragement, – il nous faut en ajouter deux autres d'ordre organisationnel, qui tiennent essentiellement à :

- l'incompatibilité de l'économie et de l'agriculture de subsistance avec les objectifs que se fixe une économie moderne, et
- la survivance des séquelles de l'économie de traite.

1. Incompatibilité de l'économie de subsistance avec l'objectif d'une croissance économique accélérée

Cette incompatibilité se trouve, d'une part dans les buts que poursuivent les unités productives traditionnelles : prestige, cohésion sociale et sécurité du groupe, et d'autre part, dans le maintien de certains préjugés ou superstitions qui entravent le progrès.

Soulignons dès le départ que l'économie de subsistance n'est pas, en Afrique de l'Ouest, partout la même. Son mode d'organisation diffère d'un pays à l'autre, et, dans un même pays, d'une région ou d'un groupe ethnique à l'autre. Elle peut être, ici, à base de castes ou semi-féodale, dans les régions sahéliennes islamisées, et là, à base familiale dans les régions de forêts et savanes fortement animistes.

Certes, il serait prétentieux, et même difficile, de chercher à rendre compte de cette incompatibilité en décrivant chacune des variantes de cette économie. Aussi nous référerons-nous à celle qui nous est la plus proche, celle du sud-est du Ghana telle qu'elle se présente aujourd'hui.

Ici, l'unité productive est la famille, ou la communauté villageoise. Celle-ci pourvoit à l'ensemble des besoins de ses membres à partir de l'environnement immédiat. Mais les rapports de production sont polarisés autour de l'aîné, ou doyen (*amega*)[123].En effet, tous les membres de la famille travaillent sous son autorité, et concentrent entre ses mains le produit de leur travail. Le doyen se charge de sa répartition selon les besoins de chacun. Outre les vivriers, ce produit comprend divers objets artisanaux exécutés le plus souvent pendant la saison morte, et le revenu monétaire modeste procuré par la vente des produits vivriers excédentaires ou complémentaires[124]. Le doyen, lorsqu'il le juge nécessaire, diffère la distribution de certains produits et les conserve par-devers lui. II constitue, en somme, un surplus pour sa famille ou sa communauté. L'importance de ce surplus lui confère un prestige vis-à-vis des autres doyens, et lui permet de jouer un rôle social et politique éminent dans la communauté villageoise ou au niveau de son groupe ethnique : il devient *dumegâ,* ou notable.

La rétention d'une partie du produit répond à d'autres préoccupations. Elle est le gage de la sécurité matérielle de la famille ou de la communauté villageoise et de l'extension de celle-ci (élargissement des liens de parenté). Elle permet en effet au doyen de faire face, d'une part à ses obligations vis-à-vis de ses dépendants, notamment de leur éviter les conséquences de la famine, d'éliminer le souci du lendemain pour ceux qui sont atteints de maladies graves, handicapés physiques, âgés, de payer la dot, ou, à l'occasion, leurs amendes (*senyinyi*). Et d'autre part, d'intégrer un étranger à la famille en payant, par exemple, sa dot ou ses amendes. En retour, celui-ci doit participer aux activités de la famille au même titre que les autres membres.

Le souci de prestige et de sécurité a pour condition la cohésion de la famille, et, plus important encore, celle de la communauté villageoise.

Ainsi s'oppose-t-on à tout ce qui peut provoquer sa désintégration ou l'altération des rapports sociaux qui y sont établis. Par exemple, la décentralisation du travail, qui pourrait se solder par un enrichissement individuel, n'est pas tolérée.

123Dans le choix du doyen, on tient compte de l'ancienneté (âge) et du tempérament (sagesse).

124Cf. V. Alipui, *Les institutions monétaires et bancaires du Ghana,* L'Harmattan, 2020.

Même dans les organisations familiales ou communautaires où l'emprise du doyen est plus lâche, ou presque inexistante, une trop grande accumulation de richesses, signe évident de réussite économique individuelle, n'est guère admise. Elle suscite non seulement la convoitise, mais bien plus l'animosité. Celui qui s'enrichit est un « *adzeto* », un sorcier[125]. On essayera de le discréditer, le plus souvent par des rumeurs, de l'isoler ou de procéder à son élimination par l'empoisonnement ou par le traquenard magique (*azâ*).

Pendant longtemps, la devise a été : « *Il n'y a pas de place pour les riches à Keta* » (*hotsuito menoa Keta o*).

Pour éviter les animosités, celui qui s'enrichit doit associer les autres membres de son groupe aux fruits de ses performances économiques en leur distribuant de temps en temps des cadeaux (*saraka*), ou en prenant en charge une grande partie des dépenses qu'occasionnent les fêtes ou cérémonies religieuses.

Ceux qui réussissent à se soustraire au groupe pour aller travailler dans les villes n'échappent pas complètement aux contraintes qu'il impose. Dans la mesure où ils ont l'intention d'y retourner de temps à autre, ils ont l'obligation d'envoyer, sinon tous les mois, du moins une ou deux fois par an, une partie de leur revenu.

Cette organisation socio-économique, et les sanctions qu'elle comporte, est donc contraire à la pensée économique moderne, dont l'objectif est d'accroître au maximum la consommation matérielle de l'individu, qui impose que tout ce qui est épargné soit investi pour atteindre cette fin, plutôt qu'au maintien de rapports sociaux stables et rigides, qui ne permet pas à la monnaie de jouer un rôle actif.

Par ailleurs, cette organisation est dominée par un climat de croyances ou de superstitions. En effet, si tous les outils et méthodes culturaux sont archaïques et se traduisent par un faible rendement, ce qui paralyse encore plus cette économie, c'est que toutes les activités qui s'y exercent doivent s'accompagner de nombreuses pratiques religieuses. II y a d'une part les rites. Par exemple, les pêcheurs de cette région, sous prétexte d'obtenir

[125]Le sorcier, c'est le gourmand, le voleur. Une expression *éwé* traduite en anglais dit : « *Honest men do not getrich* », c'est-à-dire « *Les gens honnêtes ne deviennent pas riches* ». Si tu es riche, c'est que tu as volé les autres. Cf. Rowena M. Lawson, *Innovation and Growth in Traditional Agriculture of The Lower Volta Ghana, in* The Journal of development Studies, Vol. 4, octobre 1967 n° 1, p. 144.

des prises abondantes pour l'année à venir, procèdent à des sacrifices humains[126] sur leurs filets, pirogues et pagaies, ou jettent à la mer un bœuf vivant joliment décoré (*nyidedefu*).

D'autre part, il faut respecter les interdits afin d'éviter le déclenchement de forces maléfiques : la terre, considérée comme un véritable relais de transmutation de tous les esprits – esprits humains, esprits de la forêt, esprits des animaux, esprits des eaux et de l'air – ne doit pas faire l'objet d'une dénaturation violente et excessive. C'est ainsi qu'on ne consomme pas certains animaux – porcs et silures par exemple –, et qu'on s'abstient de travailler pendant plusieurs jours pour célébrer les funérailles du doyen ou des personnes âgées.

Toutes ces pratiques limitent les possibilités de croissance de cette économie, et paralysent a priori une grande utilisation de la monnaie.

2. Impacts des survivances de l'économie de traite

Les séquelles de l'économie de traite constituent également un handicap sérieux à la dynamisation de l'agriculture ouest-africaine. Si l'on peut considérer des taux de croissance satisfaisants enregistrés par la plupart des produits d'exportation – café, cacao, palmier à huile, cocotier, etc., comme un succès de cette agriculture, surtout dans la mesure où elle fournit l'essentiel des revenus en devises étrangères et constitue la source principale des recettes budgétaires, il n'en reste pas moins que les distorsions qu'elle a créées, à l'intérieur au niveau de la production agricole même et sur le plan social, neutralisent ou entravent les effets de développement et d'équilibre que ces revenus auraient pu entraîner. En effet, elle maintient l'agriculture vivrière dans un état plus ou moins stationnaire, et perpétue certains problèmes sociaux.

a) Impact sur l'agriculture vivrière

L'introduction par la colonisation des cultures d'exportation, et les revenus monétaires que celle-ci a proposés, ont provoqué la désertion d'une fraction de la population rurale de l'économie traditionnelle ou, tout simplement, le détournement d'une partie de sa force de travail. Ce phénomène est fondé sur des calculs que font la plupart des cultivateurs, surtout ceux qui sont moins soumis aux contraintes de l'économie de subsistance.

Les mécanismes et conséquences de ces calculs sont perçus en deux phases :

[126] La loi ghanéenne interdit ces pratiques, mais elles sont faites clandestinement, après des rapts d'enfants.

- dans la première, les cultivateurs établissent un rapport simple entre le prix producteur qui leur est proposé et l'effort supplémentaire qu'ils doivent fournir. Lorsque cet effort est devenu moins pénible, ils s'adonnent volontiers à la production des nouvelles cultures d'exportation. Dans ce cas, ils n'abandonnent pas nécessairement les cultures vivrières ; ils associent les deux. L'association est d'autant plus facilement réalisée que les plants sur lesquels elle porte ont un cycle court, ce qui permet leur rotation, et remplace souvent la jachère. En Côte d'Ivoire, on associe par exemple la culture de coton avec celles du maïs ou de l'igname pour lesquelles le même sol convient, et au Sénégal, celles du mil et de l'arachide. Par ailleurs, elle porte sur des activités agricoles et des plants à cycles longs qui ne se concurrencent pas à tous les stades de la production : dans une bonne partie du sud du Ghana, on associe la pêche aux plantations de cocotiers.

Le détournement de la force de travail s'accompagne d'un revenu monétaire qui sert d'appoint au revenu en nature (auto-subsistance). Mais lorsque les prix deviennent suffisamment rémunérateurs, l'effort porte de plus en plus sur les nouvelles cultures, et la production vivrière décroît en valeur relative (voire absolue) par rapport à ces cultures (Cf. tableaux 66, 67, 68 en annexe). Ce phénomène peut aboutir à une reconversion plus ou moins totale, une bonne partie de la population abandonnant les cultures traditionnelles au profit des cultures d'exportation.

En Côte d'Ivoire, pour ce qui est de la culture du café, cette reconversion concerne environ 1,8 million d'individus[127], soit 45 % de la masse paysanne. Elle s'accompagne par ailleurs de l'extension des surfaces consacrées à ces cultures, extension qui rejette le plus souvent l'agriculture vivrière sur des lopins de terre pauvre et épuisée. Entre 1960 et 1970, les superficies plantées en café et en cacao en Côte d'Ivoire ont progressé respectivement de 62,5 % et 28,5 %. En prenant l'exemple précis de la zone sud de ce pays, situé au sud du 8ᵉ parallèle, et où les conditions climatiques favorisent particulièrement les produits d'exportation – cacao, bananes, palmier à huile, cocotier, ananas, etc., – on estime qu'à l'heure actuelle, ces produits occupent environ 1,7 million d'hectares, contre 3 millions pour les produits vivriers, et 3,3 millions de terres incultes ou improductives. Dans la mesure où la politique de diversification des produits d'exportation élaborée par le gouvernement ivoirien va se poursuivre activement, il faut s'attendre à ce que les surfaces actuellement occupées par les cultures vivrières diminuent, limitant ainsi leur production si d'autres mesures de compensation ne sont pas prises.

---

[127] *Marchés Tropicaux et Méditerranéens*, n° 1355, octobre 1971, p. 3130

- dans une seconde phase, les cultivateurs semblent se livrer à des calculs économiques complexes pour savoir s'il est nécessaire de consacrer leur temps et leur énergie aux cultures d'exportation ou non. Ces calculs apparaissent avec la détérioration des termes de l'échange, et concernent surtout les produits ayant un cycle végétatif court, comme le coton et l'arachide[128].

Au Sénégal, on observe notamment (Cf. tableaux 67 et 68 en annexe) que la récolte de 1,2 millions de tonnes d'arachide enregistrée en 1965-1966a été suivie par des récoltes médiocres. Si cette médiocrité s'explique en partie par des conditions climatiques défavorables, en l'occurrence la sécheresse, il n'en reste pas moins qu'elle est aussi la conséquence de la baisse du prix de l'arachide à la production (Cf. tableau 69 en annexe), qui passe de 22 Fcfa en 1963-64 à 17 Fcfa en 1969-70, soit une baisse d'environ 23 %.

Dans le même temps, on constate que la production de mil, de sorgho et de manioc, qui constituent les aliments de base des paysans sénégalais et connaissaient jusque-là une certaine stagnation, a amorcé une évolution intéressante.

La corrélation constatée entre la baisse du prix de la production arachidière et l'augmentation des produits vivriers de base n'est pas, semble-t-il[129], l'expression d'un comportement instinctif des paysans. Elle traduit un comportement rationnel résultant d'un calcul de coûts comparatifs entre rendements à l'hectare et prix du mil et de l'arachide d'une part, et d'autre part, prix des produits alimentaires que les revenus tirés de la vente de l'arachide leur permettent d'acheter, et notamment le riz qu'ils ne peuvent cultiver sur les terres à arachide, mil ou sorgho.

En effet, entre 1953 et1963, ainsi que l'indique le tableau 69, les rendements, ainsi que les rapports des prix et des coûts de production entre le mil et l'arachide était très favorable à cette dernière ; ils étaient respectivement de 1,84, 1,33 et 1,28. Dans la période entre 1965-66 et 1968-69, si le rapport des coûts est demeuré inchangé, les rendements et les rapports des prix ont marqué une baisse, tout en restant toujours favorables à l'arachide.

Cependant, le maintien des paysans sénégalais dans la production arachidière n'est concevable que si le rapport entre le prix des produits ali-

---

[128]Au Ghana, le même phénomène a commencé à s'observer pour le cacao. Cf. *Ghana Economic Review*, 1971-72, pp. 13-14.

[129]A. Van Haeverbek, *Rémunération du Travail et Commerce Extérieur*, Louvain, 1970, pp. 61-65.

mentaires qu'ils substituent ou associent au mil lorsqu'ils cultivent l'arachide et celui du prix producteur de l'arachide est inférieur à 1,68 (rapport rendement et coût), c'est-à-dire lorsque le prix du kilo d'arachide est fixé à 17 Fcfa, comme c'était le cas en 1969-70. Les paysans sénégalais n'abandonneraient la production du mil pour celle de l'arachide que si le kilo de riz qu'ils substituent ou associent au mil dans leur alimentation leur revenait à 29,56 Fcfa. En réalité, le kilo de riz coûte en brousse entre 50 et 60 francs, ce qui donne un rapport de prix de 3.

Dans la première période, pour un rapport de 1,43 (rendement sur coût de travail), le prix du kilo d'arachide, fixé à 22,75 francs, permettait bien aux paysans d'acheter un kilo de riz dont le prix variait entre 25 et 30 Fcfa, et de se consacrer par conséquent plus à la production de l'arachide qu'à celle du mil.

Dans la seconde période, le travail employé à produire l'arachide n'est plus valorisée en raison du prix du riz, et ceci détermine naturellement les paysans à accorder plus d'intérêt à leurs produits vivriers.

La détérioration des termes de l'échange apparaît donc comme un facteur pouvant contraindre les paysans ouest-africains à retourner à la production vivrière. Si ce retour est souhaitable dans une certaine mesure, il est toutefois à craindre qu'il ne soit le prélude au retour d'une forme d'agriculture de subsistance au cas où n'existerait pas un réseau de commercialisation adéquat ou un débouché pour résorber le surplus qui se dégagerait de cette production.

b) Persistance de certains problèmes sociaux

Ces problèmes sont de trois ordres :

- conséquences de la différenciation sociale,
- endettement chronique des petits paysans et ouvriers agricoles, et
- inefficacité des offices de commercialisation et des coopératives agricoles.

1°) Différenciation sociale en milieu rural et ses conséquences

L'agriculture de plantation est essentiellement à la base de la nouvelle différenciation sociale que l'on observe aujourd'hui dans une partie du monde agricole ouest-africain. Cette agriculture porte sur des plants ayant un cycle végétatif long qui nécessite un investissement important en main-d'œuvre. Celle-ci s'occupe des multiples travaux d'entretien qu'entraîne cette agriculture : préparation et entretien des pépinières, constant travail de sarclage, de cueillette et de conditionnement.

Aussi distingue-t-on la catégorie des propriétaires, généralement aisés, et celle des ouvriers agricoles. Dans la première catégorie, il faut distinguer deux sous-catégories :

- d'abord celle des petits planteurs n'employant pas une main-d'œuvre salariée (sauf en période de pointe), mais disposant le plus souvent d'une main-d'œuvre familiale. Les surfaces qu'occupent leurs plantations et leur contribution à la production sont souvent réduites. Au Ghana, ils fournissent 20 % environ de la production cacaoyère, et exploitent environ 343 970 hectares, une moyenne de 4,4 ha par famille ;

- ensuite celle des gros planteurs, qui proviennent de trois horizons sociaux : les chefferies et notabilités traditionnelles, les fonctionnaires de l'administration publique et les cadres africains des maisons de commerce (les citadins).

Les deux premiers groupes –chefs et notables – se sont approprié une partie des terres qui appartenaient autrefois à l'ensemble de la communauté rurale, et le dernier groupe, celui des fonctionnaires et cadres commerciaux, a eu accès à ces terres en les achetant aux chefs et notables.

Au Ghana, cette sous-catégorie contrôle environ 30 000 plantations de cacao, couvrant une superficie de 1 363 741 ha environ, et employant plus de 180 000 salariés permanents. Ceux-ci sont liés par deux sortes de contrats : l'*abune,* dans lequel la moitié de la récolte constitue le revenu de ces ouvriers lorsqu'ils s'occupent seuls des plantations (plantage, entretien et récolte), et l'*abusa,* lorsqu'ils sont seulement chargés de l'entretien et de la récolte[130]. Il faut ajouter à ces salariés permanents, dont le contrat est précaire et révocable à tout moment, 90 000 à 100 000 ouvriers saisonniers.

En Côte d'Ivoire, on comptait en 1965 20 000 planteurs exploitant le quart des terres, et employant les deux tiers de la main-d'œuvre salariée de ce pays. Le système de métayage pratiqué ne diffère pas fondamentalement de celui du Ghana. Le métayer reçoit les deux tiers de la récolte s'il fait tout seul tout le travail, et le tiers s'il est seulement chargé de l'entretien et de la récolte[131].

Si l'on tient compte du nombre d'ouvriers agricoles engagés dans les travaux de ces plantations et de la part de la récolte qui leur est attribuée, on peut en déduire qu'ils ont un revenu relativement faible.

---

[130] T. Killick, *A study of Contemporary Ghana*, p. 239, London, 1966.

[131] J.-G. De Wilde, *Expériences de développement agricole en Afrique tropicale,* Éditions G. P. Maisonneuve et Larose, Paris, p. 105.

Cependant, les revenus qu'en tirent les gros planteurs ou propriétaires eux-mêmes sont souvent considérables. En Côte d'Ivoire, ils étaient estimés en 1965 à plus de 8 milliards de Fcfa, soit une moyenne de 500 000 Fcfa par planteur, alors que le revenu moyen d'un petit planteur approchait à peine 70 000 Fcfa. Au Ghana, le revenu net d'un gros planteur ne se situe pas à moins de 3 000 N¢ par campagne.

II convient de souligner qu'au Sénégal, où n'existe pourtant pas d'agriculture de plantation, des revenus assez élevés ont pu parfois être enregistrés. Ceux-ci sont favorisés par des organisations religieuses dominées par les confréries musulmanes. Ces dernières exploitent le travail de leurs fidèles – les talibés – pour la culture de l'arachide. Par exemple, un jeune calife général des Mourides[132], disposant de 130 disciples et d'environ 325 ha d'arachides, en retire facilement en temps normal un revenu net de 500 000 Fcfa. Soulignons que les talibés sont logés, nourris et blanchis.

L'agriculture de plantation, ou d'exportation en général, a donc créé une distorsion sociale fondée à la fois sur l'importance des surfaces mises en valeur et sur le système de métayage, ou sur un système d'organisation de type plus ou moins féodal entraînant un décalage de revenus.

Ici, les revenus élevés ne sont pas consacrés à des investissements vraiment productifs, mais d'abord et avant tout à la consommation somptuaire – achat d'une ou deux voitures, construction de villas – puis à des opérations spéculatives : construction d'immeubles ou de maisons pour la location, exploitation de taxis et de cars rapides (*tro-tro*), et financement de petit commerce de détail.

Cette inégalité de revenus aurait pourtant pu être un facteur de développement s'il existait une organisation économique idoine pour les inciter à d'autres formes d'activité, comme l'investissement industriel par exemple. Ici encore, la monnaie est détournée de son rôle productif.

2°) Problème d'endettement chronique

L'agriculture de traite a légué d'autres problèmes sociaux. En disloquant une bonne partie de l'économie traditionnelle, elle a créé chez les paysans et ouvriers agricoles une situation permanente d'insécurité. En effet, la plupart d'entre eux sont dans une situation d'endettement chronique.

---

[132]Ses 130 talibés sont répartis en 13 groupes de 10. Chaque groupe cultive environ 25 ha. Voir Majhemout Diop, *Histoire des classes sociales dans l'Afrique de l'Ouest 2 - Sénégal*, pp. 177 à 178, Ed. Maspero, et R. Dumont, *L'Afrique Noire est mal partie*, pp. 119-120, Éditions du Seuil, 1962.

Dans les milieux ruraux, il n'existe pas de dissociation nette entre le commerce d'achat des produits d'exportation et celui de vente des produits manufacturés importés. Ces opérations sont assurées par les mêmes personnes : Libano-Syriens, Indo-Pakistanais[133] et cadres africains des maisons de commerce étrangères.

En raison du faible niveau de leurs revenus, les paysans et les ouvriers agricoles connaissent des périodes de soudure assez difficiles. Cela les oblige à solliciter de ces intermédiaires des prêts ou des crédits. Ceux-ci sont accordés soit en nature, soit en monnaie, et sont garantis sur la future récolte. Il s'agit en somme d'une vente à terme dans laquelle ils engagent tout ou partie de la récolte escomptée à des prix nettement inférieurs à ceux habituellement pratiqués pendant les campagnes officielles d'achat.

Par ailleurs, il existe des crédits à long terme. Ceux-là sont sollicités non dans le but de créer un capital fixe – création d'une nouvelle exploitation par exemple – mais dans celui de faire face aux frais d'éducation, de funérailles, de poursuites judiciaires, etc.

Paradoxalement, au Ghana, ce sont dans les régions supposées riches que le taux d'endettement est le plus élevé. La Commission sur l'endettement (*Committee of Agricultural Indebtedness*) estime que dans le sud du Ghana et dans la région *ashanti*, les trois quarts des paysans et petits planteurs sont endettés. Cet état de chose s'explique sans doute par les plus-values importantes touchées par les gros planteurs de cacao et de cocotiers grâce au système de métayage que nous venons d'indiquer, et par l'exigüité des surfaces cultivées par les petits planteurs.

Au Sénégal, dans les régions du Ferlo et de la Moyenne Casamance, on évaluait en 1960à60 familles sur 100 celles qui avaient régulièrement eu recours au crédit ou à des prêts à long terme en période de soudure.

Il convient de souligner que bien souvent, lorsque les paysans n'arrivent plus à rembourser leurs dettes, ou lorsque les intermédiaires ne leur font plus confiance, ils finissent par vendre une partie de leur patrimoine agricole, ou ont recours tout simplement à d'autres usuriers – gros planteurs ou spéculateurs professionnels – qui leur imposent des taux d'intérêt exorbitants. Toutes ces pratiques réduisent non seulement leurs revenus, mais les démoralisent, et ont finalement des conséquences nocives sur l'activité même de production.

---

[133]Les Indiens et Pakistanais se trouvent surtout au Ghana. On ne les rencontre pas dans les pays francophones.

3°) Inefficacité des coopératives et offices de commercialisation

Les offices de commercialisation et les coopératives créées par les gouvernements pour résoudre tous ces problèmes semblent plutôt continuer dans la voie tracée par l'économie de traite. Ils se contentent tout simplement du ramassage et de la commercialisation des produits, et dans certains cas – comme c'est notamment celui de l'Office de commercialisation de l'arachide (OCA) au Sénégal –, ils ont le monopole de la vente de certains produits alimentaires, le riz en l'occurrence.

S'il est indéniable qu'une partie appréciable de leurs profits est utilisée par les gouvernements pour le financement des travaux d'infrastructures économiques et sociales, il n'en reste pas moins que le vrai problème qui se pose à ces paysans, celui de la stabilisation de leurs revenus – ou de l'augmentation souhaitée – n'a pas reçu une solution satisfaisante. En effet, devant la baisse des cours mondiaux, ces offices n'arrivent pas, bien souvent, à empêcher que celle-ci se répercute sur les prix producteurs. Les offices du Sénégal et du Ghana en fournissent des exemples.

Au Sénégal, entre 1959 et 1967, le prix producteur de l'arachide était fixé à 22,75 Fcfa le kilo à Dakar, et le prix garanti à l'exportation par la France était de 52,50 francs. Si l'on en déduisait les divers frais, le surprix payé par la France était estimé à 6,66 francs par kilo. La Convention de Yaoundé ayant fait obligation à la France de supprimer sa garantie, le gouvernement sénégalais avait prévu de continuer à assurer aux producteurs le même revenu qu'avant, c'est-à-dire de ne pas répercuter sur les prix producteurs la baisse de 14 % environ que subiraient les recettes d'exportation sénégalaises du fait de la disparition de la garantie.

Mais durant la campagne 1967-68, le gouvernement ne put honorer sa promesse ; les prix producteurs connurent une chute de 22 à 26 % environ. Non seulement l'Office semble avoir fait supporter aux paysans la perte de la garantie, mais aussi la baisse résultant des fluctuations sur les marchés mondiaux. En effet, l'explication que le gouvernement fournit de cette chute importante était la surabondance sur ces marchés des oléagineux concurrentiels – soja et tournesol –, et l'existence d'importantes réserves spéculatives d'arachides. Ceci sous-entend l'impuissance de l'Office face à ces fluctuations ou à la concurrence mondiale (Cf. tableau 70 en annexe).

Le Ghana *Cocoa Marketing Board* et le gouvernement du Ghana connaissent le même ordre de difficultés devant les fluctuations des cours du cacao. (Cf. graphique 17 et tableau 70 en annexe). Mais dans ce cas, lorsque les réserves monétaires du *Board* sont insuffisantes, le gouvernement a recours à des artifices monétaires pour maintenir un prix producteur nominal relativement élevé ou stable. Mais il n'y parvient pas toujours. D'ailleurs, les planteurs se rendent vite compte de la détérioration de leurs termes d'échange lorsqu'ils veulent se procurer des produits importés, alimentaires, biens d'équipement (coupe-coupe, « gammaline[134] », etc.) et ne manquent pas d'exercer sur le gouvernement des pressions pour des prix plus rémunérateurs.

Par ailleurs, il convient de relever la mauvaise gestion de ces institutions. Elle s'explique d'une part par un manque de contrôle de leurs agences régionales, et d'autre part par des abus de pouvoir des pouvoirs publics. Ces carences mettent le plus souvent en doute la bonne intention des promoteurs de ces institutions, ou l'opportunité de celles-ci.

En effet, si, en brousse, les agents des offices soumettent à leur loi les paysans en leur fixant n'importe quel prix, ou trichent dans la pesée des produits, les hommes politiques – et quelquefois les chefs religieux – tentent de leur côté d'utiliser les coopératives comme un instrument d'encadrement politique ou religieux.

Le *United Ghana Farmers Council*, qui était appelé à regrouper les paysans afin de les amener à s'intéresser aux transformations que le monde agricole doit subir pour devenir plus dynamique, n'aura servi, en fin de compte, que de puissant appareil de propagande du *Parti de la Convention du Peuple*. Aussi, les opposants au régime, en arrivant au pouvoir après le coup d'État de 1966, n'hésitèrent pas à le démanteler, mais sans le remplacer par d'autres institutions. Cette interférence politique constitue aussi un handicap sérieux pour l'épanouissement du monde agricole.

B. Politique de restructuration de l'agriculture

Eu égard à tous ces obstacles, et à ceux déjà dégagés dans la première partie de cette étude, on peut dire que la dynamisation de l'agriculture pose deux problèmes :

- premièrement, un problème de fond relatif d'une part aux techniques et méthodes à mettre en œuvre pour résoudre ses contraintes physiques, et d'autre part à la réorientation de la structure de la production : priorité à l'agriculture vivrière plutôt qu'à l'agriculture d'exportation ;

---

[134] Produit de traitement de certaines maladies des cacaoyers

- deuxièmement, un problème de forme portant sur les unités productives au sein desquelles les paysans devront être amenés à prendre conscience des changements qu'exige une économie moderne.

La résolution de ces problèmes n'implique pas, ainsi que nous l'avons dit, une planification au sens où nous l'entendons aujourd'hui.

Il s'agit plutôt de créer d'abord une ambiance, une mentalité prédisposant les gens à accepter des transformations plus profondes et rapides dans l'avenir. Faire comprendre par exemple aux acteurs de l'économie de subsistance que l'objectif de prestige ou de sécurité peut très bien se poursuivre dans un autre contexte socio-économique. Cette prise de conscience nécessite que les pouvoirs publics associent directement et étroitement les masses paysannes à l'élaboration de cette politique. Dans celle-ci, les pouvoirs publics n'auront qu'un rôle d'organisation et d'animation à jouer.

Ce n'est que plus tard, lorsque la production commencera à prendre des proportions considérables, qu'on introduira la planification afin d'éviter le gaspillage de ressources.

1. Objectif : meilleure utilisation des facteurs de production

Elle se situe selon deux perspectives :

- utilisation savante du capital foncier, et
- utilisation savante des autres facteurs de production, temps et force de travail notamment.

a) Utilisation savante du capital foncier et développement des méthodes de culture intensive

Dans la plupart des pays de l'Ouest africain, où la densité de population est encore faible – 15 hab./km² au Sénégal ; 30 hab./km² au Ghana ; 18 hab./km² en Côte d'Ivoire –, les terres incultes ou non occupées constituent incontestablement un potentiel élevé pour l'agriculture de ces pays. Et il est aisé de constater que chaque fois que les paysans ou les gouvernements cherchent à augmenter la production agricole, c'est à la culture extensive qu'ils ont le plus souvent recours. On peut soutenir avec un certain degré de certitude que tant que la main-d'œuvre ne constituera pas pour eux une contrainte, ou tant qu'ils disposeront des moyens financiers pour se procurer des engins agricoles à haute productivité, ce genre de culture aura une place de choix dans leur politique de développement.

Pour nous, l'une des exigences de l'utilisation savante du capital foncier consiste en la préservation de ce potentiel agricole pour les générations futures. Dans cet ordre d'idées, on peut suggérer que compte tenu de l'extension considérable atteinte aujourd'hui par certaines cultures, principalement celles d'exportation, il est préférable que de nouvelles aires ne leur soient plus consacrées, d'autant plus que la demande extérieure ne le justifie pas. Dans la perspective où celle-ci devrait croître, c'est la culture intensive qu'il faudrait développer afin d'élever le volume de l'offre.

Des recherches et études effectuées récemment semblent démontrer qu'il existe de larges possibilités d'augmenter la production des produits d'exportation sans pour autant de mise en valeur de nouvelles terres.

En Côte d'Ivoire, actuellement, les rendements moyens pour le café et le cacao sont respectivement de 300 kg/ha et 250kg/ha. Des essais et expériences montrent que de meilleures techniques de taille, de désherbage et de débroussaillage pourraient doubler ces rendements, à condition toutefois qu'une main-d'œuvre supplémentaire soit recrutée.

Au Ghana, entre 1953 et 1959, l'éradication de la mosaïque du cacao et la pulvérisation de pesticides et fongicides contre les capsides et le phytophtora des cocotiers ont conduit – bien que ce ne fût pas l'objectif premier – à élever dans une large mesure les rendements de ces productions.

Néanmoins, il est évident que lorsque l'on cherchera à placer sur les marchés extérieurs de nouveaux produits, comme les papayes, goyaves, corossols, avocats, etc., l'exploitation de nouvelles terres deviendra inévitable. Mais la mise en valeur de ces terres devra l'être en fonction de la demande potentielle et des possibilités de rendre intensive la culture de ces produits.

En ce qui concerne les cultures vivrières, il est indispensable qu'elles reçoivent une attention toute particulière des agents de développement. il s'agit ici d'abord de faire un meilleur emploi des champs déjà existants par l'introduction de nouveaux procédés culturaux – utilisation systématique de fumier et d'engrais – et de parer, d'une part aux inconvénients de la jachère, et d'autre part, d'en tirer des rendements élevés. L'emploi généralisé d'insecticides, de fongicides, de pesticides et de variétés sélectionnées permettra par ailleurs d'améliorer la qualité des produits.

Étant donné la forte poussée démographique et la demande que suscitera l'industrialisation, il est indiscutable qu'une nouvelle extension des surfaces pour la culture vivrière s'imposera. Ici encore, il serait souhaitable que l'on associe la culture intensive à cette extension.

D'autre part, dans les savanes où la saison de croissance des végétaux est brève en raison du régime des pluies, ou, dans les régions où n'est possible qu'une seule récolte dans l'année, l'introduction de nouvelles cultures à cycle végétatif court, et le remplacement des cultures sèches par des cultures irriguées, pourront maintenir une activité productive continue. Mais pour ne pas épuiser les sols, il est nécessaire que les exigences agronomiques des nouvelles cultures soient, sinon les mêmes, du moins complémentaires à celles de la culture principale.

Soulignons que selon l'exploitation rationnelle du capital foncier, on essayera toujours d'affecter aux terres les cultures qui leur conviennent le mieux.

b) Utilisation savante des autres facteurs d'exploitation

1°) Utilisation rationnelle du temps

L'accent est souvent mis sur le phénomène de chômage déguisé ou de sous-emploi dans les pays sous-développés. En Afrique de l'Ouest, la commission économique pour l'Afrique estime que la population active ne travaille que 190 jours environ par an. Pour le Ghana, le chiffre est de 180 jours[135]. Notons que ce sous-emploi s'explique par de longues saisons mortes qu'imposent les conditions climatiques d'une part, et des activités religieuses ou récréatives d'autre part.

Les temps morts peuvent être mis à profit par les paysans pour effectuer les grands travaux agricoles, tels que construction de canaux d'irrigation et de drainage, forage de puits et confection de barrages destinés à retenir l'eau pour l'arrosage des plants durant toute la saison sèche (surtout dans la savane), construction de diguettes pour empêcher l'érosion fluviale et de pistes (*feeder roads*) pour faciliter l'évacuation des produits.

Ces travaux élimineront non seulement le gaspillage de temps – *Time is money* – mais contribueront significativement à l'accroissement de la production agricole. De même, en ce qui concerne particulièrement les femmes rurales, un allégement des travaux ménagers excessifs qu'elles exercent actuellement– pilonnage du maïs, du mil, du riz, etc. – par des broyeurs mécaniques et d'autres appareils servant à la préparation des aliments pourrait leur permettre de disposer de plus de temps pour se consacrer plus activement aux cultures maraîchères qui, selon la coutume, leur sont essentiellement réservées.

---

[135]Une enquête de Rowena M. Lawson, effectuée en 1964 à Battor, dans le sud-est du Ghana (*Lower Volta*), révèle que cette année-là, 68 jours en moyenne furent consacrés par chaque paysan à des obligations sociales : 28 jours pour des funérailles, 12 jours de travail communautaire (service rendu à un ami) et 28 jours pour rendre visite à des membres de la famille dans d'autres villages. Chaque paysan a pris par ailleurs 84 jours de repos en moyenne. R.M. Lawson, op. cit., pp. 142-143.

2°) Accroissement de la force de travail

La productivité du travail s'obtient de diverses manières. Une ration alimentaire bien équilibrée en constitue une. Mais lorsque l'on cherche à diminuer l'effort physique des individus tout en maintenant ou en accroissant le rythme de leur travail afin de faire disparaître les goulots d'étranglement que constituent les pointes de travail manuel, ou pour suppléer à la pénurie de main-d'œuvre, c'est au progrès technique que l'on a recours, et en l'occurrence, à l'utilisation de machines.

Bien souvent, les responsables politiques et économiques ouest-africains, et particulièrement ceux du Ghana, semblent confondre, ainsi que le prouvent les expériences passées, la motorisation de l'agriculture avec sa mécanisation. Pourtant, la mécanisation de l'agriculture n'implique pas nécessairement l'utilisation de machines à moteur ; l'utilisation de machines à traction animale fait partie de la mécanisation.

Si la motorisation aboutit théoriquement, et de fait, à étendre plus vite les surfaces cultivables, et à accroître par conséquent le volume de la production, il faut souligner que l'avantage de ce genre d'exploitation, c'est-à-dire les revenus qu'elle permet d'en tirer, ne peut être apprécié qu'en fonction des frais qu'elle engage. Les expériences passées révèlent qu'elle coûte trop cher. Et ceci tient à trois raisons :

- coût élevé en devises étrangères dans la mesure où tout le matériel, le carburant, l'huile et les pièces détachées sont importés (Cf. tableaux 71 et 72en annexe) ;

- importants frais de réparation ; ceux-ci sont d'autant plus élevés que la main-d'œuvre qui l'utilise et l'entretient est peu compétente. En effet, bien souvent, la formation des conducteurs, des mécaniciens et du personnel en général est insuffisante. De plus, il y a la mauvaise organisation des services d'entretien, auxquels fait défaut la notion d'urgence, qui est la clé d'une meilleure utilisation du matériel (le tableau 72 montre pour le Ghana le nombre d'engins agricoles motorisés en état de fonctionnement, abîmées et hors d'usage).

- coût élevé du défrichage : la motorisation exige qu'un défrichage complet du sol soit effectué en amont afin d'éviter que l'outillage soit endommagé. Or, cela revient extrêmement cher. Au Ghana, les larges défrichages effectués pour le compte des *State Farms Corporation* (fermes d'État) ont coûté entre 75 et 200 N¢ par hectare. Et durant la période 1962-64, 68 000 hectares ont été défrichés, dont 25 600, soit 36 % seulement, ont pu être mis en culture. On peut donc bien se faire une idée des frais et du gaspillage énormes entraînés par cette politique.

Tous ces motifs d'alourdissement du coût d'une exploitation motorisée nous incitent à suggérer que la modernisation de l'agriculture ouest-africaine visant à l'accroissement de la productivité du travail soit amorcée à partir de l'amélioration des moyens de production préexistants qu'il faudra, en tout état de cause, compléter par des innovations simples.

En ce sens, on peut commencer par associer l'agriculture et l'élevage en vue d'introduire la culture attelée. Au Sénégal, elle existe déjà, mais son domaine d'application est restreint, car elle n'est adoptée que par les paysans disposant d'un revenu monétaire important, et se cantonne au secteur arachidier. En raison des avantages que comporte cette culture, il est recommandé de l'étendre à toutes les autres.

Ses avantages sont les suivants :

- association de l'agriculture et de l'élevage permettant d'avoir du fumier animal particulièrement bon pour les sols pauvres en humus, ou lorsque ceux-ci réagissent mal aux engrais chimiques, ou encore lorsque les engrais verts ne réussissent pas à reconstituer complètement l'humus du sol ;

- coût peu élevé en devises étrangères. D'abord, les bêtes de trait (bœufs, ânes et chevaux) peuvent être achetés sur place, et à des prix raisonnables. Une paire de bœufs coûte entre 70 et 120 N¢. Ensuite, les prix d'importation des charrues, charrettes et cultivateurs sont généralement faibles. On estime qu'une charrue à bœufs, un cultivateur et un char à bœufs coûtent respectivement 30,36 et 110 dollars.

Toutefois, dans la mesure où l'on veut promouvoir l'industrialisation à partir de l'industrie artisanale, la construction de ces outillages pourrait être assurée par cette dernière.

Cependant, l'efficacité de cette culture nécessite deux conditions :

- premièrement, les paysans doivent avoir des connaissances en matière d'élevage. Or, en Afrique de l'Ouest, cette condition semble constituer pour l'instant un obstacle dans la mesure où il existe une nette division du travail entre cultivateurs et éleveurs ces derniers étant généralement des Peuls, ou Foulanis. Mais cet obstacle pourrait être surmonté dans le cadre des exploitations de type coopératif, où l'on essayera d'associer cultivateurs et éleveurs[136].

---

[136]Il y a eu des essais de ce genre d'associations dans les plantations de cocotiers du sud-est du Ghana. Les planteurs, pour profiter du fumier animal, autorisaient les Peuls à faire pâturer leur bétail dans les plantations. Quelquefois, c'étaient les planteurs qui constituaient un troupeau de bœufs et le confiaient à des Peuls.

- deuxièmement, les régions doivent disposer de pâtures suffisantes, condition indispensable, en attendant d'introduire de façon systématique la culture des plantes fourragères.

2. Moyens : mise en place des institutions nécessaires

On ne peut réussir l'introduction des méthodes de culture préconisées, ni attendre d'elles une application efficace si l'on ne transforme pas au préalable le cadre de vie des paysans. Le problème qui se pose ici est celui de la nature des institutions ou unités économiques à mettre en place pour favoriser une telle politique.

Jusqu'ici, les coopératives semblent traduire d'une manière générale la philosophie sociale et économique des gouvernements et hommes d'État ouest-africains. Malheureusement, les expériences tentées ici et là indiquent que l'on est encore loin d'une véritable organisation coopérative au sens où on l'entend dans les pays développés.

Nous examinerons ici ce que l'on entend par coopératives, et le processus que l'on pourrait suivre pour leur création en Afrique de l'Ouest.

a) Définition et objectifs d'une coopérative

D'une façon générale, « *la coopérative est une entreprise qui groupe des personnes ayant des intérêts communs, où les droits à la gestion sont égaux et les profits répartis entre les seuls associés au prorata de leur activité* »[137]. Notons qu'elle s'oppose à une entreprise capitaliste, en ce sens que sa raison d'être n'est pas de réaliser un maximum de profits, mais de rendre le maximum de services à ses membres. Dans cette perspective, elle se propose d'être un instrument de promotion et d'émancipation, et de créer des sujets économiquement actifs pour leur donner le sens des responsabilités.

Définie de cette façon, la coopérative implique une autonomie qui permet à chacun de ses membres de prendre conscience de leurs intérêts et de l'action conséquente à mener pour leur réalisation.

Or, en Afrique de l'Ouest, la coopérative prend souvent l'allure d'une institution étatique. L'État prend l'initiative de regrouper les gens et leur fournit des fonctionnaires comme cadres. Dès lors, son emprise sur la coopérative devient grande, et empêche ses membres non seulement d'élaborer une politique conforme à leurs intérêts, mais aussi d'acquérir le sens de responsabilité indispensable pour une meilleure gestion des affaires. La conséquence qui en résulte souvent est un manque de dynamisme de la coopérative.

---

[137] G. Lasserre, *La Coopération*, Collection Que sais-Je ?, PUF, 1967.

II existe aujourd'hui dans le monde plusieurs formes de coopératives, notamment agricoles, de consommation, de production, et les régies coopératives.

Sous l'une ou l'autre de ces formes, elles ont, dans de nombreux pays – Finlande, Irlande, Israël, Suède, Grande-Bretagne, Norvège et Danemark – favorisé un progrès économique et social accéléré, accompli de deux façons :

- soit en intervenant directement et dans une large mesure dans les activités de production ;
- soit par leur simple présence dans certains secteurs (distribution notamment),en contraignant les entreprises capitalistes à baisser leurs prix, et par conséquent à stimuler la demande et la production.

En ce qui concerne particulièrement le monde agricole, l'on distingue généralement deux sortes de coopératives :

- les coopératives d'achat ou de services qui pourvoient aux besoins des exploitations agricoles, et
- les coopératives de vente qui se chargent de grouper les produits des agriculteurs pour mieux les vendre, et permettent par ailleurs à ceux-ci d'échapper aux négociants privés qui dominent le marché.

En ne retenant pour l'instant que le premier type de coopérative – celle d'achat ou de service –, soulignons qu'elle a essentiellement eu comme objectif dans les pays développés de concilier le maintien des exploitations de petites dimensions et les exigences du progrès technique.

En effet, le coût élevé de ce progrès – mécanisation, amélioration foncière, application de procédés scientifiques – ne pouvait être assuré complètement par les revenus tirés de ces exploitations. II fallait, soit que de grandes exploitations fussent créées, soit que les paysans se regroupassent dans des associations pour faire face collectivement aux frais.

Les coopératives prêtent par conséquent à leurs membres le matériel coûteux qu'elles achètent, ou les guident dans le choix de ce matériel dont elles se chargent ensuite d'assurer les services de maintenance et de dépannage. Par ailleurs, pour certains produits, tels que les engrais ou les aliments du bétail, dont on peut craindre, du fait de l'existence de monopoles capitalistes, qu'ils ne soient « trafiqués », elles les achètent et les étudient avant leur utilisation, ou au mieux, les produisent pour le compte de leurs associés. Elles conduisent aussi d'importants travaux de recherche qui intéressent le monde agricole.

Cependant, elles se heurtent à une difficulté. Du fait que les terres ne sont pas réunies en une seule exploitation[138], elles n'arrivent pas toujours à assurer de façon équitable l'utilisation du matériel lorsque par exemple les agriculteurs en ont tous besoin au même moment.

En Afrique de l'Ouest, la création de véritables coopératives, tout en contribuant à résoudre le problème de l'introduction de nouvelles techniques et méthodes culturales, doit tendre, plus que dans les pays développés, au maintien de la sécurité et de la cohésion, principes fondamentaux sur lesquels repose l'organisation sociale. Pour y parvenir, et éviter la difficulté que nous venons de mentionner, on doit, dans la constitution des coopératives, procéder à l'intégration de la plupart des exploitations agricoles.

b) Processus de création des coopératives

Le monde agricole est un monde conservateur qui résiste, ainsi que nous l'avons déjà signalé pour l'agriculture de subsistance, à tout ce qui peut nuire à son harmonie. Ainsi, pour réussir à arracher les paysans de ce monde pour les associer dans des coopératives, il serait indispensable d'employer les grands moyens. Soulignons tout de suite qu'il ne s'agit pas de les amener à s'associer par des procédés de réglementation et de dirigisme comme on tente souvent de le faire, mais d'user de moyens persuasifs. Ceux-ci pourraient porter sur quatre éléments :

- utilisation de tout ce qui, dans la société traditionnelle, est susceptible de favoriser le regroupement ;
- incitations économiques ;
- réforme agraire, et
- encadrement scientifique et technique.

1°) Éléments favorables

Retenons-en deux : la solidarité et le dialogue.

Il se manifeste entre les gens appartenant au même groupe ethnique ou tribal une forte solidarité au point que, sur le plan politique, elle constitue un des principaux facteurs d'instabilité nationale. Dans une conception politique favorable à la décentralisation, elle pourrait facilement aider à la mise en place des coopératives ou faciliter la réalisation d'autres objectifs économiques importants. Au sein même des groupes ethniques, il existe plusieurs facteurs favorables : les groupes d'âge ; les congrégations fétichistes ou religieuses ; les sociétés secrètes et l'organisation sociopolitique

---

[138] Il faut noter qu'il existe quand même quelques « coopératives de culture » où toutes les terres sont cultivées ensemble par la coopérative.

même des villages qui font que les gens sont déjà disposés à collaborer pour la réalisation de maintes activités qui les intéressent.

Mais pour que cette solidarité puisse être orientée vers de nouveaux objectifs économiques et sociaux, une condition préalable doit être réalisée : les pouvoirs publics ou les agents du développement doivent rénover et activer au maximum la « palabre », c'est-à-dire le dialogue par lequel sont réglés au sein de la communauté tous les conflits et litiges qui y surgissent, ou grâce auxquels les membres de la communauté sont amenés à voir l'utilité, à comprendre et à exécuter les travaux d'intérêt commun.

En faisant de la « palabre » le fondement de l'action économique, les pouvoirs publics seront conduits à comprendre mieux les vrais problèmes qui se posent aux paysans, et de les aider à mieux s'organiser.

2°) Incitation économique comme mobile de l'action

L'accueil que les paysans réserveront aux coopératives dépendra des possibilités de gain supplémentaire qu'elles leur offriront. Ce gain doit remplir deux conditions :

- d'abord, il doit être suffisamment élevé. En effet, il est certain que de petits accroissements n'emporteront pas la conviction ou n'intéresseront guère les paysans, et cela pour trois raisons :

- premièrement, ils craignent que ces accroissements ne soient facilement résorbés par les effets accidentels des variations climatiques ;

- deuxièmement, du fait qu'ils sont très sensibles aux risques que toute innovation entraine, et n'aiment pas, par conséquent, les courir pour de petits bénéfices ;

- troisièmement, du fait surtout de l'importance qu'ils accordent à certaines activités sociales et loisirs auxquels ils devront renoncer.

- enfin, le revenu doit être permanent. Les expériences passées permettent d'affirmer que les paysans ne se laisseront convaincre que si les revenus qu'on leur propose dans le cadre de ces coopératives vont s'étaler sur plusieurs années. De plus, ceux-ci doivent être en mesure de couvrir complètement les frais supplémentaires qu'ils seront amenés à engager et compenser le surcroit d'effort qu'ils auront à consentir.

II serait donc nécessaire de leur inspirer confiance dans le marché en leur assurant des prix élevés et stables, à la vente pour les produits qu'ils auront à écouler et un prix d'achat faible pour l'outillage qu'ils devront se procurer pour la production dans le cadre de ces coopératives.

La politique de prix dont nous avons parlé dans la section I est donc un élément déterminant dans la création des coopératives.

3°) Réforme agraire

Le contenu de cette réforme ne sera sans doute pas le même pour l'agriculture de subsistance et l'agriculture de plantation. Carle régime foncier tel qu'il existe aujourd'hui, diffère d'une agriculture à l'autre. Tandis qu'il est à base familiale dans l'agriculture de subsistance, il tend pour l'essentiel à s'individualiser dans la grande agriculture de plantation ou d'exportation.

Pour permettre la constitution des coopératives dans cette dernière, il serait indispensable de rendre d'abord les ouvriers agricoles propriétaires des exploitations, c'est-à-dire d'en déposséder les gros planteurs ou paysans actuels. Dans cette perspective, l'État devra indemniser ces derniers par des remises des *Bons de Réforme Agraire* du genre de ceux utilisés vers 1870 au Japon. Ces bons leur permettront d'avoir des crédits suffisants afin qu'ils se lancent de façon méthodique et rationnelle dans de nouvelles activités économiques, comme par exemple, l'organisation de réseaux de distribution de produits, des réseaux de transports, ou la construction immobilière, activités que certains d'entre eux, ainsi que nous l'avons mentionné, cumulent déjà avec l'exploitation agricole. Et d'orienter d'autre part les plus entreprenants d'entre eux vers la mise en place d'infrastructures industrielles par la création de petites et moyennes industries pour épauler le développement du secteur artisanal. Ils déchargeront de la sorte l'État de la responsabilité qu'il tâche d'assurer tant bien que mal actuellement dans ces domaines.

La création de coopératives pourrait également être préconisée afin d'éviter que certains ne se transforment en une puissante classe capitaliste perpétuant ainsi le décalage social.

Dans l'agriculture de subsistance et les petites plantations, la réforme doit viser à un regroupement des exploitations familiales qui impliquera la mise en commun partielle ou intégrale des terres. Dans le cas où cette mise en commun serait intégrale, les paysans ne seront peut-être pas obligés d'exploiter en même temps toutes les terres. Leur effort pourrait être concentré sur celles qui leur paraissent les mieux placées pour fournir dans l'immédiat un rendement élevé, et ils étendraient l'exploitation aux autres terres au fur et à mesure que la demande et leurs moyens l'exigeront (exploitation savante du capital foncier).

Si la mise en commun est partielle, les participants seront peut-être mieux disposés à essayer les nouvelles méthodes culturales qui leur seraient proposées sur les terres communes, et à échapper ainsi aux risques que pourraient comporter ces méthodes en continuant à appliquer les méthodes traditionnelles jusqu'à ce qu'ils soient convaincus de l'efficacité des nouvelles.

4°) Encadrement

Une fois les coopératives formées, l'assistance directe que l'État doit leur apporter dans leur fonctionnement portera sur l'encadrement scientifique –recherche et encadrement technique – la vulgarisation et l'éducation :

- Création d'instituts de recherche. Ils seront destinés à la mise au point, à partir des diverses expériences du monde agricole ouest africain lui-même ou de la masse des connaissances agricoles accumulées dans les pays développés, des meilleures méthodes et techniques à employer ; en opérant un choix entre les espèces les plus rentables. Ils pourront se spécialiser par produits ou par groupes de produits, c'est-à-dire cultures vivrières et cultures d'exploitation, ou cultures de céréales et cultures de féculents. Il serait préférable que leur action précède les grands travaux d'irrigation ou d'introduction de nouvelles cultures. Cela favoriserait la connaissance, non seulement de la nature des sols (degré d'acidité, profondeurs, teneur en matière nutritive etc.), du climat et de la topographie de la région intéressée pour estimer les cultures auxquelles elle se prête le mieux, et quels sont ses besoins en irrigation et en drainage, mais aussi, et surtout, permettrait d'éviter le gaspillage des gros investissements qu'exigent ces travaux.
- Service de vulgarisation. Il est évident que l'État ne saurait doter toutes les coopératives d'instituts ou de centres de recherche. II serait par conséquent nécessaire que la connaissance des résultats et les nouveaux procédés culturaux soient constamment divulgues par des équipes volantes d'animateurs. Ici, le problème qui se posera est celui du choix des membres de ces équipes et leur compétence. Si une action rapide et efficace est recherchée, on doit donc prendre soin de les sélectionner au sein même de la population rurale. Ce choix portera sur les éléments les plus dynamiques, susceptibles d'éveiller l'intérêt des paysans et de stimuler leur réceptivité. Quant à leur compétence, la connaissance à fond d'un nombre réduit de techniques serait suffisante au départ. La vulgarisation ne se bornera pas à un simple travail d'information. Elle consistera aussi en des démonstrations concrètes dans les coopératives mêmes, ou dans les champs pilotes, et en projections de films documentaires portant sur des expériences de rénovation agricole réussie dans d'autres parties du monde. Le rôle qui sera dévolu au service de vulgarisation sera, en somme, celui d'une gigantesque action de propagande et de mobilisation permanente afin d'empêcher que les paysans réunis dans les coopératives ne retournent aux vieilles habitudes du passé, ou qu'ils ne soient vite acquis à un sentiment de satisfaction procuré par les premiers résultats qui pourrait se traduire

par un laisser-aller dangereux pour la poursuite de l'effort de transformation.

- Éducation. C'est d'elle que dépendra à très long terme la véritable promotion de l'agriculture. Il est indiscutable que l'instruction est génératrice de nouveaux comportements et de nouvelles aspirations. Elle rend apte à innover et incite à gagner plus d'argent. Un homme instruit peut distinguer plus clairement le meilleur moyen d'exploiter son champ et de participer plus intelligemment au fonctionnement des coopératives. II devient capable par exemple d'améliorer la gestion de son exploitation et peut profiter utilement des conseils des vulgarisateurs. Mais l'éducation soulève un problème important. II s'agit de savoir quel doit être son contenu. Doit-on continuer à dispenser aux jeunes un enseignement général ou les orienter vers un enseignement professionnel ? Si l'on tient compte de l'exode rural actuel qui est la conséquence du premier type d'enseignement, on n'hésiterait pas à retenir le second. Mais là n'est pas la solution. Car il n'est pas question de transformer tous les enfants du monde rural en agriculteurs. L'agriculture ouest africaine, comme celle de tous les pays sous-développés, est appelée à évoluer techniquement, et nécessitera de ce fait un nombre restreint de bras. Si l'on opte pour la formation professionnelle, on risque donc d'avoir dans l'avenir un excédent d'agriculteurs alors que les autres secteurs – l'industrie et le commerce – en auront besoin. Il est par conséquent souhaitable que l'on trouve un système souple conciliant les deux enseignements, et donc que les programmes comportent des sujets qui visent à la formation d'hommes et de femmes complets et ouverts, tout en insistant sur ceux qui ont trait à l'agriculture, à l'industrie ou à toute autre activité productive. Dans cette perspective, les travaux pratiques doivent être en rapport avec l'enseignement théorique. Ceci permettra de déceler chez les élèves leurs goûts, les travaux dans lesquels ils s'expriment le mieux et avec le plus d'habileté, afin de pouvoir les orienter convenablement. En ce qui concerne les futurs jeunes agriculteurs, au fur et à mesure qu'ils franchiront les différents cycles de l'enseignement, leur formation agricole devra se préciser et se spécialiser.

Telles sont les méthodes culturales et les unités de production que l'on peut envisager de mettre en application dans la phase de « préparation du milieu social ». Elles pourront conduire à un changement progressif de mentalité chez les paysans et préparer l'avènement d'une société et d'une économie progressiste. Elles permettront par ailleurs à l'agriculture d'atteindre des taux de croissance élevés, pourvoyant suffisamment au marché intérieur en produits alimentaires et maintenant le niveau actuel des exportations des produits agricoles. Simultanément à cette « préparation du milieu social », le système de crédit, ainsi que nous allons le voir dans la section suivante, doit être développé grâce à un concours important de la banque d'émission afin de donner aux paysans les moyens de financement nécessaires.

Quant à la modernisation de l'artisanat, préparant la voie à une industrialisation utilisant de la technologie avancée, elle consistera également en l'adoption de techniques simples capables d'élever la marge de productivité des outils actuellement employés.

Mais l'innovation importante à introduire ici réside dans l'organisation du travail. Jusqu'ici, l'artisan ouest africain exécute seul ou avec quelques apprentis toutes les opérations intéressant la fabrication d'un objet. II s'agira de l'amener à se spécialiser dans la fabrication d'une pièce ou d'un nombre réduit de pièces. Cette division de travail peut se faire entre ateliers de la même région ou de régions différentes. La standardisation des pièces sera le début de la création de véritables petites industries dans la mesure où, à un niveau central élevé, elle favorisera la fabrication en série, donc en masse, des objets.

La spécialisation et la fabrication en série peuvent être, comme dans le cas de l'agriculture, conçues dans le cadre des coopératives. Celles-ci permettant non seulement de mieux contrôler la qualité des produits, mais aussi de faciliter leur emballage et leur écoulement sur le marché.

SECTION III

Politique de crédit et organisation du réseau de distribution

La politique de restructuration de l'agriculture ou de l'industrie artisanale ne sera un succès que si l'on développe, premièrement, et sur une grande échelle, le système de crédit, et deuxièmement, un important réseau de distribution. Ces deux éléments constituent en eux-mêmes de puissants stimulants pour la promotion de l'activité économique. Nous les examinerons à tour de rôle dans cette section.

A. Politique de crédit

Nous dégagerons d'abord le rôle et l'orientation actuelle du crédit, les obstacles qui s'opposent à son extension et, ensuite, la façon de surmonter ces obstacles afin d'en assurer une meilleure diffusion.

1. Rôle et orientation actuelle du crédit

Selon Schumpeter, « *la seule fonction du crédit consiste [...] en ce que l'octroi de crédit permet à l'entrepreneur de détourner de leurs emplois actuels les moyens de production dont il a besoin, d'affirmer une demande à leur égard ; aussi contraint-il l'économie nationale dans des voies nouvelles* »[139].

Le détournement des moyens de production se conçoit de deux manières :

- premièrement, en puisant dans les réservoirs de monnaies oisives constituées en épargne ou en dépôt auprès des banques, et
- deuxièmement, en procédant à la création de nouveaux moyens de paiement.

En ce qui concerne le premier procédé, qui reste le procédé orthodoxe d'octroi de crédit, la demande de l'entrepreneur peut se trouver limitée par le volume de l'épargne ou des dépôts existants. Ce « circuit normal » de crédit, selon Schumpeter, n'est pas essentiel, car c'est comme « *si l'achat des moyens de production de la part des producteurs sont des affaires au comptant* ».

Au contraire, c'est le second procédé de crédit, de création de nouveaux moyens de paiement, qui est capable de susciter une demande plus grande, l'exécution de combinaisons productives nouvelles plus importantes qui orienteront et engageront véritablement l'économie dans de nouvelles voies.

Le véritable rôle du crédit est donc de permettre une réorientation et une meilleure utilisation des ressources d'un pays : force de travail, matière première, biens de consommation, machines etc.

---

[139] J. Schumpeter, Théorie de l'évolution économique, ch. II, Ed. Dalloz, Paris, 1935.

En Afrique occidentale, les banques associent les deux procédés. Elles accordent des avances à leur clientèle à partir des fonds qui leur sont confiés, ou, lorsque ces fonds sont insuffisants, elles recourent aux possibilités de réescompte que leur offrent les banques centrales.

Quant à savoir si les crédits consentis sous l'une ou l'autre forme engagent l'économie dans des voies nouvelles comme l'entend Schumpeter, il faudra, pour élucider cette question, tenir compte de l'échéance pour laquelle ces crédits sont accordés, de la nature à la fois des organismes prêteurs et de ceux qui en sont les bénéficiaires, ou du moins, des secteurs d'activité pour lesquels ils sont sollicités.

Le tableau 73 montre l'importance absolue et relative des crédits accordés en 1969 dans la zone UMOA selon leurs échéances et la nature des organismes préteurs et les secteurs bénéficiaires.

Les crédits à court terme représentent 80 % de l'ensemble des crédits consentis tandis que ceux accordés pour le moyen et le long terme n'en représentent que 20 % (10 % pour le moyen terme et 10 % pour le long terme). Notons que la part des banques commerciales dans les opérations de crédits est de loin la plus importante. Elle s'élève à 60 % du montant total des crédits toute échéance et à 83 % des seuls crédits à court terme.

Alors que les opérations à long terme semblent être uniquement réservées aux banques de développement qui les financent sur leurs fonds propres (Cf. tableau 74 en annexe) et sur des ressources particulièrement importantes provenant de l'étranger, les opérations de moyen terme sont pratiquées par toutes les catégories de banques. Contrairement à ce que l'on peut penser, la part des crédits consentis par les banques commerciales est encore ici relativement importante, soit environ 46 % du montant total.

Le concours de la Banque centrale aux activités du système bancaire est tout à fait réduit. Pour 1969, ainsi qu'il ressort du tableau 74 et du graphique 18, elle était en mesure de répondre à la demande de financement des banques pour un montant de 51,1 milliards de Fcfa, soit 38 % du total des crédits qui avaient été consentis (Cf. tableau 75 en annexe). Mais en fait, ces banques n'ont eu recours à son aide que pour une somme de 26 milliards de Fcfa, soit 20 % du volume des opérations de prêts. Il convient de mentionner par ailleurs que 77 % des avances de la Banque centrale ont servi au financement des activités à court terme.

Nous avons déjà montré ailleurs[140] que ces activités sont relatives :

- à la production, transformation et exportation des produits agricoles ;
- à la construction de bâtiments ;
- à la distribution de marchandises ;
- à diverses activités de production.

Pour l'essentiel, les crédits à moyen terme sont destinés à l'implantation des industries de substitution ou à la fourniture d'équipements aux industries extractives.

Au Ghana, hormis le concours que la Banque centrale apporte à l'État pour lui permettre de financer ses déficits budgétaires, les banques emploient leurs fonds propres pour leurs diverses activités.

La *National Investment Bank,* comme toutes les banques de développement dans les pays de l'UMOA, utilise ses fonds propres et ceux que lui procurent les institutions financières et gouvernements étrangers, ainsi que l'épargne intérieure qu'elle mobilise par l'émission d'actions ou d'obligations, ou grâce à la participation que lui apportent les autres institutions financières ghanéennes – compagnies d'assurance et banques commerciales.

L'ensemble des crédits consentis par les banques commerciales en 1968 se chiffrait à 103,7 millions N¢, ce qui représentait 42,8 % des dépôts à vue, à terme, et des comptes d'épargne. Ces crédits ont financé dans à hauteur de 63 % le commerce, les services et les activités de construction, à18% les activités industrielles, à3% l'agriculture et la pêche, et à16% les diverses autres activités : électricité, gaz, eau, communications, etc.

Quelle conclusion pouvons-nous tirer de ces observations ? On peut dire que :

- premièrement, le système bancaire ouest-africain n'utilise, pour l'essentiel, que le procédé traditionnel d'octroi de crédit, c'est-à-dire qu'il ne compte avant tout que sur l'existence des « monnaies oisives » qui se constituent en dépôts chez lui pour effectuer ses opérations. Son recours à la Banque centrale, donc à l'utilisation de nouveaux signes monétaires, est faible ;
- deuxièmement, l'importance des crédits à court et moyen terme consentis par les banques commerciales incite à soutenir qu'il ne s'agit là que de crédits ordinaires, que Schumpeter appelle le « *Bestriebskredit »,* et

140 Cf. 1ère partie, chapitre 1, p. 32. Actualiser la page

qui, selon lui, n'est pas essentiel à l'essor d'un processus économique, c'est-à-dire qu'il ne permet pas d'orienter l'économie sur de nouvelles voies.

On peut s'interroger sur les raisons qui font que les banques ouest-africaines ne développent pas leurs activités de façon à utiliser toutes les possibilités d'aide que leur offrent les Banques centrales – c'est le cas des pays de l'UMOA –, ou à employer dans une proportion plus grande leurs dépôts à des fins productives – c'est le cas du Ghana[141]–, d'autant que le secteur traditionnel en a grand besoin pour sa transformation et sa croissance.

En réalité, dans leurs opérations, les banques cherchent à concilier des objectifs contradictoires :

- en premier lieu, elles veulent réaliser autant de profit que possible pour le compte de leurs actionnaires ;
- en second lieu, les fonds qu'elles détiennent appartiennent en majeure partie à leurs déposants ; et
- en troisième lieu, elles ont promis aux déposants à vue de leur rembourser leurs fonds sur leur demande.

2. Obstacles à l'octroi de crédit en milieu rural

Premièrement, il y a la capacité de remboursement de l'emprunteur, c'est-à-dire son aptitude à réaliser des gains dépassant ses besoins fondamentaux ou habituels de subsistance, et partant, à faire face au remboursement des intérêts et du prêt aux échéances prévues ;

Deuxièmement, il y a la valeur des biens constitués en garantie pour que, au cas où l'emprunteur manque à ses engagements, ceux-ci puissent être saisis.

La pratique bancaire est donc fondée sur des observations d'une extrême prudence, même lorsque l'argent provient de la banque d'émission. C'est la règle d'or.

Or, en milieu rural ouest-africain, ces conditions préalables à l'octroi de crédits sont difficilement réalisables. En effet, on se heurte à de nombreuses difficultés dans l'estimation de la capacité de remboursement des paysans ou artisans.

Tout d'abord, on ne connaît pas leur compétence et, surtout, leur probité. Il peut arriver – et il arrive – qu'un emprunt contracté à des fins productives soit affecté à d'autres usages. L'agriculteur ou l'artisan qui obtient un prêt pour l'achat d'un équipement peut très bien le revendre pour faire face aux frais occasionnés par des cérémonies de fiançailles, de mariage et

[141] Cf. 1ère partie, ch. II.

de funérailles, activités auxquelles on donne, en milieu rural, une importance capitale. D'ailleurs, certains sollicitent des prêts pour ces cérémonies.

Ensuite, la multiplicité, l'éparpillement et l'éloignement de ces petites exploitations et ateliers des centres urbains où sont installées les banques, rendent difficiles l'évaluation de leur potentiel productif, et ne permettent pas, en plus, de surveiller l'emploi des fonds prêtés.

En ce qui concerne particulièrement les agriculteurs, leur capacité de remboursement dépend pour l'essentiel des revenus qu'ils tirent de leurs cultures d'apport. Or, lorsque ceux-ci augmentent, ils sont plutôt tentés de les consacrer presque entièrement aux dépenses de consommation. Ces risques sont accentués par les fluctuations du prix de leurs produits ou par une carence dans l'organisation du marché, facteurs et éléments dont les banques tiennent beaucoup compte.

Les biens susceptibles d'être offerts en garantie sont principalement les terres et les outils, et, subsidiairement, les bœufs et les bijoux. L'estimation de la valeur marchande de ces avoirs pose problème. Elle dépend non seulement des fluctuations du marché, mais aussi de certains facteurs contingents. En ce qui concerne les terres par exemple, leur morcellement réduit leur valeur réelle aux yeux des banques ; en certains endroits, cette valeur se trouve rehaussée en raison du prestige qui s'attache à la propriété, et surtout, des revenus monétaires que le propriétaire en tire.

Notons aussi que l'agriculteur, soucieux de la sécurité économique et de la perpétuation de sa famille, est peu disposé à engager sa terre ou, s'il s'agit de l'artisan, à accepter une hypothèque sur son atelier.

En outre, les titres de propriété foncière ne peuvent nettement être définis, et les parcelles éparses appartiennent parfois à toute la communauté ethnique ou à plusieurs membres de la famille.

Pour que les terres puissent constituer un gage sérieux et satisfaisant aux yeux des banques, il est nécessaire d'établir au préalable des relevés visant à déterminer nettement les propriétés, ou d'imposer aux postulants au crédit des modalités simples de leur enregistrement, pour qu'en cas de saisie, les banques puissent transférer leur titre aux nouveaux acquéreurs.

Le problème de la capacité de remboursement et de la garantie constitue donc l'obstacle principal qui limite l'intervention massive des banques dans le secteur rural traditionnel. Et pour les objectifs que nous avons évoqués, il est tout à fait normal qu'elles attachent une grande importance à la solvabilité que représente l'existence de ces avoirs tangibles, c'est-à-dire des avoirs qui peuvent être vendus sans complication ou sans grand risque, ou qui permettent une activité économique continue et sûre.

Mais il convient de souligner qu'en insistant trop souvent sur ces avoirs, ce sont les gros planteurs ou paysans qui se trouvent fortement avantagés. Car ceux-ci possèdent des actifs plus abondants et plus variés – titres fonciers régulièrement établis, immeubles, voitures, etc. –, et ils savent, de surcroît, présenter leur demande de crédit. De sorte que la conséquence inévitable de l'exigence de cette garantie est qu'en milieu rural, on se trouve face à une sorte de « rationnement » du crédit en fonction, non des besoins, mais de la fortune ou des revenus existants.

La plupart des petits exploitants agricoles ou artisans, ainsi que nous l'avons déjà indiqué, doivent alors se rabattre sur les prêteurs privés, usuriers moins exigeants quant à la garantie, mais plus soucieux d'étendre leur emprise économique et financière.

3. Politique de diffusion du crédit

De ce qui précède, le premier problème à résoudre par la politique de diffusion du crédit est celui de la garantie, afin de permettre que les banques fassent la pleine utilisation de leurs fonds et du concours que les banques centrales sont prêtes à leur donner ; ensuite, il faut que la distribution du crédit soit assurée par une organisation bancaire simple ayant des ramifications dans les centres importants de la zone rurale.

Premièrement, en ce qui concerne la garantie, nous pensons, malgré les difficultés que nous venons d'évoquer, que le critère essentiel à prendre en considération reste celui de la capacité de remboursement. Car nous estimons que ces difficultés peuvent être surmontées si, comme nous le préconisons, on amène les agriculteurs et artisans à s'associer dans des coopératives. Celles-ci constitueraient en elles-mêmes une garantie sûre du meilleur emploi des fonds prêtés et, par conséquent, d'une solvabilité certaine. Mais la raison fondamentale du choix de ce critère, c'est de permettre que l'octroi de crédit soit plutôt fonction des besoins réels de production des emprunteurs. Car si l'on ne devrait retenir comme critère qu'une garantie concrète, le volume des crédits pourrait se trouver fortement limité, c'est-à-dire qu'ils seraient insuffisants pour répondre aux besoins de financement des emprunteurs au cas où la garantie dont ils disposent serait de faible valeur.

Mais précisons que ce critère ne signifie pas nécessairement que toute garantie tangible soit superflue. On peut adopter à l'égard de celle-ci une attitude beaucoup plus souple et imaginative. On pourrait étudier par exemple la place qu'il convient de réserver au nantissement sur récolte ou produits stockés lorsqu'il s'agit des prêts à court terme permettant aux emprunteurs de se procurer certains produits de consommation courante, mais indispensables au maintien de l'activité de production ; ou, lorsque les coopératives sont bien constituées, leurs avoirs pourraient servir à constituer des hypothèques pour certains prêts à long terme dont la rentabilité pourrait paraître douteuse aux yeux des banques.

Deuxièmement, quant à la meilleure diffusion du crédit, elle doit d'abord respecter certains principes fondamentaux :

- le crédit doit être équitablement dispensé, c'est-à-dire que, tant les différentes zones que les différentes catégories d'emprunteurs doivent pouvoir en bénéficier à des conditions comparables ;
- le coût du crédit doit être aussi bas que possible. Ceci implique une offre plus grande de crédit à un faible taux d'intérêt afin de faire jouer la concurrence, et d'éliminer progressivement et totalement les bailleurs privés ;
- les prêts doivent être aménagés selon la convenance de l'emprunteur. Ce principe signifie que les formalités soient aussi simples que possible, que les organismes de crédit soient commodément situés que la durée des prêts soit réglée en fonction des rentrées escomptées, que l'échéance puisse être reculée en cas d'événements exceptionnels, qu'enfin les dispositions concernant les prêts soient prises suffisamment à l'avance pour que les agriculteurs et artisans (groupés en coopératives ou non) puissent établir convenablement leur programme de travail.
- enfin, cette politique du crédit doit être fondée sur une organisation bancaire simple. Il faut pour cela une spécialisation et une décentralisation des banques.

Les banques et les établissements de crédit ouest-africains sont pour la plupart polyvalents. Au Ghana par exemple, la *National Investment Bank* s'occupe à la fois du financement des activités industrielles et agricoles. Si elles justifient souvent une telle polyvalence par des raisons de rentabilité – limiter les frais de gestion –ou par la faible importance de la clientèle à laquelle elles ont à faire face, ou celle des crédits qu'elles distribuent, il n'en demeure pas moins que cette politique du crédit pourrait être génératrice d'un gaspillage des fonds, lorsque chacune d'elle cherche par exemple à favoriser la même branche d'activité en même temps, alors que les besoins réels de financement de cette branche ne le justifient pas.

Pour des raisons de gestion rationnelle, il faudrait donc créer des banques spécialisées soit dans l'octroi du crédit agricole, soit dans l'octroi de crédits industriels, etc., et amener par ailleurs les banques commerciales à se cantonner dans les opérations à court ou à moyen terme, intéressant notamment, la commercialisation et la distribution des produits. Mais on doit inviter celles-ci ou même les contraindre à prendre des participations dans les établissements de crédit spécialisés sous forme de souscription d'actions ou d'obligations[142]. Cette spécialisation doit en même temps être axée sur la décentralisation.

Celle-ci se justifie par la nécessité de pouvoir traiter directement avec une multitude d'exploitants, réunis ou non en coopératives. Cette décentralisation suppose donc la création de nombreuses succursales dans les zones rurales ; elle appelle la mise en place d'un réseau intense de caisses rurales qui seront les relais de ces succursales dans les villages les plus reculés ou auprès des coopératives, et aussi le développement de services bancaires itinérants. Cette décentralisation est même indispensable pour encourager le développement et la mobilisation de l'épargne.

La résolution du problème de la garantie dans le cadre d'un système coopératif, et une meilleure organisation du système bancaire, seront donc la condition d'un accroissement du volume de crédit. Cet accroissement, auquel participera activement la banque d'émission, permettra aux agriculteurs et artisans de solliciter les biens d'équipement, matières premières ou tous autres éléments nécessaires à la production durant la période de la « préparation du milieu social » et après.

B. Organisation du réseau de distribution et politique d'extension du marché

Le commerce est un encadrement fondamental. On peut même supposer qu'en l'absence d'autres encadrements, il constitue à lui tout seul, ainsi qu'en témoigne l'extraordinaire développement des produits d'exportation de la fin du 19ème siècle à nos jours, une forte incitation à l'activité productive.

En effet, dans l'hypothèse où les améliorations techniques et institutionnelles préconisées dans l'agriculture ou l'industrie artisanale provoqueront un accroissement de la production, celui-cine saurait se maintenir que s'il existe des possibilités de commercialisation des produits. Le problème numéro un à résoudre est donc ici celui de l'organisation de cette commercialisation.

Ensuite, le développement accéléré de l'agriculture ou de l'artisanat en unités d'exploitation plus modernes dépendra de l'extension du marché ou du volume des ventes.

---

142 Dans certains pays, on pourrait réaliser cette spécialisation en demandant aux banques commerciales existantes, de créer des filiales spécialisées.

1. Organisation de la commercialisation

Elle portera d'une part sur la vente des produits agricoles et industriels locaux et d'autre part, sur l'approvisionnement en matières premières, en biens d'équipement et en produits de consommation aux paysans et artisans.

Les organismes, d'État ou privés, et les coopératives, chargés actuellement de cette tâche, sont enclins à se réserver le monopole des contrats commerciaux, et ne s'occupent essentiellement que des marchés urbains et d'exportation. Et nous avons déjà souligné l'obstacle que constitue pour leur épanouissement l'ingérence politique dans leurs activités.

Il s'agit par conséquent de créer de nouveaux organismes commerciaux autonomes, tout à fait indépendants de la tutelle de l'État. Ceux-ci peuvent se constituer sous forme de coopératives groupant les différentes catégories de consommateurs – consommateurs de produits finis et consommateurs de matières premières et biens d'équipement – et sous forme de société à responsabilité limitée regroupant certains gros planteurs et marabouts détenteurs des « Bons de Réforme Agricole » et les autochtones qui pratiquent déjà le commerce de détail, mais organisés sur une base familiale ou individuelle.

Les nouveaux organismes doivent se spécialiser soit dans le commerce extérieur, les uns s'occupant uniquement des exportations et les autres des importations ; soit dans le commerce intérieur, les uns se chargeant de la distribution des produits uniquement dans les zones rurales et les autres dans les centres urbains.

II est souhaitable que le commerce extérieur soit confié aux sociétés à responsabilité limitée. Celles-ci assurant dans les deux sens – exportation et importation ou vice versa– le rôle du commerce de gros, constituées sur une base « capitaliste », avec le concours de l'État (concours diplomatique), elles pourraient faire jouer au mieux sur les marchés mondiaux leur pouvoir de négociation, afin d'obtenir pour les produits qu'elles exportent les meilleures conditions possibles, et pour les produits qu'elles importent, des prix relativement faibles.

La commercialisation des produits locaux, de même que celle des produits importés, doit être assurée pour l'essentiel, par des organisations coopératives qui s'efforceront d'atteindre deux objectifs :

- premièrement, offrir aux consommateurs des produits de bonne qualité, et
- deuxièmement, assurer l'ajustement entre l'offre et la demande à des prix stables.

Pour réaliser le premier objectif, elles seront amenées d'une part, à effectuer le conditionnement, c'est-à-dire à procéder aux opérations élémentaires qu'exige la commercialisation : nettoyage et triage des produits selon leur grosseur et leur qualité, surtout pour les produits agricoles, contrôle de la qualité et de l'emballage, surtout pour les produits industriels, et d'autre part, à se charger de la transformation indispensable de certains produits. Nous pensons ici par exemple aux transformations que certaines coopératives laitières européennes font subir au lait – fabrication du lait concentré, de fromage, de beurre, de crème etc. – avant de le mettre à la disposition des consommateurs.

Ensuite, le deuxième objectif sera atteint :

- par un ajustement dans l'espace en acheminant les produits des zones excédentaires vers les zones déficitaires, et
- par un ajustement dans le temps par la constitution de stocks importants, permettant aux coopératives, en cas de pénurie, de maintenir les prix de vente à un niveau stable.

Pour protéger particulièrement les agriculteurs contre des risques inévitables – sécheresse, inondations et épidémies - il est indispensable d'envisager la constitution de fonds spéciaux de prévoyance et la création d'assurance récolte et d'assurance bétail dans le cadre de l'organisation de la commercialisation.

2. Développement du marché

II doit l'être d'abord en largeur, c'est-à-dire qu'il est nécessaire d'étendre au maximum l'aire géographique dans laquelle les produits doivent circuler. Ceci implique que tous les obstacles artificiels et naturels, tant au niveau national qu'international soient supprimés.

Au niveau national, il s'agit essentiellement de la construction d'un bon réseau de transport et de communication :

- construction de nombreuses routes principales nationales ;
- construction et amélioration du réseau capillaire (*feeder roads*) de manière que toutes les régions du pays aient accès au commerce ;
- extension aussi large que possible du réseau ferroviaire et des voies fluviales, et
- installation de lignes téléphoniques et télégraphiques dans les localités les plus retirées du pays.

Au niveau international, le volume du commerce inter-africain doit être augmenté, d'une part par le développement des grands axes de communication, et d'autre part, surtout par l'abaissement ou la suppression pure et simple des droits et taxes douaniers pour les pays appartenant à la même zone économique (confédérations ou fédérations d'États).

Ce développement ; qui relève du domaine des travaux publics, doit suivre l'évolution de l'ensemble de l'activité économique, et son financement être assuré à la fois par l'État et par les unités productives. L'association de ces dernières au financement éviterait à l'État d'augmenter la pression fiscale ou d'avoir trop recours à la banque d'émission.

Ensuite, le développement du marché doit se faire en profondeur. En effet, le maintien et l'extension de l'activité productive dans le très long terme dépendront de l'évolution de deux éléments :

- premièrement, des revenus individuels. Dans les pays industrialisés, on constate que la base du marché réside principalement dans l'importance des moyens budgets. Les familles qui disposent d'un faible revenu annuel le consacrent intégralement à la consommation ; mais dans l'ensemble, leur participation au marché économique reste faible. De même, les familles dont les revenus annuels sont très élevés n'en attribuent qu'une part minime à la consommation, et utilisent le reste en thésaurisation ou en placements spéculatifs. Ainsi estime-t-on qu'un marché de consommation massive ne dépend pas d'une majorité de gens sans moyens pécuniaires, ni d'une minorité de riches. Le développement de ce marché est par conséquent favorisé par une redistribution du revenu tendant à accroître de façon constante les revenus faibles, et une imposition progressive des revenus les plus élevés, c'est-à-dire qu'il est nécessaire, pour que l'expansion économique se poursuive, de créer une classe de gens à revenu moyen, celle qui, selon D. George Kousoulas, possède un pouvoir d'achat rationnel[143], la politique de redistribution des revenus par la monnaie préconisée dans la section 1constituant en soi un élément de l'expansion économique ;
- deuxièmement, de l'institution du système de crédit à la consommation et de vente à crédit. Ce système à l'avantage de donner aux consommateurs les moyens de satisfaire dans l'immédiat et au maximum leurs besoins essentiels qui, dans les circonstances normales ; nécessiteraient des années d'économie.

En résumé de ce chapitre, trois choses sont donc à retenir :

- le développement, conçu en termes de « *policy* », doit introduire d'abord la notion de justice sociale. La monnaie contribue ici à la réduction des distorsions dans les revenus monétaires, et des mesures concrètes portant sur la modification de la structure de la consommation compléteront son action ;

---

[143] D.G. Kousoulas, *La clé du progrès économique*, Ed. Facile, p. 61

- ensuite, l'accroissement permanent du niveau de la consommation résultera d'une action sur la structure productive même. Cette action se conçoit par l'élimination progressive de tout obstacle au progrès et l'introduction d'éléments techniques et institutionnels nouveaux favorisant l'évolution de la mentalité ancienne.

- et enfin, le financement de la production et le maintien de celle-ci à un niveau élevé passant respectivement par l'accroissement des opérations de crédit rendu possible grâce à la solution du problème de garantie en milieu rural et une simplification du système bancaire, et par une réorganisation du réseau commercial.

Conclusion générale

En fin de compte, le problème fondamental soulevé par cette thèse est, d'une manière générale, celui de l'applicabilité, dans les pays d'Afrique occidentale, des théories élaborées soit pour expliquer les phénomènes économiques dans les pays développés, soit pour fournir aux dirigeants et hommes d'affaires de ces pays la base d'une politique économique pratique. De nos observations, on peut tirer la conclusion qu'il est tout à fait dangereux pour les pays ouest-africains de se référer à ces théories pour comprendre leur propre situation économique et sociale ou d'essayer de concevoir leur stratégie économique dans le contexte de ces théories. Les situations économiques ne sont pas les mêmes de part et d'autre pour que les mêmes causes y produisent forcément les mêmes effets.

Par exemple, la théorie de la neutralité de la monnaie ne peut se vérifier, et en fait, ne se vérifie pas dans les économies ouest-africaines. Il est possible d'établir une relation entre la création monétaire et la production nationale. Néanmoins, il faut reconnaître que l'abondance monétaire, en raison d'une part, de la rigidité des structures productives, et d'autre part, d'une trop grande imbrication de ces économies dans le système économique international, aboutit nécessairement à un déséquilibre économique dangereux : hausse du niveau des prix et déficit de la balance des paiements. Elle ne débouche donc pas, comme le pensaient les mercantilistes, sur un progrès économique. Et l'on ne doit pas non plus se faire trop d'illusion sur le rôle que peuvent jouer le commerce international et l'aide étrangère : il est douteux qu'ils puissent contribuer à résorber efficacement ce déséquilibre et à permettre une croissance économique rapide. Les théories du développement ou de l'explication des phénomènes économiques dans les pays ouest-africains restent donc à élaborer.

Sur ce point, la question primordiale à laquelle il est urgent d'apporter une réponse est celle de l'approche à adopter dans l'élaboration de ces théories. Faut-il emprunter la méthode des sciences positives, qui consiste à élaborer une théorie à partir des connaissances fournies par l'observation de la réalité concrète ? Ou celle des sciences dites « normatives », qui consiste à discuter des critères de ce qui devrait être et du système des règles qui permet d'atteindre un but donné ? L'irréalisme des schémas d'intégration du secteur d'économie traditionnelle dans le secteur de l'économie moderne proposés par Lewis, Maynard, Barber, etc., nous invite à opter pour la méthode des sciences positives. En effet, en matière de développement économique et social, il nous semble qu'on ne peut faire une politique efficace, ou, disons, une politique qui ait quelque chance de réussir, si l'on n'est pas suffisamment renseigné sur l'état de choses qui existait préalablement. C'est pourquoi il importe que la première tâche des agents responsables du développement dans les pays ouest-africains porte sur l'étude des structures économiques et sociales de ces pays afin de déceler tous les éléments susceptibles de bloquer ou de favoriser le progrès économique. La logique humaine la plus simple veut que dans un système économique et social donné, on remplace tout ce qui est désuet, on améliore tout ce qui est bon, et on introduit tous les éléments exogènes qui permettraient d'avancer plus vite sur la voie du progrès.

La monnaie est pour nous un des facteurs qui permettent d'aller plus vite. Elle peut d'abord apporter la justice sociale en réduisant l'écart qui existe entre les revenus monétaires et réels des différentes catégories sociales ouest-africaines. Et là où existe la justice sociale, l'enthousiasme qui, nous semble-t-il, est la condition *sine qua non* de toute mobilisation, existe également. La mobilisation de tout le potentiel humain actuel de l'Ouest africain est nécessaire pour l'effort de développement. Ce potentiel est assurément le premier capital sur lequel peuvent effectivement compter les dirigeants politiques et économiques pour donner à cette région l'infrastructure d'une économie indépendante qui constituerait le soubassement d'une véritable indépendance politique. Apprenons aux populations ouest-africaines à d'abord forger leurs propres outils de travail et d'émancipation.

Le développement de la fonction de crédit de la monnaie est à la fois la condition et le gage d'un apprentissage rapide. Mais dans les transformations des structures anciennes et colonialistes qui doivent amener l'Ouest africain sur la voie d'un progrès auto-entretenu, les agents de développement doivent bien se garder de toucher à ce qu'il y a de fondamental chez les peuples ouest africains, à ce qu'il y a de remarquable dans leur civilisation : nous voulons dire le sens de l'humain. Car à notre avis, le seul objectif que devrait poursuivre tout progrès, c'est de rendre l'homme heureux. Et ce serait une entreprise inutile de chercher à combler l'homme ouest africain de tous les biens de consommations matériels que peut fournir la technique moderne s'il devrait en contrepartie perdre sa chaleur humaine et son sens communautaire, c'est-à-dire les caractéristiques profondes qui permettront aux peuples ouest-africains d'affirmer leur vraie personnalité par rapport aux autres peuples.

Graphiques

Graphique 1. Evolution saisonnière des crédits à court terme dans les pays de l'UMOA

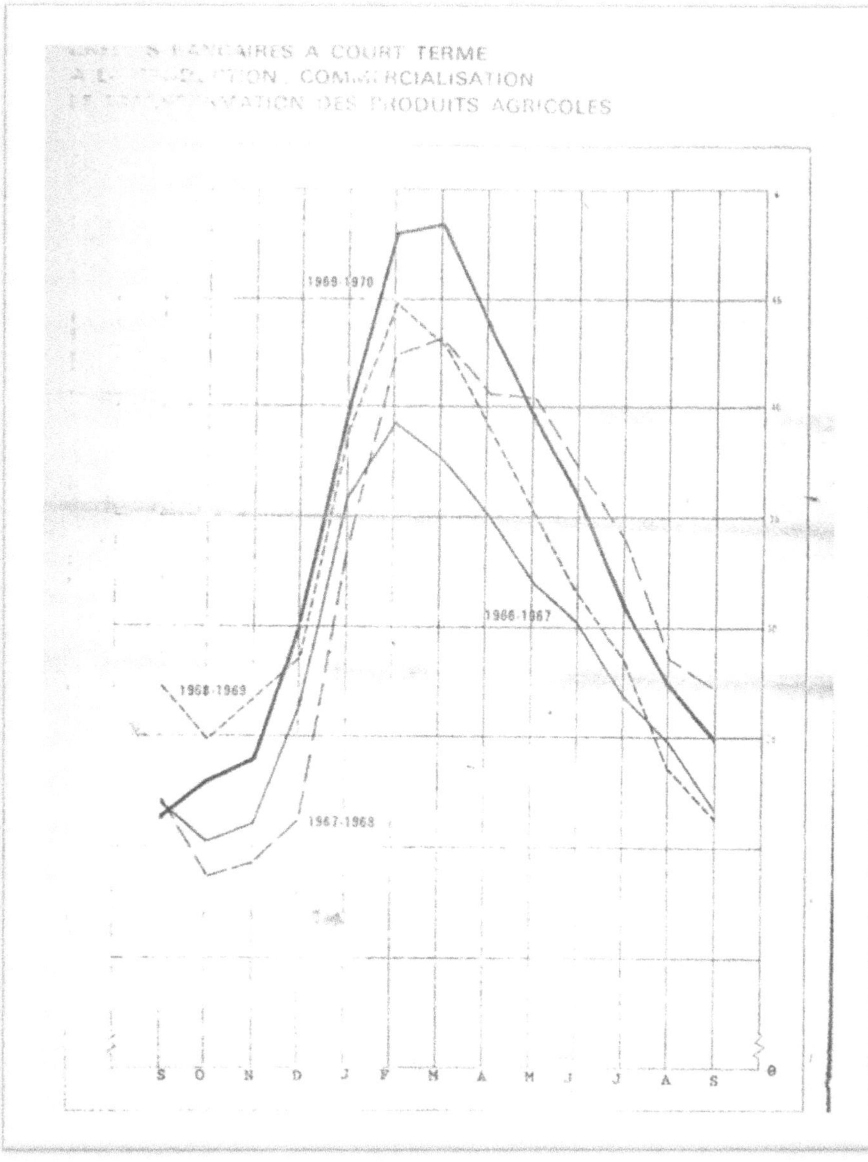

Graphique 2. Evolution de la masse monétaire et des prix

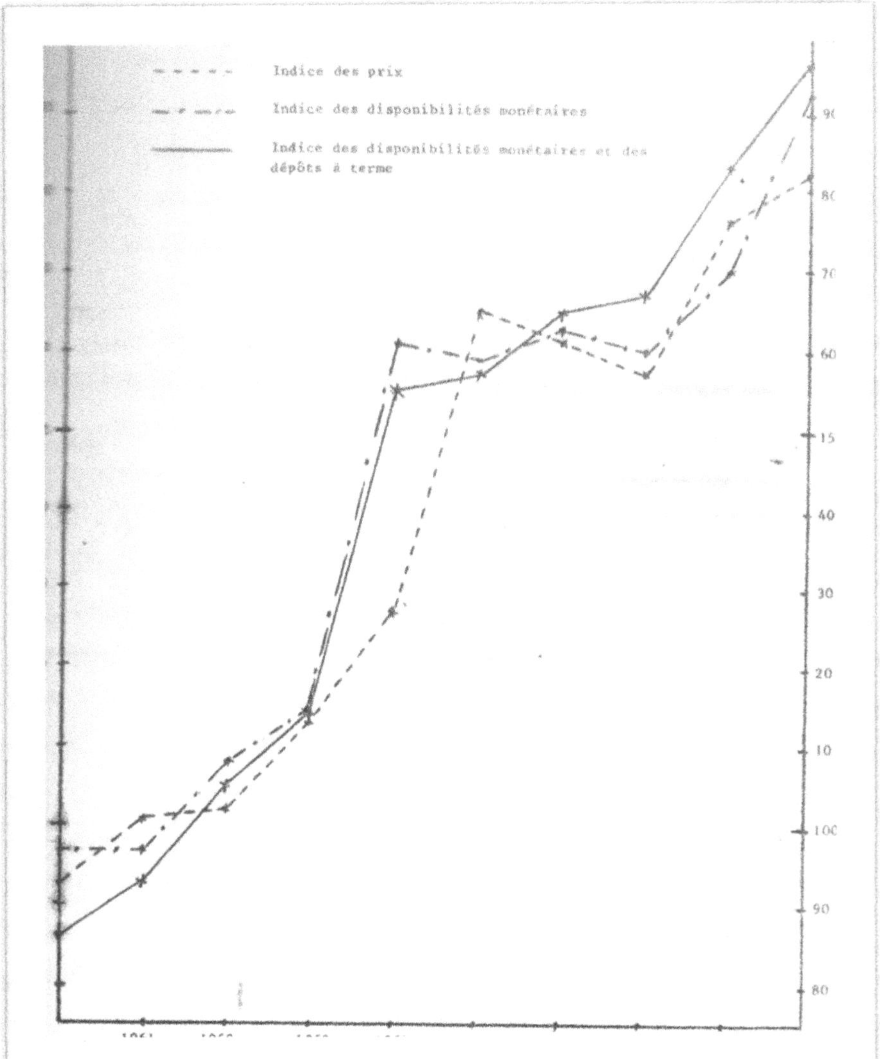

Graphique 3. Evolution de la masse monétaire et des prix : concordance et non-concordance des deux variables)

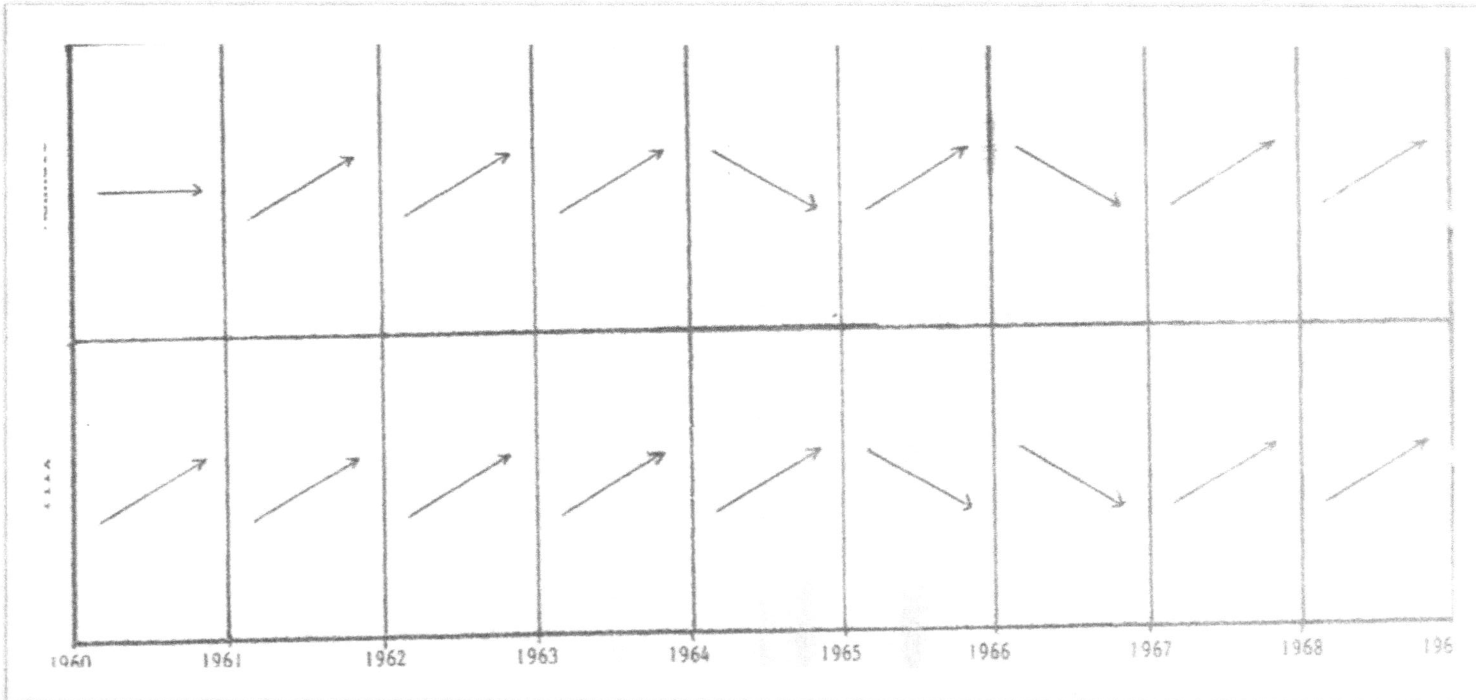

Graphique 4. Rapport monnaie fiduciaire et monnaie scripturale

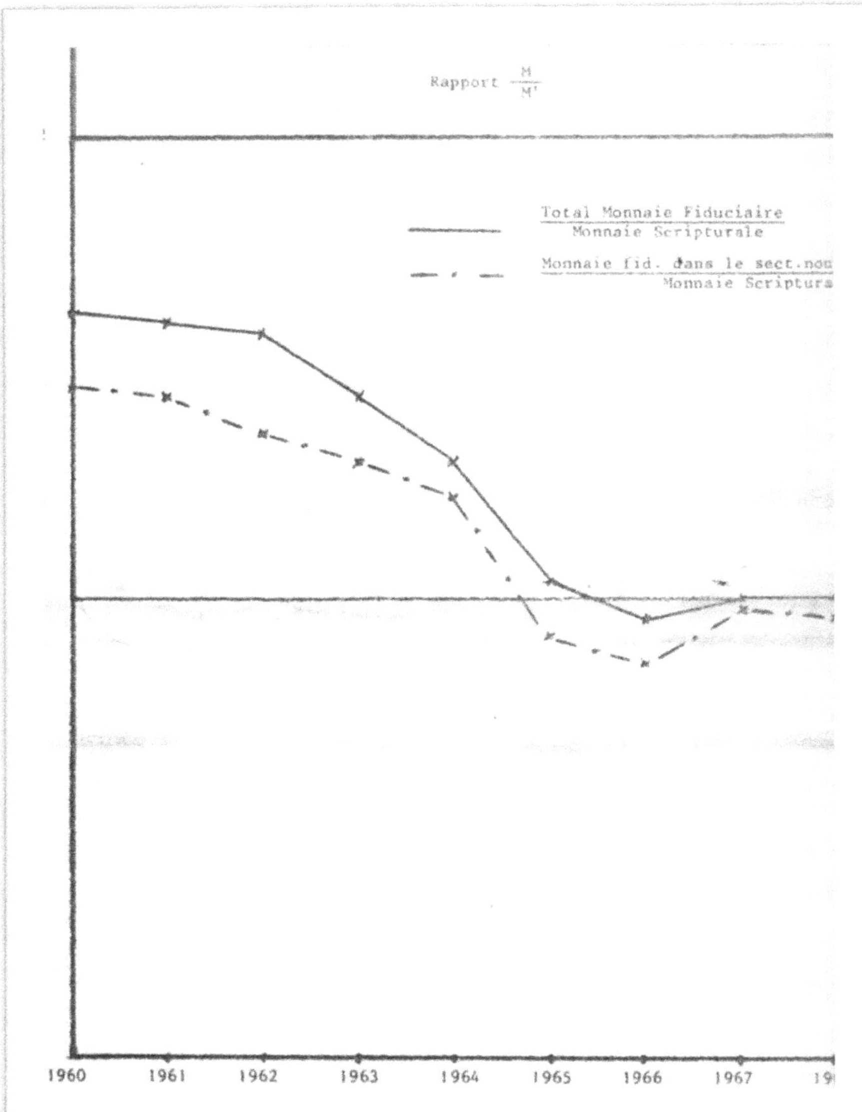

Graphique 5. Evolution de la monnaie fiduciaire et de la monnaie scripturale

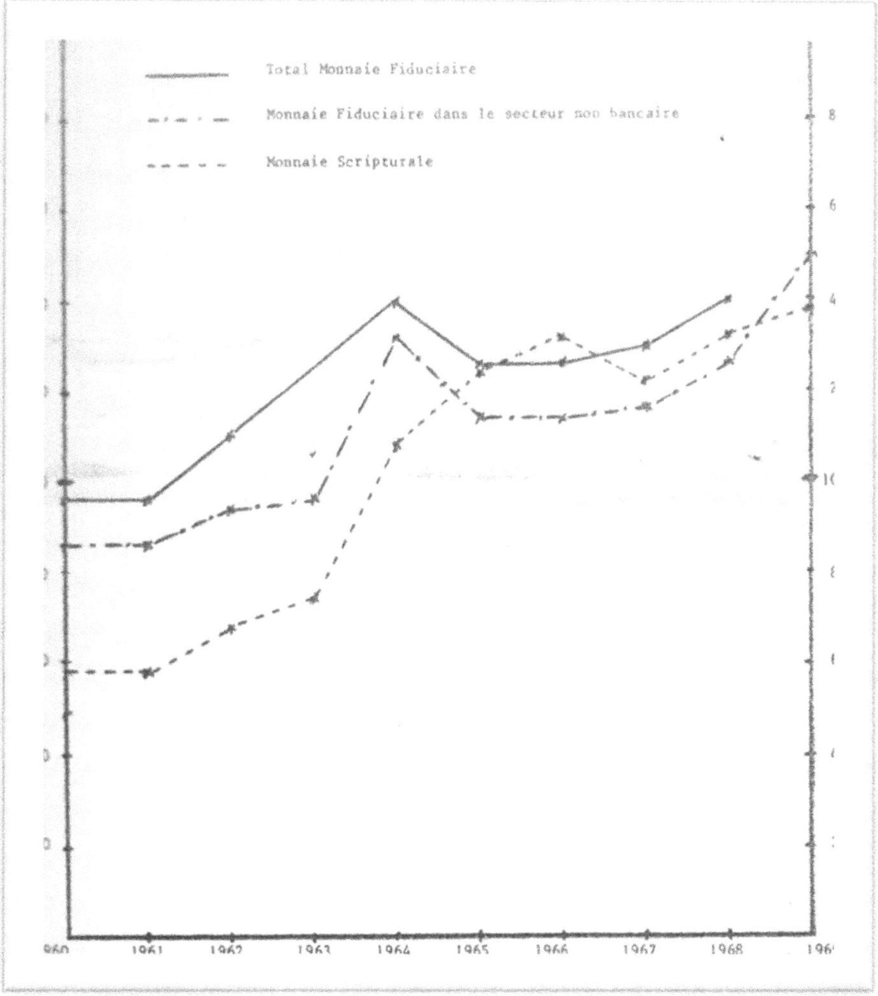

Graphique 6. Variation de la vitesse de circulation

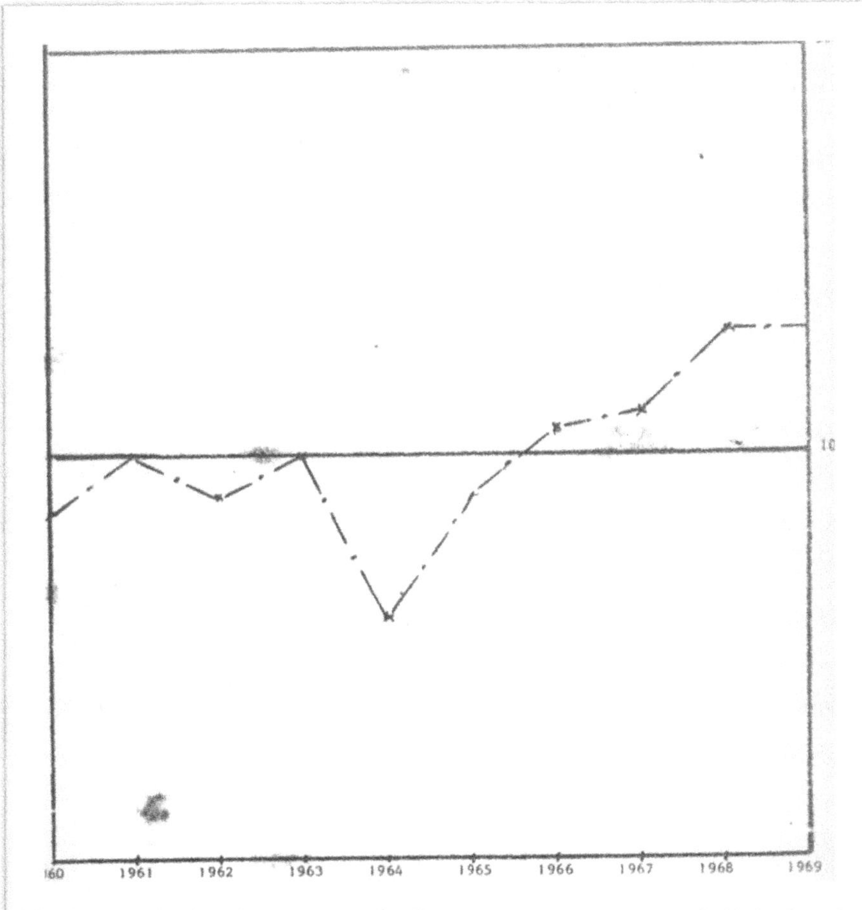

Graphique 7. Evolution de la masse monétaire et du produit national brut

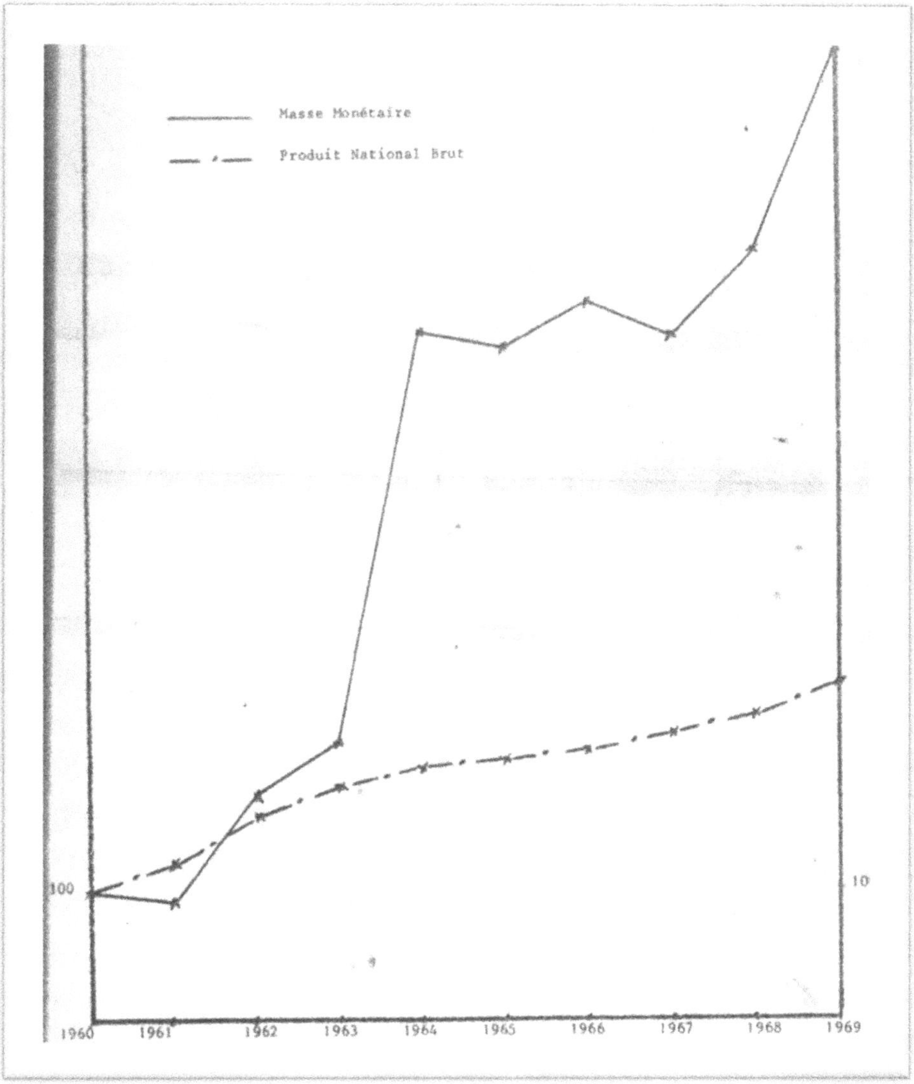

Graphique 8. Evolution de la masse monétaire en Côte d'Ivoire, Sénégal et Guinée.

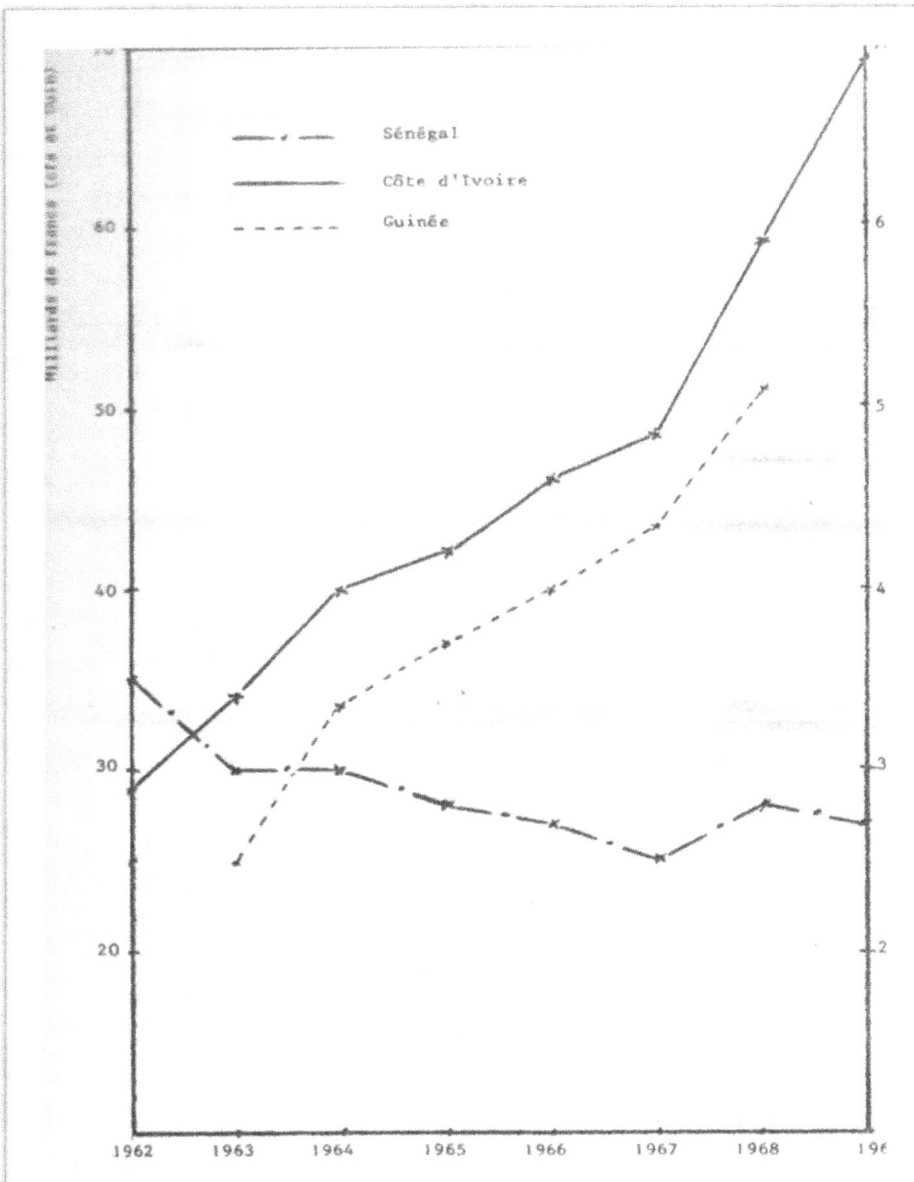

Graphique 9. Evolution du coût de la vie au Sénégal et en Côte d'Ivoire

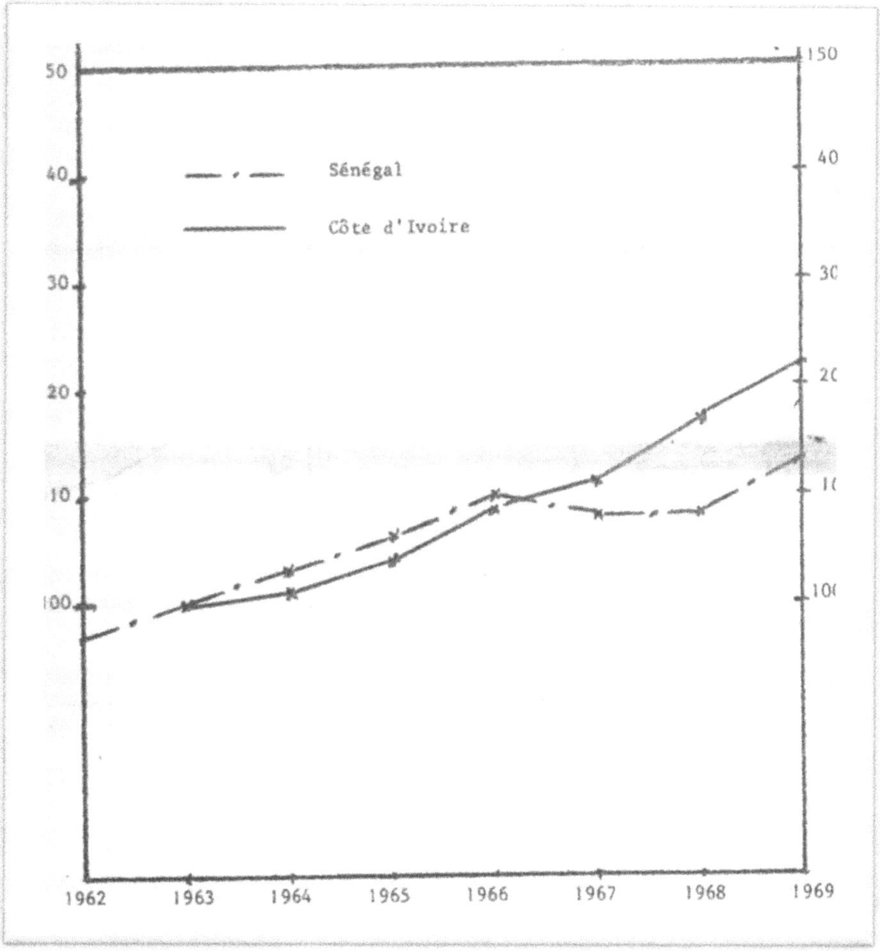

Graphique 10. Coût de la vie dans les principaux pays industrialisés

Source : LLoyds Bank Review. July 1969

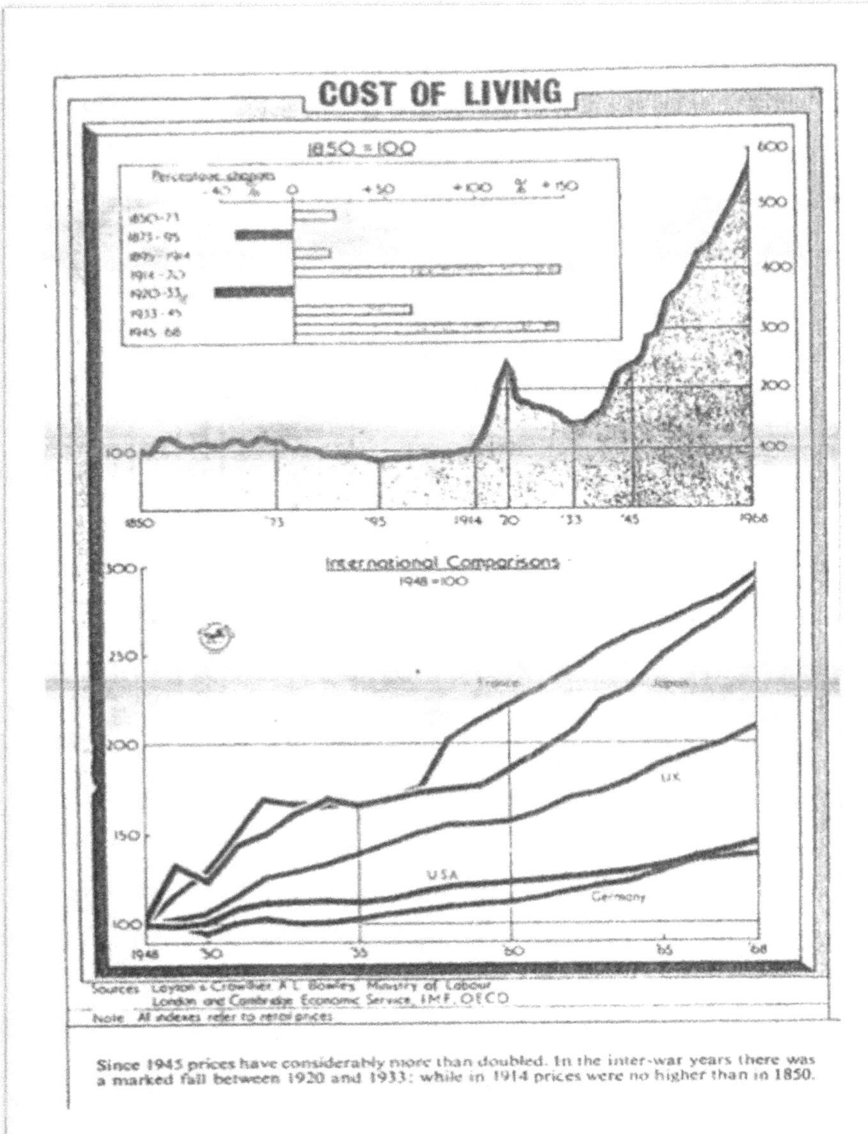

Graphique 11. Evolution de la demande et de l'offre au Ghana

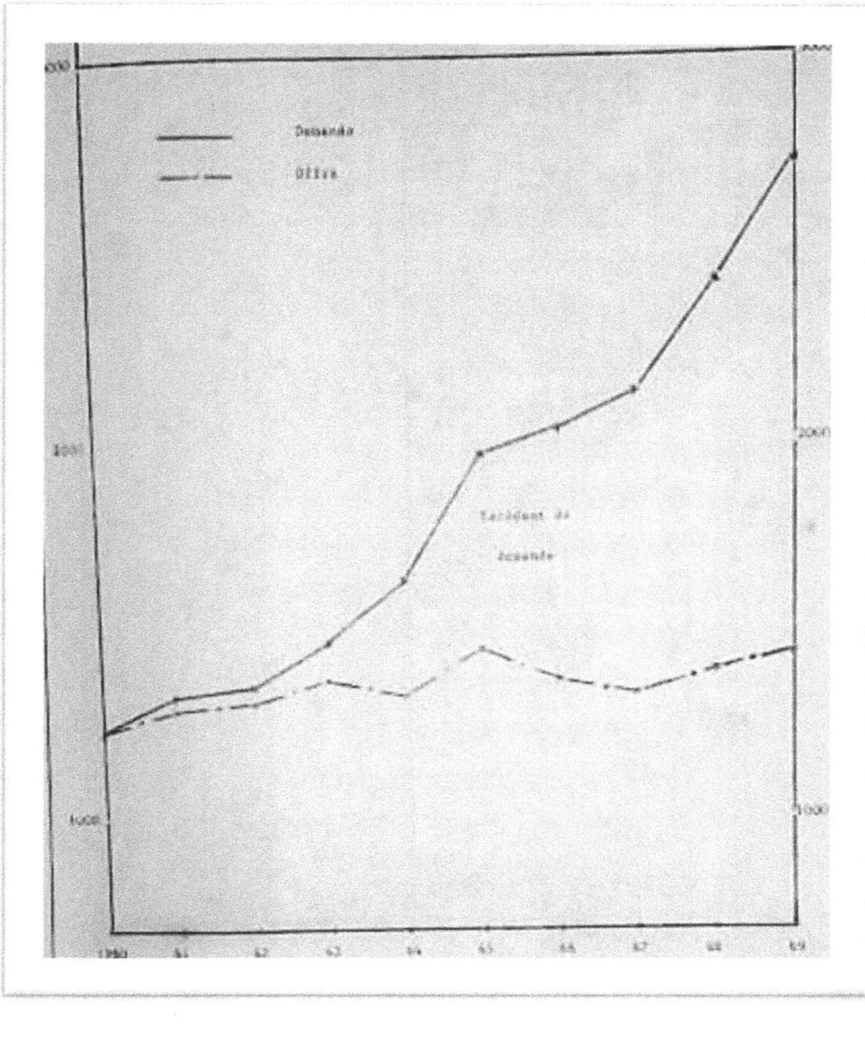

Graphique 12. Prix industriels dans les principaux pays industrialisés
Source : Le Monde 26 septembre 1972

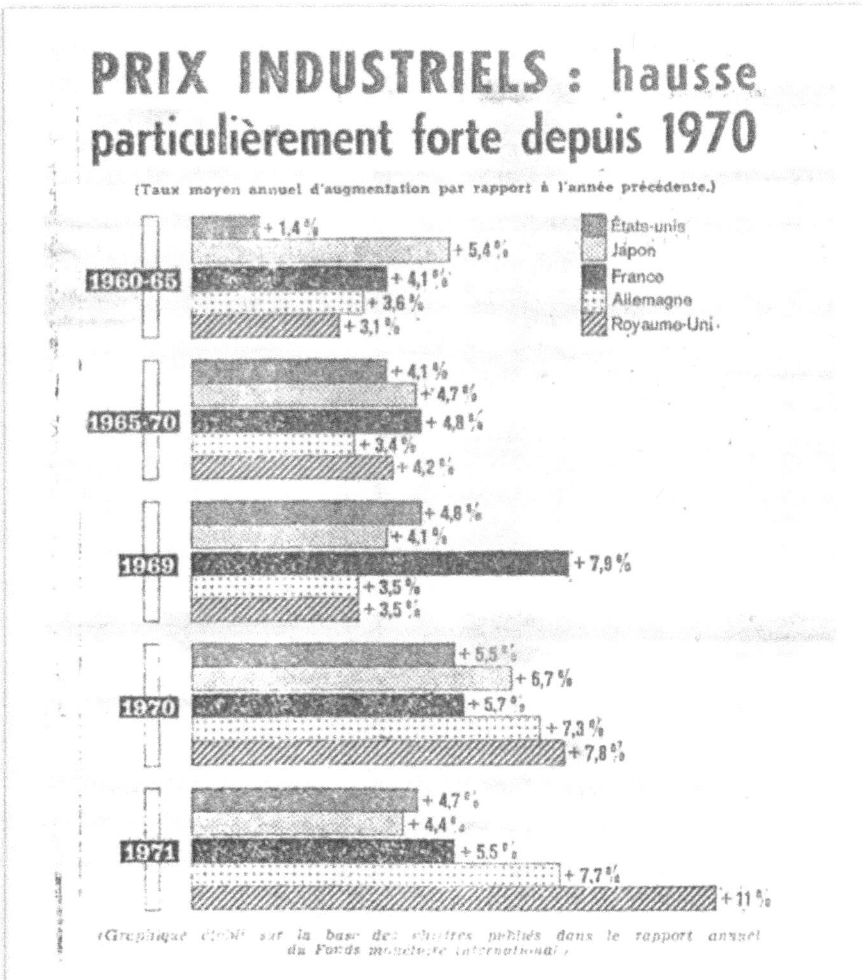

Graphique 13. Balance commerciale française

Source : Le monde 31 octobre 1972

COMMERCE EXTÉRIEUR : fort excédent

LA balance commerciale française a été en excédent de 805 millions de francs en septembre, contre 482 millions en août 1972 et 470 millions en septembre 1971. Les exportations retrouvent un niveau correspondant au rythme suivi durant le premier semestre (+ 18 % par an en valeur). Les importations paraissent se stabiliser.

Le taux de couverture des achats par les ventes s'établit à 107,5 % contre 104,6 % en août dernier et [illegible] en septembre de l'année précédente. Pour les neuf premiers mois de 1972 ce taux se situe à 104 %.

Graphique 14. Intégration du secteur traditionnel dans le secteur moderne

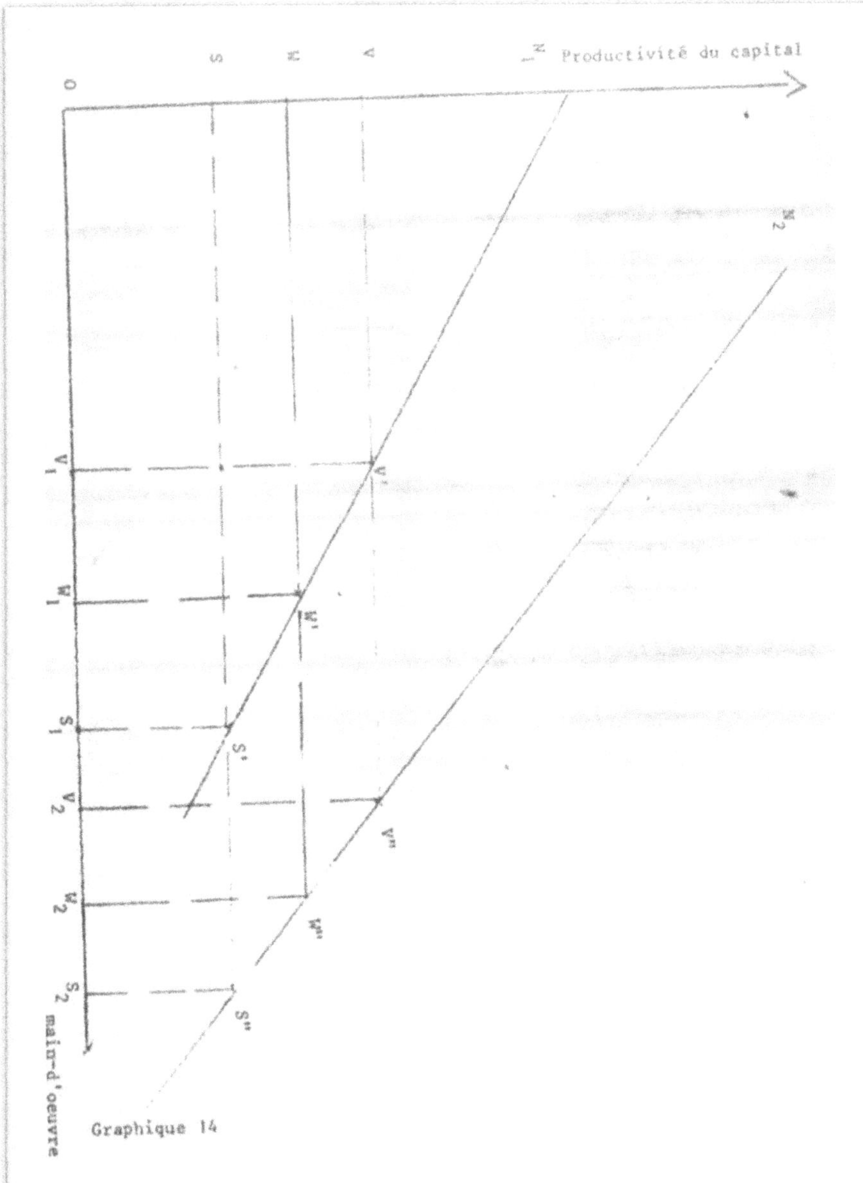

Graphique 15. Evolution de l'aide étrangère

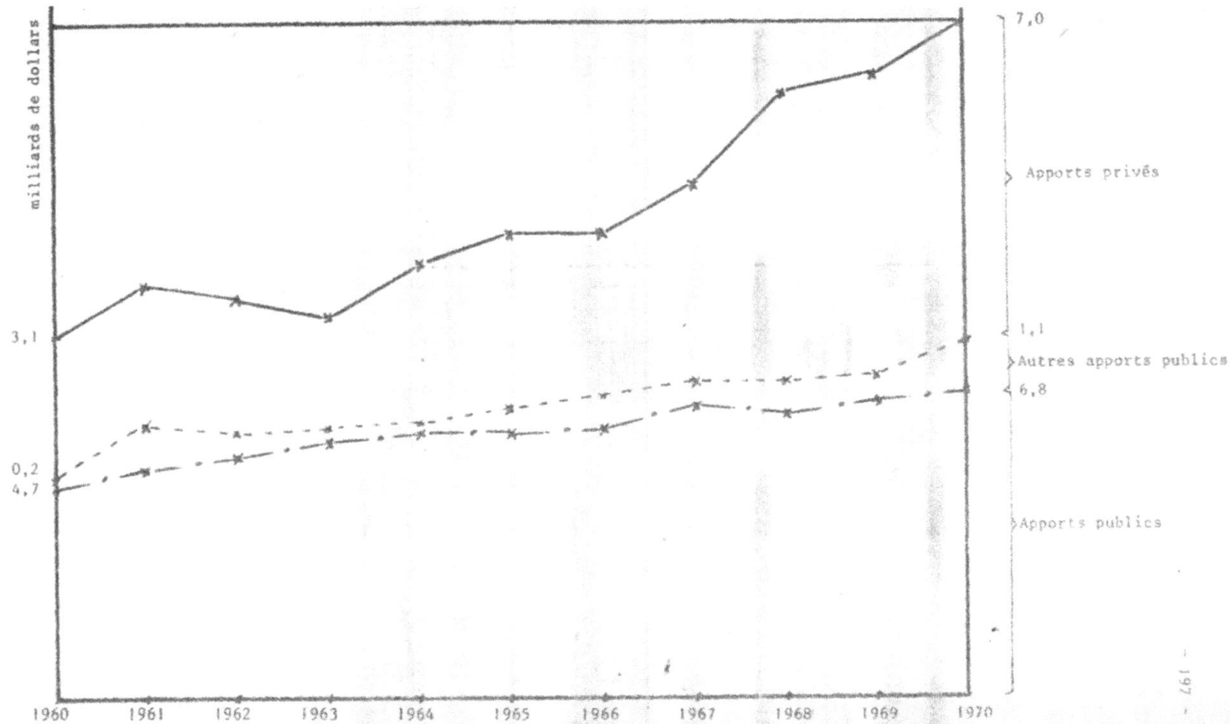

Graphique 16. Evolution de quelques postes de la comptabilité nationale de la Côte d'Ivoire

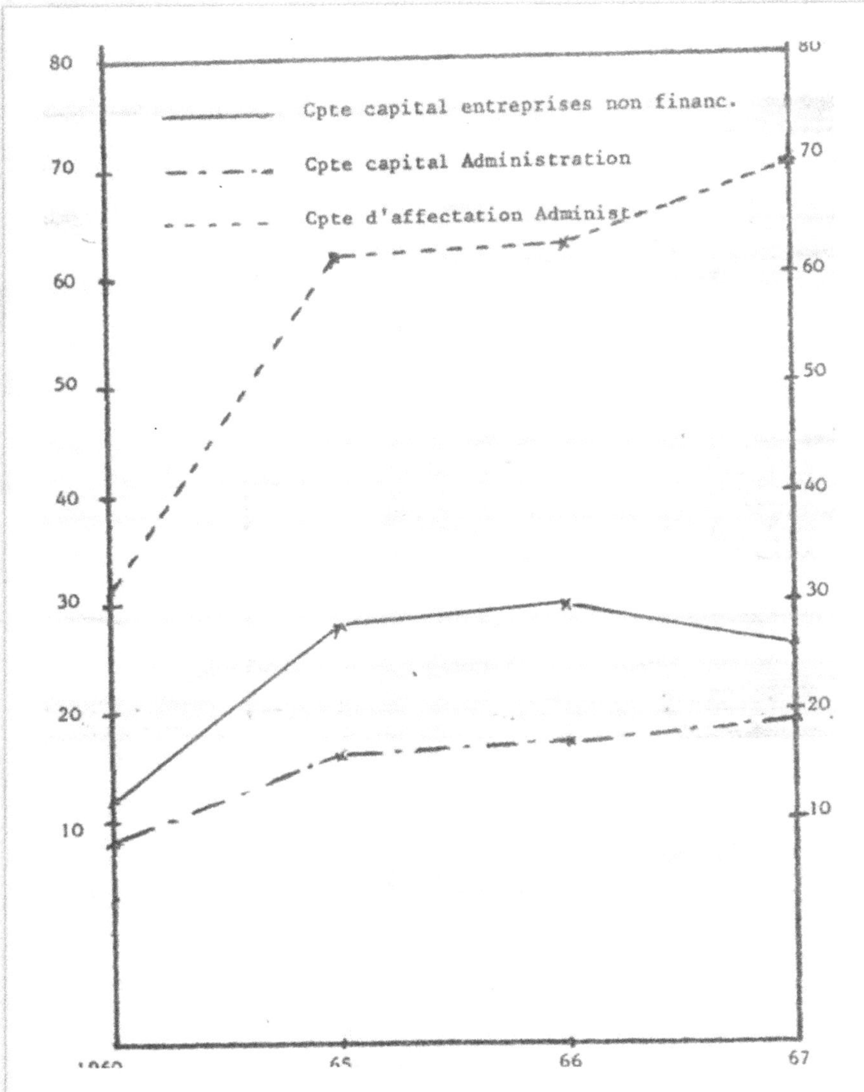

Graphique 17. Evolution des cours mondiaux et du prix Producteur de cacao au Ghana

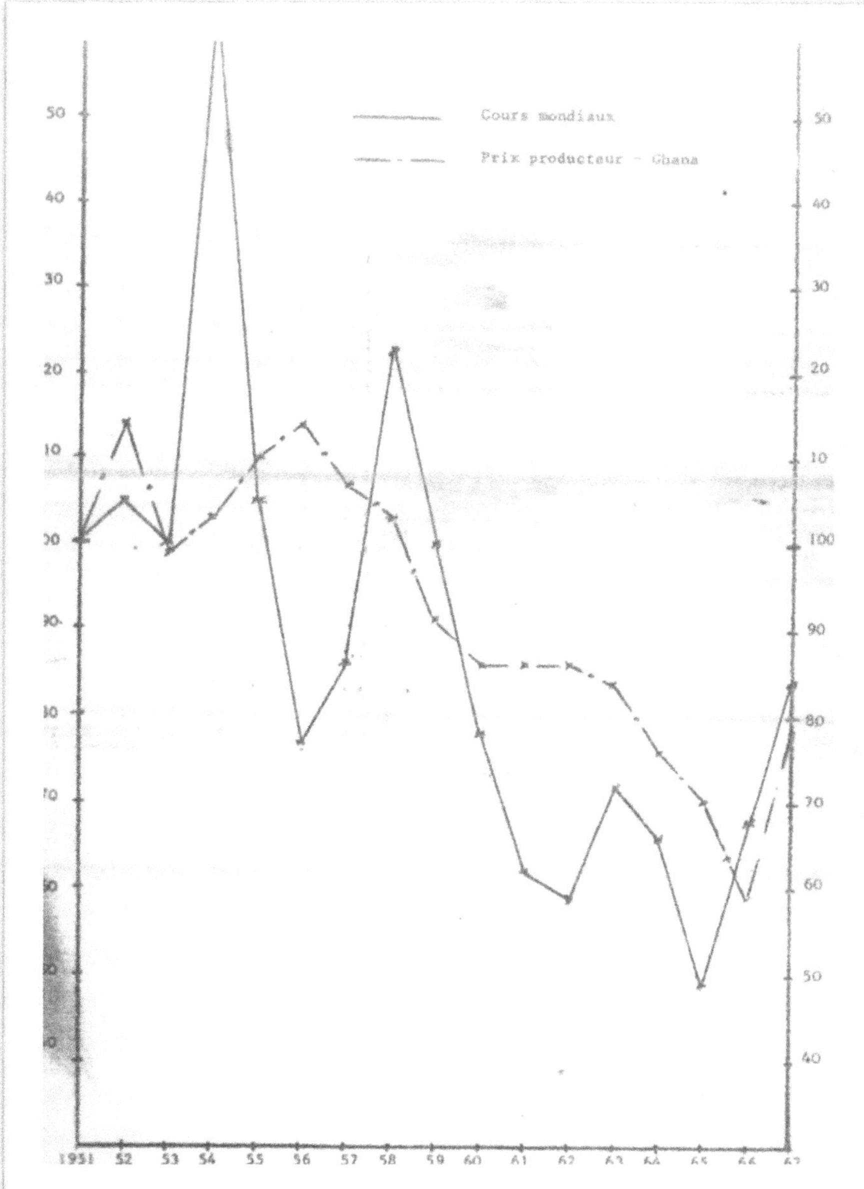

Graphique 18. Concours de la Banque centrale au système bancaire

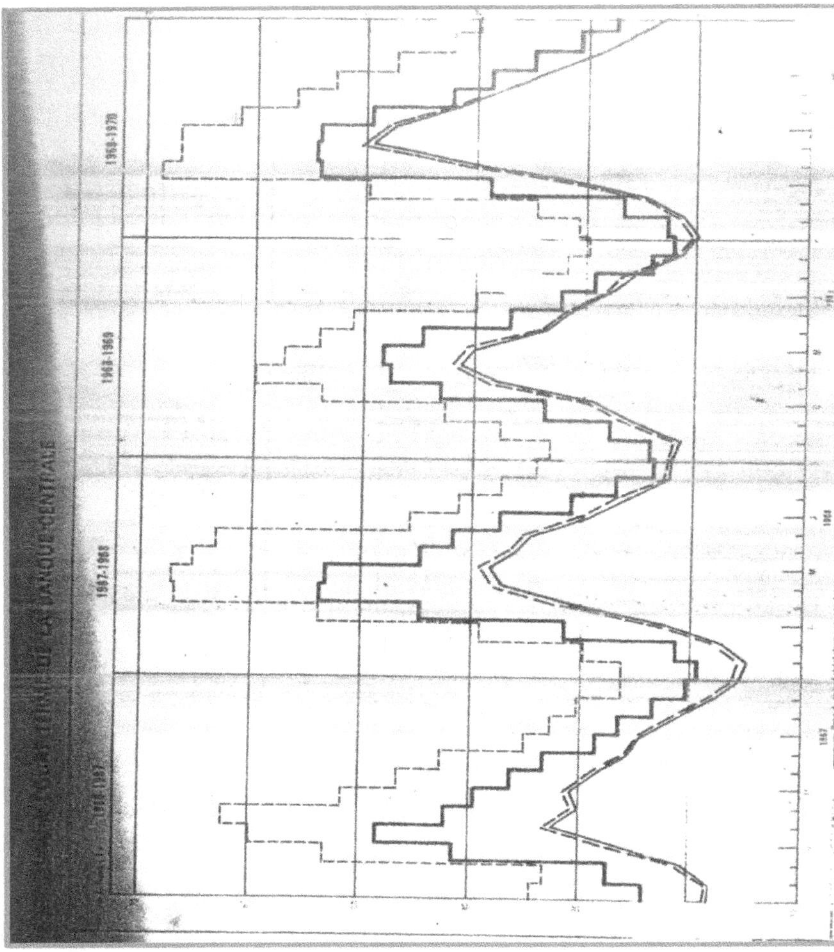

Tableaux

TABLEAU 1. BILAN DE LA BANQUE DU GHANA : ACTIF

	Actif	1961	1962	1963	1964	1965	1966	1967	1968
Couverture de la monnaie en circulation	- Encaisse M	4	4	4	4	4	4	5,7	5,7
	- Compte en sterling, Bons de Trésor et autres Bons	4,1	4,7	33,1	6,6	51,6	55	69,8	63,7
	- les titres du Gouvernement du Royaume-Uni à 5 ans d'échéance	75,6	78,7	44,3	46,1	6,4	4,7	10,7	14,2
	- Titres du Gouvernement du Ghana	12,4	22,8	25,7	86,2	66,2	63,7	44,5	58,1
	Total	96,1	110,2	107,1	142,9	128,2	127,4	130,7	141,7
Les autres actifs de la Banque	- Titres du Gouvernement du Ghana et autres Bons	1,1	12,6	15	1,5	1,4	33,6	74,8	75,6
	- Autres actifs étrangers	1,9	10,3	16,7	4,8	1,6	1,7	6	5,3
	- Prêts et avances	6			40	40	12,5	15	15
	- Actifs fixes	1	0,8	0,8	0,7	0,4	0,3	0,2	0,2
	- Autres actifs	6,8	24,4	40,3	89,1	257,9	204,6	206,9	189,6
	Total	**112,9**	**158,3**	**179,9**	**279**	**429,5**	**380,1**	**433,6**	**427,4**

Source : *Bank of Ghana: Report of the Board for the Financial Year 1969. P. 46 – 47.*

TABLEAU 1. BILAN DE LA BANQUE DU GHANA : PASSIF

	Passif	1961	1962	1963	1964	1965	1966	1967	1968
Monnaie en circulation	- Billets	85,1	98,7	95,4	129,6	115,8	117,4	122,4	133,7
	- Pièces	11,1	11,4	11,7	13,2	12,3	10	8,3	8
	Total	96,2	110,1	107,1	142,8	128,1	127,4	130,7	141,7
Autres passifs (dépôts)	- Dépôts du Gouvernement	6,5	8,8	8,4	7,9	16,2	7,8	3,6	4,8
	- Dépôts des Banques	3,2	10,1	9,4	27,2	48,4	67,6	67,4	52,3
	- Les autres comptes	3,7	9,3	17,7	11,2	15,2	18,6	58,8	57,9
	- Capital	2	2	2	2	2	2	2	4
	- Fonds général de Réserve	1,2	2	2,4	2,8	3,3	3,8	4,8	4,4
	- les autres passifs	0,2	15,8	32,9	85,1	216,2	152,9	166,3	162,5
	Total	**113**	**158,1**	**179,9**	**279**	**429,4**	**380,1**	**433,6**	**427,6**

Source : Bank of Ghana: Report of the Board for the Financial Year 1969. P. 46 – 47.

TABLEAU 2. SITUATION INTEGREE DU SYSTEME BANCAIRE GHANEEN : ACTIF

	Actif										**Total actif**
	Crédit aux Institutions Publiques et Secteur Privé			Crédit au Gouvernement			Réserves de changes nets. Solde net des réserves de changes			Capit. et Cpt divers	
	Total	Par la Banque du Ghana	Par les autres instituts bancaires	Total	Avec Banque du Ghana	Av les autres Instituts bancaires	Total	Avec Banque du Ghana	Avec les autres instituts bancaires		
1960	39,6	-	39,6	-0,4	-3,8	3,4	120,5	107,5	13	0,5	160,4
1961	54,4	-	54,4	16,1	7	9,1	97	90,8	6,2	6	173,4
1962	61	-	61	42,6	18,7	23,9	91,2	95,8	-4,6	3,8	198
1963	114,3	30,7	83,6	70,2	38,4	31,8	53,9	65,9	-12	-23,4	215
1964	151,5	66,3	85,2	120,2	48,7	71,5	58,3	66	-7,7	-34,3	295,7
1965	167,3	44,6	122,7	192,1	123,2	68,9	-11,5	6,4	-17,9	47,5	300,3
1966	198,8	73,1	125,7	239,3	153,8	85,5	-29,1	-6,5	-22,6	-94,1	314,9
1967	213,3	83,9	129,4	285,3	202	83,3	-72,5	-56,9	-15,6	-107	319,1
1968	217,3	55	162,3	327,8	254,3	73,5	-78,3	65,2	-13,1	-117,3	349,6
1969	160,3	23,6	136,6	306,7	219	87,7	-53,6	-37,7	-15,9	-83,9	329,4

Source : Bank of Ghana Annuals Reports. *Les chiffres pour l'année 1969 ne couvrent que 6 mois.*

TABLEAU 2. SITUATION INTEGREE DU SYSTEME BANCAIRE GHANEE. PASSIF

	Passif							**Total Passif**
	Monnaie					Quasi-monnaie		
	Monnaie en circu-lation	Monnaie déten. par les banques	Monn. ds le sect. non banc.	Dépôt à vue	Offre de mon-naie	Dépôt à vue	Epar-gne	
1960	97	9,7	87,3	47,2	134,5	4	21,5	160,4
1961	96,2	9,5	86,7	59,5	146,2	5,2	21,4	173,4
1962	110,1	15,7	94,4	68,8	163,2	9,6	24,8	198
1963	107,1	9,3	97,8	74,9	172,7	12,3	30	215
1964	142,9	9,6	133,3	108,6	214,9	15,9	37,9	295,7
1965	128,2	12,2	115,9	124,3	240,2	15	45,1	300,3
1966	127,4	12,2	115,2	132,5	247,7	13	49,2	314,9
1967	130,7	11,4	119,3	121,7	241	22,7	55,4	319,1
1968	141,7	16,4	125,3	131,1	256,4	31,8	61,4	349,6
1969	109,1	8,6	100,5	131,2	231,7	32,7	65	329,4

Source : Bank of Ghana Annuals Reports. *Les chiffres pour l'année 1969 ne couvrent que 6 mois.*

TABLEAU 3. UMOA. SITUATION INTEGREE DES INSTITUTIONS MONETAIRES (1)

	1 962	1 963	1 964	1 965	1 966	1 967	1 968	1 969
Avoirs extérieurs nets	34,5	31,7	31	33,4	39,2	35,6	37,5	47,6
Crédit à l'économie	64,8	74,6	88,6	94,8	94,4	98,3	116,5	127,3
- court terme	-	63,8	75,6	78,6	76,5	78,6	94,5	100,4
- moyen et long terme	-	10,8	12,9	16,2	17,9	19,7	21,9	26,9
dont porté par la BCEAO	-16,8	18,3	26,1	25,9	22,4	21,6	26,5	26,4
Actif = Passif	99,3	106,4	119,7	128,3	133,7	134	154,1	175
Engagements monétaires à l'égard :								
- des Trésors Publics et Postes (net)	15,4	17,5	22,1	20,3	20,8	17,1	16,5	17,7
- des particuliers et entreprises	78,4	83,7	90,6	96,8	100,6	103,6	123,5	140,4
- Billets et pièces	37,4	38,6	41,6	42,3	44,9	44,9	51,4	53
- Dépôts en C.C.P	5	5,6	5,5	5	4,6	4,7	4,7	5,4
- Dépôts à vue en Banque								
- Organismes publics	31,9	8,1	6,3	8	7,4	7,8	9,5	11,2
- autres		27,4	27,4	29,9	34,2	35,9	44	47,6
- Dépôts à terme en Banque								
- Organismes publics	4	3	8,4	10,1	7,1	6,8	9,9	17,7
- autres		0,8	1,1	1,2	2,1	3,2	3,8	5,2
- Autres éléments (net)	5,4	5	6,9	11,1	12,2	13,1	14	16,8

Source : B.C.E.A.O Statistique 1970. *(1) Banques commerciales, de développement et les Trésors publics.*

TABLEAU 4. ACCROISSEMENT DES CREDITS A L'ECONOMIE

Union Monétaire Ouest-Africaine (Millions de francs CFA)

1er oct.1969 30 sept. 1970	Court Terme	Moyen Terme	Long Terme	Total
Court Terme				Total
Côte d'Ivoire	+ 13072	+ 4224	+ 2064	+ 19360
Dahomey	+ 159	+ 127	69	+ 355
Haute-Volta	- -95	+ 253	+ 283	+ 441
Mauritanie	+ 2020	+ 59	- 22	+ 2057
Niger	- -82	+ 108	+ 54	+ 80
Sénégal	+ 2401	+ 411	- 45	+ 2767
Togo	+ 2297	+ 126	- 21	+ 2402
Total	+ 19772	+ 5308	+ 2382	+ 27462

Source : Rapport annuel de la Banque Centrale des Etats de l'Afrique de l'Ouest 1970.

TABLEAU 5. ACTIF DES BANQUES COMMERCIALES GHANEENNES

	L'encaisse due aux autres banques		Bon de Trésor du Gouvernement du Ghana	Les autres portefeuilles		Prêts et Avances	Les Titres		Actifs fixes	Les autres actifs
	Au Ghana	A l'étranger		Ghanéens	Etranger		Gouvern. Ghanéen	Etrangers		
1 960										
1 961	2	13,7	13,3	1,2	0,2	53,3	1,1	3,2	4,5	6,7
1 962	3,2	3,3	36,2	1,2	0,8	59	2,6	0,1	4,8	28,3
1 963	5,1	0,8	24,8	6	0,7	77,4	22,8	0,2	4,7	12,4
1 964	3,1	1,1	53,4	9,4	0,4	75,8	27,8	-	4,9	23
1 965	6,6	0,3	52	29,5	0,2	94,7	29,8	-	5	23,3
1 966	10,3	1,8	68,5	28,8	0,1	98,8	36,2	-	8,5	28,8
1 967	10,5	0,8	51	32,3	0,1	99,5	47,3	-	11,1	31,1
1 968	7,9		45,7	57,8	0,1	103,7	42,5	-	12,7	35,6
1969 (1)	4,8		50,4	11,1	0,1	124,7	56,5	-	14,4	24,3

Source : Bank of Ghana. Reports of the Board

(1) Les chiffres ne couvrent que 6 mois

TABLEAU 6. DESTINATIONS DES AVANCES DES BANQUES COMMERCIALES

	Agricu-ture, Forêt et Pêche	Mines et Carrières	Indus-tries	Cons-truction	Electri-cité, Eau et Gaz	Commerce		Transport et Com-munica-tions	Ser-vices	Di-vers	Total
						Cacao	Divers				
1962	2,5	0,5	1,3	4,4	8,1	21	13	0,7	1,1	6,7	59,8
1963	18,1	0,5	2,3	9,4	2,5	12,8	22,1	0,8	2,7	5,7	77,3
1964	6,9	1,4	3,2	11,7	1,8	26,4	12,7	0,5	4,9	5,8	75,7
1965	9,9	1,6	4,5	13,3	0,9	13,9	26,2	1	11,1	11,7	94,6
1966	13,8	0,8	13,2	15	0	12,1	18,3	1,3	13,6	10,1	98,7
1967	3,1	1,2	15,5	12,5	0,2	15,5	26,6	1,6	14,6	8,3	99,5
1968	3,7	2,2	19,3	14,7	0,7	15,1	22,6	1,5	13,1	10,3	103,6
1969 (1)	6	3,2	31	16,1	0,8	10,4	23,7	1,8	14,6	16,7	124,6

Source : Bank of Report of the Board. *(1) Les chiffres de 1969 ne couvrent que 6 mois (janvier – juin)*

TABLEAU 7. UNION MONETAIRE OUEST AFRICAINE REPARTITION DES CREDTIS PAR NATURE D'ACTIVITE ECONOMIQUE (1)

7a. Crédits à court terme (Millions de francs FCFA)

	Crédits à court terme	
	31-déc-68	31-déc-69
Activités agricoles et annexes	4 358	5 317
Eau, électricité	490	407
Mines	1 274	1 251
Industrie alimentaires	4 599	4 916
Autres activités industrielles	7 088	8 977
Bâtiments, Trav. Pub. Construct	6 681	8 821
Transports	2 519	3 362
Commerce d'export. De café, cacao	11 183	12 779
Com. D'export. D'oléagin. Huiles	9 288	6 559
Commerce d'import. De marchand.	11 412	13 799
Autres commerces	25 038	29 465
Services divers	1 158	1 258
Organismes de crédit	2 523	3 043
Total	87 611	

TABLEAU 7. UNION MONETAIRE OUEST AFRICAINE REPARTITION DES CREDTIS PAR NATURE D'ACTIVITE ECONOMIQUE (1)

7 b. Crédits à moyen et long terme (Millions de francs FCFA)

	Crédits à moyen et long terme	
	31-déc-68	31-déc-69
Activités agricoles et annexes	3 870	3 889
Eau, électricité	3 189	2 123
Mines	12 227	13 647
Industrie alimentaires	864	2 407
Autres activités industrielles	3 950	7 008
Bâtiments, Trav. Pub. Construct	9 091	9 440
Transports	1 086	1 299
Commerce d'export. De café, cacao	36	132
Com. D'export. D'oléagin. Huiles	234	257
Commerce d'import. De marchand.	170	223
Autres commerces	598	761
Services divers	2 774	2 972
Organismes de crédit		46
Total	38 089	44 204

Source : Rapport Comité Monétaire de la Zone Franc 1969

TABLEAU 7. UNION MONETAIRE OUEST AFRICAINE REPARTITION DES CREDTIS PAR NATURE D'ACTIVITE ECONOMIQUE (1)

7c. Ensemble des crédits (Millions de francs FCFA)

	Ensemble de crédit			
	31 décembre 1968 %		31 décembre 1969 %	
Activités agricoles et annexes	8 228	6,6	9 206	6,4
Eau, électricité	3 679	2,9	2 524	1,8
Mines	13 501	10,8	14 898	10,3
Industrie alimentaires	5 463	4,3	7 323	5,1
Autres activités industrielles	11 038	8,8	15 985	11,1
Bâtiments, Trav. Pub. Construct	15 772	12,5	18 261	12,7
Transports	3 605	2,8	4 661	3,2
Commerce d'export. De café, cacao	11 219	8,9	12 911	9
Com. D'export. D'oléagin. Huiles	9 522	7,6	6 816	4,7
Commerce d'import. De marchand.	11 582	9,2	14 022	9,7
Autres commerces	25 636	20,4	30 226	21
Services divers	3 932	3,1	4 230	2,9
Organismes de crédit	2 523	2	3 089	2,1
Total	125 700	100	144 152	100

Source : Rapport Comité Monétaire de la Zone Franc 1969

(1) Les tableaux 7a, 7b, et 7c tirent leur source dans le Rapport Comité Monétaire de la Zone Franc 1969. Les chiffres sont en millions de Franc CFA. Cette ventilation est établie à partir des crédits recensés par le service central des risques (crédits supérieurs à 10 millions de francs cfa) qui comprennent notamment, *outre les concours octroyés par le système bancaire local, les prêts accordés directement par la caisse centrale de coopération économique aux entreprises et particuliers.*

TABLEAU 8. INDICES DES DIVERSES VARIABLES PRISES EN CONSIDERATION

	PNB	PNB	M	Prix	V	Variation	Variation
	Q_1	Q_2				% de M	% de P
1 960	79,1	89	97	93	93,2	13	-2
1 961	84,6	92,1	97	101	100	0	8
1962	90,5	96,6	108	102	95,8	11	1
1963	100	100	114	113	100	6	11
1964	112,3	102,1	161	127	80,1	47	14
1965	133,1	104,4	159	165	95,7	-2	38
1966	148,4	103,6	164	161	103,4	5	-4
1967	147,1	105,4	160	157	105,4	-4	-4
1968	171,1	106,9	170	176	115,3	10	19
1969	192,7	110,8	192	182	115	22	6

Source : Economic Survey and Bank of Ghana (Rapports annuels)

Q_1 = Produit national brut au prix courant . Q_2 = Produit national brut à prix constant

M = Masse monétaire. V = Vitesse de circulation

TABLEAU 9. DIVERSES VARIABLES DE L'ECONOMIE GHANEENNE

	PNB	PNB	Monnaie fid dans le secteur non bancaire M_1	Dépôt à vue M'	Monnaie M	V_1	V'	V	$\frac{M_1}{M'}$	$\frac{M}{M'}$
	Prix courant	Prix constant								
1960	956	956	87	59,6	146,6	11,2	16, 1	6,5	1 ,62	1,45
1961	1022	990	86,7	59,5	146,2	11,8	17,2	7	1,61	1,45
1962	1094	1036	94,4	68,8	163,2	11,6	15,9	6,7	1,59	1,37
1963	1208	1074	97,8	74,9	172,7	12,3	16,1	7	1 ,42	1,3
1964	1357	1097	1 33,3	1 08,6	241,9	10,2	12,5	5,6	1,31	1,22
1965	1608	1112	1 15,9	1 24,3	240,2	13,9	12,9	6,7	1, 03	0,93
1966	1793	1113	1 15,2	1 32,5	247,7	15,6	13,5	7,2	0,96	0,86
1967	1778	1133	1 19,3	1 21,7	241	14,9	14,7	7,4	1,07	0,98
1968	2074	154	1 25,3	1 31,1	256,4	16,6	15,8	8,1	1,08	0,95
1969	2328	190	1 50,7	1 38,7	289,4	15,4	16,8	8	1,08	1,08

Source : Economic Survey et Bank of Ghana (Rapports)

PNB = Produit national brut. V1 = Vitesse de circulation de M1. V' = Vitesse de circulation de M'

TABLEAU 10. RELATION ENTRE DISPONIBILITES MONETAIRES ET NIVEAU GENERAL DES PRIX P ET VOLUME DU PRODUIT NATIONAL

A- Période de dix ans			
	Log P = 0,95 Log M – 0,099	r =	0,951
	Log Q = 0,25 Log M + 2,44	r =	0,947
B- Période pré-développement			
	Log P = 0,60 Log M + 0,67	r =	0,630
	Log Q = 0,59 Log M + 1,70	r =	0,896
C- Période de développement			
	Log P = 0,71 Log M + 0,46	r =	0,716
	Log Q = 0,10 Log M + 2,78	r =	0,878
D- Période de stabilisation			
	Log P = 0,78 Log M + 0,34	r =	0,889
	Log Q = 0,32 Log M + 2,28	r =	0,914
r = coefficient de corrélation			

TABLEAU 11. VARIATION DES PRIX PAR RAPPORT A LA MASSE MONETAIRE ELASTICITE

1963 - 64			
	$\text{Log } P = 0{,}23 \text{ Log } M_1 + 151886{,}5$	r =	0,494
1964 - 65			
	$\text{Log } P = 0{,}10 \text{ Log } M_1 + 184980{,}9$	r =	0,540
1965 - 66			
	$\text{Log } P = -0{,}09 \text{ Log } M_1 + 242177{,}1$	r =	-0,092
1966 – 67			
	$\text{Log } P = -0{,}43 \text{ Log } M_1 + 242177{,}1$	r =	0,513
1967 – 68			
	$\text{Log } P = 0{,}706 \text{ Log } M_1 + 205353{,}4$	r =	0,226
1968 – 69			
	$\text{Log } P = 0{,}15 \text{ Log } M_1 + 187655{,}6$	r =	0,287

TABLEAU 12. SITUATION MONETAIRE EN COTE D'IVOIRE

Milliards de francs CFA

	1961	1962	1963	1964	1965	1966	1967	1968	1969	1970
Avoirs extérieurs (nets)	-	5,82	8,63	12,53	15,65	19,06	14,45	22,36	28,12	
Crédit intérieur	-	26,44	27,72	36,24	35,42	38,18	48,02	55,18	70,25	
Créances sur l'Etat (nettes)	-	-3,14	-8,82	-9,09	-9,31	-9,99	-6,75	-10,33	-8,8	
Créances sur le secteur privé	-	29,58	36,54	47,33	44,72	48,17	54,77	65,51	79,05	
Monnaie	-	29,6	34,3	40,64	42,31	46,43	48,52	59,11	69,8	
Quasi-monnaie	-	2,19	2,23	8,92	6,62	7,54	9,71	13,44	22,15	
Autres postes (nets)	-	0,48	-0,18	1,21	2,15	3,28	4,24	4,99	6,44	
Monnaie désaisonnalisée	-	-	34,4	40,09	42,67	44,33	49	57,9	-	
Caisse d'Epargne : dépôts	0,35	0,37	0,39	0,44	0,48	0,52	0,61	0,74	0,83	
Taux d'escompte	3,5	3,5	3,5	3,5	3,5	3,5	3,5	3,5	3,5	
Coût de la vie (indice)	99	97	100	101	104	109	111	117	122	
Exportation	47,12	47,69	57,4	73,19	68,42	76,66	80,26	104,89	118,22	
Importation	41,79	38,53	41,91	58,11	58,34	63,61	65,05	77,63	86,28	

Source : International Statistics.

TABLEAU 13. EVOLUTION MONETAIRE EN GUINEE

Milliards de francs guinéens

	1 963	1 964	1 965	1 966	1 967	1 968	1 969	1 970
ACTIF								
Avoir extérieurs (nets)	-6,39	-7,12	-7,74	-8,54	-11,72	-14,41		
- Avoirs	2,36	2,88	2,81	1,92	1,48	1,97		
- Passif	-8,75	-10	-10,55	-10,86	-13,2	-16,38		
Crédits accordés :	36,37	44,08	55,65	60,64	65,69	74,77		
- au Gouvernement (net)	4,97	5,64	11,55	22,81	24,35	3,09		
- aux entreprises d'Etat	28,88	35,72	41,52	36,18	39,52	41,7		
- au secteur privé	2,52	2,72	2,58	1,65	1,82	2,18		
Autres avoirs nets	-0,85	0,62	1,17	1,03	3,82	4,68		
PASSIF								
Monnaie	25,15	33,42	37,62	40,45	43,7	51,1		
- Monnaie fiduciaire	10,43	12,81	13,83	14,56	15,79	19,29		
- Dépôts à vue	14,72	20,61	23,79	25,85	27,99	31,81		
dont : Entreprises d'Etat	3,77	4,99	11,43	11,66	13,21	14,74		
Secteur privé	10,95	15,62	12,36	14,23	14,78	17,07		
Quasi-monnaie	-	0,03	1,81	1,91	1,92	1,81		

Source : Fonds Monétaire International

TABLEAU 14. SITUATION MONETAIRE AU SENEGAL

Milliards de francs CFA

	1961	1962	1963	1964	1965	1966	1967	1968	1969
Réserves	3,18	0,83	0,56	0,65	0,9	0,52	0,63	1,3	1,25
Avoirs extérieurs	-1,12	-2,81	2,43	2,7	2,28	1,97	1,95	1,45	2,05
Créances sur l'Etat	0,07	0,14	0,08	1,67	2,2	2,2	1,97	1,9	3,29
Créances sur le secteur privé	29,26	32,79	32,77	33,39	33,41	29,85	26	31,63	33,87
Dépôts à vue	11,86	14,23	13,06	11,9	11,99	12,76	13,04	14,48	14,66
Dépôts à terme	0,79	1,23	1,04	0,87	1,04	0,7	0,74	1,28	1,76
Dépôts de l'Etat	4,61	5,49	3,98	6,21	3,11	2,14	1,66	4,25	7,64
Engagements extérieurs	-	-	4,11	2,9	4,79	5,2	4,43	1,65	2,08
Crédits de la Banque Centrale	13	7,87	11,36	13,33	14,02	11,79	8,39	12,89	13,01
Autres postes (nets)	1	2	2,3	3	4	2	2,29	1,73	1,31
Trésor : créance sur le secteur privé	-	1,51	1,5	1,78	1,13	0,96	1,08	1	0,86
Dépôts aux chèques postaux	2,4	2,45	2,81	2,53	2,25	1,79	2,06	1,97	1,73

<u>Source</u> : International Financial Statistics

TABLEAU 15a. ACTIFS DU SYSTEME BANCAIRE DU GHANA

(N ₵ millions)

		1 961	1 962	1 963	1 964	1 965	1 966	1 967	1 968	1 969 (1)
a) Crédit au secteur privé (2)	39,8	54,4	61	114,3	151,5	167,3	198,8	213,3	217,3	160,3
b) Crédit au gouvernement	-0,4	16,1	42,6	70,2	120,2	192,1	239,3	285,3	327,8	306,7
c) Avoirs extérieurs nets	120,5	97	91,2	53,9	58,3	-11,5	-29,1	-72,5	-78,3	-53,6
Total Actif (net)	160,4	173,4	198,6	215	295,7	300,3	314,9	319,1	349,6	329,4
Rapport entre b et total %	-2,4	9,2	21,4	32,6	40,6	63,9	75,9	89,4	93,7	93,1

Source : Bank of Ghana Annual Report of the Board

(1) Chiffres pour 6 mois. (2) Secteur privé plus institutions publiques

TABLEAU 15 b. ACTIFS DE LA BANQUE CENTRALE DE GUINEE

(Milliards de francs guinéens)

	1 960	1 961	1 962	1 963	1 964	1 965	1 966	1 967	1 968
a) Avoirs extérieurs nets	12,44	8,83	0,91	2,36	2,88	2,81	1,92	1,48	1,97
b) Crédits au gouvernement	5,19	11,19	18,83	11,72	13,66	18,25	27,51	32,19	36,24
c) Crédits aux entreprises d'Etat	3,08	-	0,24	0,19	0,16	1,53	0,25	0,06	0,03
d) Crédits aux Banques	0,81	10,26	20,52	19,34	25,98	28,73	26,05	23,41	28,28
e) Divers	2,37	0,32	0,53	2,63	1,92	1,62	5,6	4,59	4,61
Total	23,84	30,6	41,03	36,24	44,6	52,94	61,33	61,73	71,73
Rapport entre b et Total	21,5	36,5	45,8	32,3	30,4	34,4	44,8	52,1	50,9

Source : Fonds Monétaire International (Document of International Monetary Fund) 1969.

TABLEAU 16. LA DEMANDE ET L'OFFRE DE BIENS ET SERVICES

En N ¢millions

	1960	1961	1962	1963	1964	1965	1966	1967	1968	1969
Offre (Ressources)										
Produit intérieur brut	956	990	1 038	1 074	1 097	1 112	1 113	1 142	1 149	1 190
Importation	296	322	282	312	272	350	277	233	251	268
Total	1 252	1 312	1 320	1 386	1 369	1 462	1 390	1 375	1 400	1 458
Demande (Emploi)										
Consommation privée	694	804	830	916	987	1 255	1 337	1 286	1 463	1 626
Consommation du gouvernement	96	110	122	138	100	205	261	308	363	412
Formation de capital fixe	194	210	184	218	232	271	246	225	224	242
Stock	22	-20	-12	-8	14	1	15	6	2	17
Exportation	246	244	240	234	247	252	219	313	369	425
Total	1 252	1 348	1 364	1 498	1 640	1 984	2 078	2 138	2 421	2 722

Source : Economic Survey – Ghana (Rapports) ;

L'offre est exprimée ici en prix constant de 1960. La demande est exprimée en prix courant. Ceci permet de voir que la consommation évolue plus vite que la production.

TABLEAU17. REVENUS ET SALAIRES DES AGENTS DE LA FONCTION PUBLIQUE ET DES MILITAIRES

	1 961	1 962	1 963	1 964	1 965	1 966	1 967	1 968	1 969
Salaires et revenus (civils et militaires)	48 722	48 608	50 832	55 564	59 065	59 071	71 284	82 049	92 609
Pension des retraités	2 907	3 207	3 482	3 619	3 673	5 159	6 746	21 892	10 990
Transferts aux ménages	6 624	5 493	5 309	7 540	8 436	8 044	11 848	11 854	11 172
TOTAL	58 253	57 308	59 623	66 723	71 174	72 274	89 878	115 795	114 771

Source : Economic Survey – Ghana

TABLEAU 18. BALANCE COMMERCIALE ET RESERVES DE CHANGE

	1 960	1 961	1 962	1 963	1 964	1 965	1 966	1 967(1)	1 968	1 969
Importation	296	326	270	290	283	376	285	300	354	394
Exportation		244	240,0	234	247	252	219	313	369	425
Solde	- 50	- 82	- 30,0	- 56	- 36	- 124	- 66	+13	+ 5	+ 31
Réserves de changes (net)	120,6	96,8	91,2	58,9	46,9	- 11,6	- 29,2	- 72,5	- 78,3	- 88,6

Source : Economic Survey – Ghana

L'amélioration constatée de 1967 à 1969 est due à une augmentation du prix de cacao et de l'or sur le marché mondial plutôt qu'à l'effet de la dévaluation.

TABLEAU 19. STRUCTURE DES DEPENSES DE CONSOMMATION AU GHANA

	Centres urbains	Zone rurale	Total des ménages
Dépenses alimentaires	63,3	70,2	65,8
Energie	3,6	2,4	2,9
Santé	4	4,4	4,2
Transport	4,4	3,1	3,7
Divers services	6,5	6	6,2
Habillement	12,5	11,2	11,7
Biens durables	1,9	1,7	1,8
Loyer	5,1	0,7	2,7
Eau et Electricité	1,9	0,3	1
TOTAL	100	100	100

Source : P.T.F. Golding An Inquiry into household expenditure. Ghana

TABLEAU 20. CONSOMMATION ET PRODUCTION INTERIEURE DU RIZ ET DU SUCRE

000 tonnes

	Riz			Sucre		
	Consommation	Production	Déficit	Consommation	Production	Déficit
1 966	66	30	-36	65	7	-58
1 967	71	35	-36	70	21	-49
1 968	77	40	-37	878	30	-48
1 969	86	45	-41	90	38	-52
1 970	94	50	-44	114	45	-69

Source : *Bank of Ghana, Balance of Payments Forecast par S. K. Botchway*

TABLEAU 21. PRODUCTION INDUSTRIELLE AU GHANA

	1962	1963	1964	1965	1966	1967	1968	1969
Production industrielle brute à prix courant (Nc millions)	122,3	144,4	160,7	177,2	208,2	238,3	295,8	337
Production industrielle brute à prix constant (Nc millions)	122,3	140,7	147,8	154,4	173	178,1	204	217,6
Evolution production industrielle à prix courant	100	118,1	131,4	144,9	170	196,9	241,4	175,3
Evolution production industrielle à prix constant	100	115	121,6	123,5	137	147,3	166,4	177,8
Valeur ajoutée production Industrielle à prix courant (Nc millions)	81,2	92,8	101,3	115,2	142,1	154	176,7	197,7
Valeur ajoutée production Industrielle à prix constant (Nc millions)	81,2	91,1	95	101,2	119,7	116,7	124,4	121,7
Evolution Val. ajoutée production Industrielle. à prix courant	100	114,3	124,7	141,9	175	194,3	217,6	243,5
Evolution Val. joutée production Industrielle à prix constant	100	112,3	117,8	121,8	143,6	147,2	153,2	149,9

Source : Economic Survey Ghana (Rapport)

TABLEAU 22. INDICE DE L'EVOLUTION DE QUELQUES PRIX AU GHANA

	National (total)	Urbain	Rural	Production alimentaire	Produit. Aliment. Importé		Biens durables
1963	100	100	100	-	-	-	-
1964	113	-	-	-	-	-	-
1965	137,8	134,6	138,8	153,9	124,1	135,3	126
1966	168,3	160,5	172,1	192,2	131,1	157,5	161,7
1967	155,3	143,6	158,9	169,6	123,9	148,6	160,8
1968	161	148,6	164,9	170,6	143,3	165,3	184,8
1969	174,3	165,6	177,4	188,5	148,7	181,8	192,8

Source : Economic Survey – Ghana (Rapports)

TABLEAU 23. LA BALANCE COMMERCIALE DE GUINEE

Millions de francs guinéens

	1964/65	1965/66	1966/67	1967/68
Exportations	12 805	12 840	12 565	13 066
Importations	-15 920	-15 046	-13 161	-12 253
Solde	-3 115	-2 206	-596	813
Services et transferts	-2 381	-4 863	-5 197	-5 083
Solde total	-5 496	-7 069	-5 793	-4 270

Source : *Fonds Monétaire International (Rapport)*

TABLEAU 24. TAUX DE RESERVES DE LIQUIDITES DES BANQUES COMMERCIALES PRESCRITS PAR LA REGLEMENTATION DE CREDIT D'AVRIL 1964

(Credit Control Regulations of April 1964)

	Taux minimum mars-août	Taux minimum Septembre-février
1- Encaisse monétaire	8	8
2- Autres réserves liquides	40	46
3- Total des réserves liquide 1 + 2	48	54
4- Dépôts spéciaux avec la Banque du Ghana	5	5
5- Les titres du gouvernement	18	18
6- Total des réserves 3 + 4 + 5	71	77

Source : Bank of Ghana, Report of the board for the Financial year ended 30thjune 1968

TABLEAU 25. LES RESERVES DE BANQUES COMMERCIALES

	Pourcentage par rapport aux dépôts						
	Dépôts (toutes sortes) Nc millions	Réserves monétaires	Autres réserves liquides	Total réserves liquides 2 + 3	Dépôts spéciaux avec la Banque du Ghana	Titre du Gouvernement du Ghana	Total Réserves 4 + 5 + 6
	1	2	3	4	5	6	7
1 964	160,2	13,4	56,6	70	2,3	17,3	90,1
1 965	179,2	10,4	50,4	60,8	2,6	16,6	80
1 966	216,9	18,9	59,4	78,7	6,4	14,4	99,5
1 967	218,3	13,5	53	66,5	6,7	22,8	96
1 968	245,2	13,5	57,8	71,3	3	17,6	91
1 969[1]	252,7	28,9	42,9	71,9	-	-	71

Source : Bank of Ghana Reports of the Board

(1) Les chiffres ne couvrent que six mois

TABLEAU 26. PART DES BANQUES COMMERCIALES DANS L'OCTROI DE CREDITS

	1 966	1 967	1 968	1 969
Crédit au gouvernement	221,3	254,3	270,5	256,5
- Banque du Ghana	135,7	171	197	175,5
- Banques commerciales	85,6	83,3	73,5	80
Crédit aux Institutions publiques	30,3	25,2	24,9	47
- Banque du Ghana	1,1	0,9	2	0,2
- Banques commerciales	29,2	24,3	22,9	46,8
Crédit pour la commercial. Cacao	109,2	127,6	125,9	119,5
- Banque du Ghana	72	83	53	63
- Banques commerciales	37,2	44,6	72,9	56,5
Crédit au secteur privé	59,3	60,5	66,5	91,6
- Banque du Ghana	-	-	-	-
- Banques commerciales	59,3	60,5	66,5	91,6
Total des crédits	420,1	467,6	487,8	513,6
Total des Banque commerciales	211,3	212,7	235,8	274,9
% Banque commerciale	520,2	45,4	48,3	53,5
% Secteur privé	14,1	12,9	13,6	17,8

Source : Economic Survey and Reports of the Board Bank of Ghana

TABLEAU 27a. PRODUCTION MINIERE ET SA VARIATION

	1 965	1 966	1 967	1 968	1 969
Or (once)	755,2	684,4	762,6	739,7	707,4
Variation	-	-70,8	78,2	-22,9	-32,3
Diamant (carat)	2 273,20	2 818,50	2 537,50	2 448,10	2 390,90
Variations	-	545,5	-281	-89,4	-57,2
Manganèse (tonne)	594,5	568,1	490,5	406,8	328,1
Variations	-	-26,4	-77,6	-83,7	-78,7
Bauxite (tonne)	304,2	346,8	345,4	280,2	242
Variations	-	42,6	-1,4	-65,2	-38,2

TABLEAU 27 b. VALEUR DE LA PRODUCTION MINIERE

N ₵millions

	1 965	1 966	1 967	1 968	1 969
Or	18,8	17,5	23,3	28,1	28,9
Bauxite	1,5	1,5	1,9	1,6	1,5
Manganèse	10	11,8	10,4	9,8	6,8
Diamant	11,3	15,8	16,3	13,8	13,6

Source : Economic Survey - Ghana (Rapports)

TABLEAU 27c. PRODUCTION DE CACO

(en tonnes)

	1965	**1966**	**1967**	**1968**	**1 69**
	410	376	415	334	370

Source : Gilland Diffus – Cocoa Report

TABLEAU 28. OBJECTIFS 1ER PLAN DE DÉVELOPPEMENT ET « CONSOLIDATED PLAN »

	1er plan de développement		Plan de consolidation		Total 1er plan de développement et de consolidation	
	N₵	%	N₵	%	N₵	%
Communication	67 678 352	34,2	2 941 012	32,9		33,6
Divers investissements productifs	20 939 860	10,6	10 447 554	11,6	97 188 764	11,1
Economie	16 146 664	8,2	8 797 768	9,9	31 387 414	9
Etude et formation technique	4 273 766	2,2	2 399 064	2,8	24 944 432	2,5
TOTAL PARTIEL	109 038 642	55,2	51 054 798	57,2	6 672 840	56,2
Justice et maintien de l'ordre	10 275 772	5,3	2 842 884	3,1	13 119 656	4,2
Service sociaux	52 189 014	26,4	24 620 272	27,6	76 809 286	27
Administration générale	26 199 178	13,1	10 829 982	12,1	37 029 160	12,6
TOTAL PARTIEL	88 663 964	44,8	38 294 138	42,8	126 958 102	43,8
GRAND TOTAL	197 702 606	100	89 348 936	100	287 051 542	100

Source : Economic Survey 1957 - Ghana

TABLEAU 29. 2ème PLAN DE DÉVELOPPEMENT QUINQUENNA 1959-1964 *(NC Millions)*

	Dépenses prévues	%
Projet du fleuve Volta	200,0	
Communication	106,0	21,2
Santé et adduction d'eau	87,2	17,5
Éducation	55,6	11,1
Industrie et Commerce	50,6	10,1
Agriculture et ressources	49,4	9,9
Diverses dépenses prévues	**151,2**	**30,2**
TOTAL	**700**	**100,0 ***

Source : Bank of Ghana Report of the Board for the financial year ending 30th June 1960, p. 9.

**Sans le projet du fleuve Volta*

TABLEAU 30. REALISATION DU PLAN 1951-1959

	1er plan	Plan de consolidation	Total des dépenses 1951-1958 N¢	% par rapport aux dépenses projetées
	Dépenses au 30 juin 1957 N¢	Dépenses au 30 juin 1958 N¢		
Communication	65 273 432	12 618 376	77 891 808	80,1
Divers investissements productifs	18 990 660	4 227 168	23 217 828	73,9
Économie	19 167 622	5 813 366	24 980 988	100,1
Études et fonction technique	-	-	-	-
Justice et maintien de l'ordre	9 413 686	1 266 816	10 680 702	-
Services sociaux	48 863 482	11 073 318	59 936 800	78,0
Administration générale	24 564 068	6 038 422	30 602 490	82,6
TOTAL	**186 272 950**	**41 037 466**	**227 310 416**	**79,1**

Source : Economic Survey Ghana 1957-1959

TABLEAU 31. INDICATEURS DU PROGRES ÉCONOMIQUE 1951-1959

	1951	**1961**	**Accroissement en %**
I-Éducation (nombre d'élèves)			
Cours primaires	154 360	481 500	211,9
Cours moyens	66 175	160 000	141,7
Cours secondaires	3 559	19 143	437,8
Ecoles normales	1 916	4 552	137,5
Université	208	1 204	478,8
II-Main-d 'œuvre			
Niveau primaire	6 400	26 500	314
Niveau technique	719	858	19,3
Niveau secondaire	413	3 430	730,8
Niveau universitaire	6	148	-
III-Santé publique			
Nombre de lits	2 368	6 155	159,9
Nombre de cliniques	1	30	-
Nombre de docteur	156	500	220,5
IV-Transports et communications			
Routes bitumées	1 398	2 050	46,7
Routes non bitumées	2 093	3 346	59,8
Nombre de bureaux de postes et télécoms	444	779	75,4
Nombre de téléphones	7 383	25 488	245,2
V- Services d'utilité publique			
Nombre de personnes ayant accès à l'eau courante	986 000	2 146 100	119,7
Production électrique (kw)	281 983	390 174	38,4

Source : Seven-Year Development Plan 1963-1964 – 1969-1970.

TABLEAU 32. SOURCES DE FINANCEMENT DU 1[ER] PLAN DE DÉVELOPPEMENT - GHANA

A- Impôt sur le revenu	8 040	9 272	12 542	11 912	11 806	11 118	9 388	9 780
Droits d'importation	14 594	18 210	19 182	22 790	25 422	28 756	30 640	32 814
Autres taxes sur la consommation	1 314	1 610	1 688	1 934	1 986	2 498	3 286	3 968
Droits sur cacao	15 194	25 804	31 700	36 332	82 744	55 446	29 282	25 004
Autres impôts fonciers	3 806	5 438	7 346	9 886	9 914	9 294	10 816	11 996
Dotations courantes (dons)	1 382	532	3 702	4 368	5 010	4 932	6 020	5 978
Total des revenus	**44 370**	**60 866**	**76 160**	**87 222**	**136 882**	**112 044**	**89 432**	**89 540**
B- Total des dépenses de fonctionnement	21 270	26 960	40 942	46 562	53 694	64 856	65 452	70 202
Surplus	23 100	33 906	35 218	40 660	83 188	47 188	23 980	19 338
C- Revenu pour la formation du capital/année	1 950	1 951	1 932	1 953	1 954	1 955	1 956	1 957
Transfert du surplus	23 100	33 906	35 218	40 660	83 188	47 188	23 980	19 38
Transfert de capitaux de l'étranger (net)	370	202	152	768	1 588	832	1 864	1 036
Total de fonds disponibles pour le développement	23 470	34 108	35 370	41 428	84 776	748 020	25 844	20 374

Source : Economic Survey-Ghana (rapports).

TABLEAU 33a. BALANCE DES PAIEMENTS DU GHANA 1950-1959

Année	1950	1951	1952	1953	1954	1955	1956	1957	1958	1959
Crédit										
Total biens et services	185 418	223 620	216 540	230 016	282 716	242 744	223 004	243 240	275 004	296 208
Total transfert (paiement)	636	560	436	1 306	2 198	794	1 918	1 340	1 060	750
Total crédit	186 054	224 180	216 978	231 322	284 914	243 538	224 922	244 580	276 064	296 958
Débit										
Total biens et services	145 246	184 538	192 890	216 704	202 010	237 586	249 188	271 052	252 140	311 228
Total transfert (paiement)	650	1 040	1 124	4 216	1 426	2 272	2 418	2 394	2 350	2 100
Total débit	145 896	185 578	194 014	220 920	203 436	232 858	251 606	273 446	254 490	313 308
Solde	40 158	38 602	22 964	10 402	81 478	3 680	-26 684	-28 866	21 574	-16 350

TABLEAU 33 b. BALANCE DES PAIEMENTS DU GHANA 1950-1959 (SUITE). RÉSERVES DU GHANA

	1955	1956	1957	1958	1959
Total des réserves dont :	416 268	379 622	342 918	355 166	333 458
Gouver-nement	163 926	147 198	118 642	115 952	116 080
Bank of Ghana	75 800	81 450	76 316	78 482	92 630
Cocoa marketing Board	125 204	102 530	96 638	103 528	73 546

Source : *Economic Survey and Report of the Board Bank of Ghana.*

TABLEAU 34. LES INVESTISSEMENTS PRÉVUS POUR LES 2 PLANS QUADRIENNAUX DE DÉVELOPPEMENT

	1er plan 1961-1965		2ème plan 1965-1969	
	Plan initial	**Plan réajusté**	**Plan initial**	**Plan réajusté**
1-Etudes et recherches			8 587	7 258
2-Secteur rural	12 291	15 394	33 291	23 682
Agriculture			22 644	16 632
Elevage			4 310	2 230
Forêt-pêche			818	533
Pêche maritime			3 879	2 777
Encadrement			1 640	1 670
3-Infrastructures	17 180	18 554	17 567	14 772
Route			7 765	7 846
Voies ferrées			4 339	3 430
Ports			2 561	1 780
Aéroport			706	555
P et T			2 196	1 161
4-Enseignement	6 195	8 961	8 569	5 286
5-Santé	2 650	2 187	2 343	2 308
6-Habitat	10 020	15 140	15 715	10 910
7-Hydraulique			8 728	9 049
8-Industrie et Artisanat			20 600	19 640
9-Commerce	40 920	32 195	2 440	3 400
10-Tourisme			172	725
11-Transports			6 000	6 200
12-Infrast. Administrat.	2 760	4 749	834	1 066
TOTAL	**92 067**	**97 180**	**126 336**	**104 647**

Source : Economie Sénégalaise : Ediafric 1970
En millions de francs CFA

TABLEAU 35. INVESTISSEMENTS PUBLICS DANS LE 1ER PLAN QUADRIENNAL DU SÉNÉGAL (1961-1965)

	Dépenses prévues		Dépenses effectuées	
	Montant	%	Montant	%
Investissements directement productifs				
Agriculture	9,7	15	4,9	11,8
Élevage	2,6	4	0,8	1,9
Pêche	0,9	1,4	0,3	0,7
Foret	0,4	0,6	0,3	0,7
Industrie et artisanat-Énergie	2,8	4,3	1 ,8	4,3
Total	**16,4**	**25**	**8,1**	**19,6**
Investissements indirectement productifs				
Routes	11,7	18	7	16,9
Chemin de fer	3,1	4,7	1,3	3,1
Ports	1,3	2	0,7	1,7
Aéroports	1,1	1,7	0,9	2,2
Télécommunications	1,4	2,1	1	2,4
Commerce	0,7	1	1	2,4
Tourisme	0,2	0,3	0,1	0,2
Coopératives	1,6	2,4	0,8	1,9
Total	**21,1**	**32**	**12,8**	**30,9**
Investissements non productifs				
Étude				
Formation et information	9	14	4,7	11,4
Santé	2,2	3,4	1,1	2,7
Logement	12,1	19	10,8	26,1
Administration	4,7	7,2	3,9	9,4
Total	**28**	**43**	**20,5**	**49,5**
Total général	**65**	**100**	**41,4**	**100**

Source : Rapport Fonds monétaire international 1966

TABLEAU 36. INVESTISSEMENTS PUBLICS DANS LE 2ème PLAN QUADRIENNAL

	Dépenses prévues		Dépenses effectuées	
	Montant	%	Montant	%
Investissements directement productifs				
Agriculture	13,9	19	-	-
Élevage	3,9	5,3	-	-
Pêche	3,7	5	11,2	18,7
Forêt	0,8	1,1	-	-
Industrie, artisanat, Énergie	1 ,0	1,4	0,4	0,6
Total	23,3	31,8	11,6	**19,3**
Investissements indirectement productifs				
Routes	7,8	10,7		
Chemin de fer	4,3	5,9		
Ports	2,6	3,6	5,4	9
Aéroports	0,7	1		
Télécommunications	2,2	3		
Transport	1 ,8	2,5		
Barrage	2,6	3,6	2	3,3
Commerce	0,3	0,4		
Tourisme	0,2	0,3		
Coopératives	1 ,2	1 ,6		
Total	**23,7**	**32,4**	**7,4**	**12,3**
Investissements non productifs				
Études	3,9	5,3	2	3,3
Formation et information	8,4	11,5	8,6	14,3
Santé	2,3	3,1		
Logement	10,8	14,8		
Administration	0,8	1,1	30,4	50,7
Total	**26,2**	**35,8**	**41**	**68,3**
Total général	**73,2**	**100**	**60**	**100**

Source : Fonds Monétaire International 1966

TABLEAU 37. PERSPECTIVES DECENNALES DE LA CÔTE D'IVOIRE

	1960-64	1965-1965-1969			1960-1969			
	Total	Public	Privé	Total	Public	Privé	Total	%
Agriculture	10,8	18,2	6	24,2	26,2	8,8	35	10,3
Industrie, commerce, logement	23,1	-	48,1	48,1	-	71 ,2	71 ,2	21
Infr. Eco, sociale	11 ,6	0,6	15,8	16,4	1	27	28	8,4
Renouvellement	45,9	90,1	-	90,1	136	-	136	40,1
Total	**29,1**	**4**	**35,7**	**39,7**	**7**	**61,8**	**68,8**	**20,2**
	120,5	112,9	105,6	218,5	170,2	168,8	339	100

Source : Memento de l'Économie africaine 1970

TABLEAU 38. PLAN DE DÉVELOPPEMENT CÔTE D'IVOIRE - INVESTISSEMENTS PUBLICS

	Prévi-sions 1960-70	Réalisations	Loi-plan 1967-1960 **		
		1960-1966 *	Prévisions	Garanti	optionnel
Développement agricole	45 620	11 140	34 480	28 680	5 800
Infrastructures économiques	88 400	42 950	45 450	40 950	4 500
Développement culturel	16 700	8 150	8 550	5 550	3 000
Infrastructures sanitaires	7 730	1 880	5 850	4 850	1 000
Infrastructures sociales	1 010	340	670	670	-
Infrastructures administratives	25 510	16 710	8 800	8 100	-
Participations	14 000	6 650	7 350	7 350	-
Études et recherche	10 290	5 380	4 850	4 850	-
Total	**209 100**	**93 100**	**116 000**	**101 000**	**15 000**

Source : Économie ivoirienne/ Ediafric/ 2ème Edition 1971

**Investissements publics (95,3 milliards prévus)*

*** Investissements prévus*

TABLEAU 39. SOURCES DE FINANCEMENT DES INVESTISSEMENTS PUBLICS DANS LES 1ER ET 2EME PLANS DE DÉVELOPPEMENT DU SENEGAL

	1er plan		2ème plan	
	Prévu	Réalisé	Prévu	Réalisé 1ère année du plan
I- Sources Internes	35,5	29,4	31,4	17,6
Budget national	15	23,8	19,3	17,6
- Budget de fonction-nement	-	13,3	-	-
- Tirage sur fonds de réserve	-	6,4	-	-
- Prêt national	-	4	-	-
- Divers	-	0,1	-	-
Autres sources de financement interne	20,5	5,6	12,1	-
- Budgets des collectivités locales	10,7		7,3	-
- Prêts	8,5	5,6	4,8	-
- Investissement humain	1,3		-	
II – Sources externes	30	12	49,3	42,1
Dons	23,5	9	34,5	
Prêts	6,5	3	14,8	
Total	**65,5**	**41,4**	**80,7**	**59,7**

En milliards de francs CFA

Source : Fonds Monétaire International, Rapport 196

TABLEAU 39bis. RECETTES BUDGETAIRES DU SENEGAL

BUDGET	1960	1961	1962/63	1963/64	1964/65	1965/66	1966/67	1967/68	1968/69	1969/70
A- Fonctionnement										
Impôts directs	4,36	4,81	6,14	6,04	6,42	6,87	7,16	7,96	8,26	9,32
Impôts indirects et taxes	6,76	19,08	23,38	23,82	24,88	24,63	24,26	24,73	25,79	25,67
dont Recettes douanières	2,57	13,11	18,75	18,81	18,99	18,44	18,02	18,12	19,13	17,96
Autres recettes fiscales (1)	1,42	2,36	2,24	2,54	2,18	2,2	2,22	2,7	0,94	1,13
Remboursements, prêts,	1,11	1,12	-	0,04	0,05	0,05	0,05	0,05	-	-
Contributions, subvtions,	2,43	0,5	1,05	0,98	0,37	0,23	0,29	0,24	1,76	1,73
dont Budget de l'Etat français	0,9	0,14	0,19	0,13	0,13	0,03	0,03	0,03	-	-
Divers (2)	-	-	0,29	-	-	-	0,2	0,1	-	-
Total	**16,08**	**27,87**	**33,1**	**33,42**	**33,9**	**33,98**	**33,38**	**35,68**	**36,75**	**37,85**
B-Equipement										
Budget fonctionnement	1,18	4,07	-	-	-	-	-	-	-	-
Encaisse de réserve	1,83	0,24	2	-	-	-	-	-	-	-
Emprunts locaux	-	-	2,5	2,74	-	-	-	-	-	-
Emprunts extérieurs	0,4	-	2,64	9,53	12,05	10,95	10,95	10,55	12,67	4,66
Total	**3,05**	**4,31**	**7,14**	**12,27**	**12,05**	**10,95**	**10,95**	**10,55**	**12,67**	**4,66**

Milliards de francs CFA

Source : Rapports du Comité Monétaire de la Zone Franc. 1960 à 1970. (1) Ce poste comprend : domaines, exploitation services, enregistrement et timbre. (2) Ce poste comprend : prélèvement sur caisse de réserve et loterie nationale.

TABLEAU 40. REALISATION DES INVESTISSEMENTS PUBLICS 1967-1970 DE LA CÔTE D'IVOIRE

	Montant	% du noyau garanti
Agriculture	19 934	70 %
Infrastructures économiques	48 885	119 %
Infrastructures sanitaires	2 146	44 %
Infrastructures sociales	1 567	233 %
Développement culturel	6 062	109 %
Infrastructure administrative	11 838	146 %
Interventions de l'État	12 158	165 %
Études et recherches	5 871	14 %

En millions CFA

Source : Economie Ivoirienne. Ediafric 2ème Edition 1970

TABLEAU 40bis. RECETTES BUDGETAIRES DE LA CÔTE D'IVOIRE *En milliards de francs CFA*

	1960	1961	1962	1963	1964	1965	1966	1967	1968	1969	1970
A- Budget de fonctionnement											
Impôts directs	2,27	2,40	3,50	3,99	4,90	5,16	5,57	7,15	7,54	8,22	9,20
Impôts indirects	20,15	22,15	20,62	21,01	21,95	24,18	28,00	29,32	32,10	35,45	44,86
dont recettes douanières	14,20	15,88	15,58	15,78	16,57	17,98	21,00	22,52	22,20	24,50	32,23
Autres recettes fiscales *	1,61	1,51	1,70	1,65	1,65	1,94	2,13	1,05	1,10	1,15	1,21
Remboursement de prêts et avances, Subventions	0,69	0,65	0,95	0,85	0,85	0,60	0,60	2,28	2,46	1,68	1,73
dont : Budget de l'État français	0,09	-	0,10	-	-	-	-	-	-	-	-
Divers **	0,10	0,10	0,10	0,10	-	-	-	-	-	-	-
Total	**24,72**	**27,21**	**26,77**	**27,50**	**29,35**	**31,88**	**36,30**	**39,80**	**43,20**	**46,50**	**57,00**
B-Budget d'équipement											
Versement du budget de fonctionnement	2,51	6,88	-	-	0,22	0,50	2,43	-	-	-	-
Recettes fiscales	-	0,23	5,50	4,30	5,15	5,75	6,85	7,79	8,62	10,08	12,13
Emprunts et versement de la CAA	-	-	2,92	0,80	-	-	-	-	-	-	-
Divers		2,05	0,76	3,83	6,28	5,15	6,30	5,91	5,50	5,50	19,16
Emprunts extérieurs	1,13	1,30	2,50	0,80	3,95	0,07	0,83	3,53	5,47	11,65	12,81
Total	**3,65**	**10,46**	**10,92**	**5,94**	**12,15**	**12,60**	**15,25**	**17,62**	**20,00**	**27,22**	**44,10**

Source : Rapports du Comité Monétaire de la Zone Franc. 1960 à 1970.

**Ce poste comprend : domaine, exploitation et services, enregistrement et timbre. ** Ce poste comprend : Caisse de stabilisation et recette d'ordre*

TABLEAU 41a. COMMERCE EXTERIEUR DU SENEGAL

	1960	1961	1962	1963	1964	1965	1966	1967	1968
Exportations	27 872	30 657	30 671	27 279	30 243	31 172	36 764	33 890	37 369
Importations	42 479	-	38 206	38 526	42 394	40 570	38 313	38 850	44 529
Balance commerciale	- 14 607		-7 532	-11 247	-12 151	-9 398	-1 549	-4 960	-7 120

Source : l'économie sénégalaise, 1ère édition 1970, Ediafric

TABLEAU 41 b. AVOIRS EXTERIEURS NETS DU SENEGAL

	1962	1963	1964	1965	1966	1967	1968	1969
Avoirs extérieurs nets	15,16	10,14	8,2	5,73	8,03	5,97	0,84	-3,92

Source : United Nations, Financial Statistics
En milliards de francs cfa

TABLEAU 42. COMMERCE EXTERIEUR : COTE D'IVOIRE

	1961	1962	1963	1964	1965	1966	1967	1968	1969
Exportations	47,12	47,69	57,4	73,19	68,42	76,66	80,26	104,89	118,22
Importations	41,79	38,53	41,91	58,11	58,34	63,61	65,05	77,63	86,28
Balance commerciale	5,33	9,16	15,49	15,08	10,08	13,05	15,21	27,26	31,99
Avoirs extérieurs (nets)	-	5,82	8,63	12,53	15,65	19,06	14,45	22,36	28,12

Source : ONU (rapports) et Financial Statistics

En milliards de francs cfa

TABLEAU 43a. STRUCTURE DES INVESTISSEMENTS PROJETES PAR SECTEUR INVESTISSEUR

	1963/64	1964/65	1965/66	1966/67	1967/68	1968/69	1969/70	Total	%
Secteur d'Etat	96,6	100,2	98	95,6	99,2	87,8	89,2	666,6	32,8
Secteur privé	43,2	43,4	49,4	58	78,2	128,4	146,8	547,4	26,9
Secteur d'Etat et secteur privé	46,4	59	77,2	90,8	92,8	89,2	89,2	538,6	26,4
Dépréciation (re-nouvellement)	33,8	35,4	37,4	39,6	41,8	44,6	47,8	280,4	13,9
TOTAL	**220**	**238**	**262**	**284**	**312**	**344**	**373**	**2 033,00**	**100**

En NC millions

TABLEAU 43 b. STRUCTURE DES INVESTISSEMENTS PROJETES PAR SECTEUR ÉCONOMIQUE

	1963/64	1964/65	1965/66	1966/67	1967/68	1968/69	1969/70	Total	%
Agriculture	34	38,4	47,2	53,6	58,4	60,2	61,4	353,2	17,3
Industrie	33,4	45,4	60,8	71,8	73	62,2	66,2	412,8	20,3
Mines	3,6	6,6	7	10,2	13,6	18,4	24	83,4	4,1
Transport	13	13,6	16,4	19	19,8	21	23	125,8	6,1
Logement	15,4	16,8	18,4	20,6	23,4	26,8	31	152,4	7,4
Infrastructure	52,6	46,4	34,4	26,4	22,6	19,4	17	218,8	10,9
Services sociaux	25,2	32	36,2	40	44,8	37,2	40,4	255,8	12,6
Divers	9	3,4	4,2	2,8	14,6	54,2	62,2	150,4	7,3
Dépréciation	33,8	35,4	37,4	39,6	41,8	44,6	47,8	280,4	13,8
TOTAL	**220,2**	**238**	**262**	**284**	**312**	**344**	**373**	**2 033,00**	**100**

Source : Seven Year - Development Plan 1963/64 - 1969/70

TABLEAU 44. DEPENSES A EFFECTUER PAR LE GOUVERNEMENT

	Plan septennal 1963-1970		1er plan et plan de consolidation 1951-1959	
	Dépenses prévues	%	Dépenses	%
I-Secteur productif	**354,6**	**37,3**	**26,8**	**9,9**
Industrie et mines	218,6	23	13	4,8
Agriculture et pêche	136	14,3	13,8	5,1
II-Secteur non productif	**596,4**	**62,7**	**130,2**	**90,1**
a) Services sociaux	300,6	31,6	113,4	41,7
Éducation	128	13,5	34	12,5
Santé	62,2	6,5	10,6	3,9
Autres services	21	2,2	32	11,8
Logement	40	4,2	13,6	5
Administration	39	4	17,4	6,4
Police et prison	11,4	1,2	5,8	2,1
b) Infrastructure	178,4	18,7	12,6	44,4
Routes	52,8	56,6	38,6	14,2
Chemins de fer	17,4	1,8	23,2	8,5
Ports	11	1,2	32,2	11,9
Aéroports	3	0,3	-	-
Marine	4	0,3	2,4	0,9
Postes et Télécom	19,2	2	4,4	1,6
Electricité	22,2	2,3	6	2,2
Adduction d'eau	48,8	5,1	13,8	5,1
c) Divers	50	5,3	7	2,6
d) Volta	67,4	7,1	3,8	1,4
TOTAL	**951**	**100**	**271,6**	**100**

Source : Seven-Year Development Plan 1963-1964 – 1969-1970.

TABLEAU 45. INVESTISSEMENT DU PLAN TRIENNAL DE DÉVELOPPEMENT DE LA GUINEE

	Estimation initiale		Estimation révisée		Investissement réalisé	
	Montant	%	Montant	%	Montant	%
Production	18,4	47,3	19	42,9	1,8	29,3
Agriculture et élevage *	10,1	26	9,4	21,2	4,5	11,2
Industrie **	8,3	21,3	9,6	21,7	7,3	18,2
Infrastructures	13,6	34,9	18,6	42	22,1	54,9
Administration	6,7	17,2	8,6	19,4	9,1	22,6
Transport	4,2	10,8	4,8	10,8	6,6	16,4
Port et aéroports	1,3	3,3	1,7	3,8	2,5	6,2
Routes	1,2	3,1	3,1	7	3,7	9,2
Télécoms	0,2	0,5	0,4	1	0,2	0,5
Services sociaux	6,8	17,5	6,6	14,9	6,3	15,6
Éducation	3,7	9,5	3,2	7,2	3,4	8,4
Santé	1,8	4,6	1,8	4,1	1,2	3
Logement	0,8	2,1	1,1	2,5	1	2,5
Sports	0,5	1,3	0,5	1,1	0,7	1,7
Divers	0,1	0,3	0,1	2	0,1	0,2
Total	**38,9**	**100**	**44,3**	**100**	**40,3**	**100**
Financement						
Prêts et dons étrangers ***					23,1	57,3
Épargne interne					6,5	16,1
Crédit bancaire					10,7	26,6

Source : Fonds Monétaire International 1965

** Y compris l'exploitation forestière*

*** Y compris mines, énergie et artisanat*

**** Des prêts à long terme provenant surtout des pays de l'Europe de l'Est et de la Chine populaire*

TABLEAU 46. DEPENSES D'INVESTISSEMENT DE PLAN SEPTENNAL GUINEE MAI 1964-AOUT 1971

	Estimation pour la période du plan		Réalisation 1ère tranche		Réalisation 2ème tranche		Réalisation 3ème tranche		Estimation 4ème tranche	
	Montant	%	Montant	%	Montant	%	Montant	%	Montant	%
Production										
Agricult/élevage	12,4	9,5	0,6	3,4	0,6	4	1,5	8,5	0,8	6,1
Industrie et mines	19,9	15,2	3,2	18,3	4,6	30,5	2,1	11,7	2,5	18,9
Electricité	16	12,2	0,6	3,4	0,3	2	4,1	22,9	3,2	24,2
Artisanat	0,3	0,2	-	-	-	-	0,3	1,7	-	-
Infrastructure										
Transport	30,1	22,9	2,7	15,4	0,3	2	3	16,8	1,6	12,1
Routes et ponts	25,1	19,1	2,4	13,7	2,2	14,6	3,6	20,1	3,6	27,3
Télécoms	5,2	4	1	5,7	0,4	2,6	1,3	7,3	0,4	3
Services sociaux	6,8	5,2	0,2	1,1	-	-	2,5	14	1,1	8,3
Divers	15,4	11,7	6,8	38,9	6,7	44,4	-0,5	-2,8	-	-
Total	**131,2**	**100**	**17,5**	**100**	**15,1**	**100**	**17,9**	**100**	**13,2**	**100**

Source : Fonds Monétaire International 1969
En millions de francs guinéens

TABLEAU 47a. FINANCEMENT PREVU PAR LE GOUVERNEMENT

N₵millions

	1 963 1 964	1964 1965	1965 1966	1966 1967	1967 1968
Dépenses					
Dépenses ordinaires	172	162	192	204	218
Contribution ou réserves	-	4	6	8	8
Dépenses pour le capital					
Volta	32	22	10	2	-
Développement	86	100	112	116	130
Service de la dette existante	22	24	20	16	12
Total	**312**	**332**	**340**	**346**	**368**
Revenu					
Taxation existante	158	168	178	188	198
Nouvelle taxation	32	34	40	46	50
Profit des entreprises d'Etat	3,6	3,6	4,8	5,6	7
Vente de biens et services	16,4	16,2	17,2	18,4	19
Total	**210**	**222**	**240**	**258**	**274**
Compte capital					
Emprunt intérieur					
Nouvelle émission de titres	2	2	4	4	4
Petite épargne	1	1,4	2	3	4,2
Dons et prêts extérieurs					
Volta	20	12	6	2	-
Divers	44	50	96	62	70
Total	**66**	**66**	**68**	**70**	**78**
Excédent ou déficit total	-36	-44	-32	-18	-16
Financement du déficit (émission monétaire)	20	18	16	16	14
Solde du budget	-16	-26	-16	-2	-2
Divers	6	6	8	8	12
Ecart (impasse)	**-22**	**-32**	**-24**	**-10**	**-14**

Source : Seven-Year Development plan 1963/64-1969/70

TABLEAU 47 b. FINANCEMENT PREVU PAR LE GOUVERNEMENT

	1968 1969	1969 1970	Total
Dépenses			
Dépenses ordinaires	234	252	1 454
Contribution ou réserves	10	10	46
Dépenses pour le capital			
Volta	-	-	66
Développement	132	146	822
Service de la dette existante	10	6	110
Total	**386**	**414**	**2 498**
Revenu			
Taxation existante	210	222	1 322
Nouvelle taxation	56	62	320
Profit des entreprises d'Etat	9	12	46
Vente de biens et services	20	22	130
Total	**296**	**318**	**1 818**
Compte capital			
Emprunt intérieur			
Nouvelle émission de titres	6	6	28
Petite épargne	5,6	7,6	24
Dons et prêts extérieurs			
Volta	-	-	40
Divers	76	80	438
Total	**88**	**94**	**530**
Excédent ou déficit total	-2	-2	-150
Financement du déficit (émission monétaire)	14	14	112
Solde du budget	12	12	-38
Divers	14	16	70
Ecart (impasse)	**-2**	**-4**	**-108**

Source : Seven-Year Development plan 1963/64-1969/70

TABLEAU 48. REVENUS ET DEPENSES DE FONCTIONNEMENT ET DE DÉVELOPPEMENT

	1963/64		1965		1966		1966/67		1967/68	
	15 mois		12 mois		6 mois					
	Est.	Eff.	Est.	Eff.	Est.	Eff.	Est.	Eff.	Est.	Eff.
1) Revenu	**290,8**	**298,4**	**268,8**	**258,8**	**124,3**	**115,7**	**297,1**	**257,1**	**288,8**	**300,2**
Taxes sur production et consommation	162,2	160,6	168,6	192,4	-	-	165,6	162,1	198,1	199,2
Impôt sur revenu et propriété	55,6	60	50,8	57,9	-	-	55,8	54,8	60,8	57,5
Divers	36,5	77,4	24,6	-	-	-	29	24,6	29,9	43,5
2) Dépenses	**384,2**	**414**	**400**	**369,4**	**186,4**	**160,2**	**334,3**	**302,3**	**393,2**	**370,5**
de fonctionnement	267,6	267,6	200,6	211	113,7	112	209,6	226,9	303,8	298,1
de développement	116,2	146,4	199,6	158,4	72,7	48,2	124,7	75,4	89,4	72,4
3) Déficit	**-83,4**	**-131,6**	**-131,2**	**-23**	**-60,1**	**-44,5**	**-37,2**	**-45**	**-104,4**	**-70,3**

Source : Report of the Board, Bank of Ghana

En N₵millions. Ets. : Estimation. Eff. : Effectué ou réel

TABLEAU 49. FINANCEMENT DU DEFICIT AU GHANA

	1963/64	1965	1966	1966/67	1967/68	Total
	15 mois	12 mois	6 mois	12 mois	12 mois	
Sources inté-rieures	107,8	142	26,8	127,2	58,5	462,3
Avances Bank of Ghana	10	65		6,7		81,7
Emission de bons	87,4	77	19,7	103,5	50,8	237,4
Fonds spéciaux	10,4		7,1	17,7	7,7	42,9
Sources exté-rieures	6,8	2,3	12,9	0,8	18,5	41,3
FMI			11,7		15,3	27
"Joint consoli-dated and mis-cellenous Fund"	1,8	0,5	0,3	0,4	2,7	5,7
Fonds con-trepartie	5	1,9	0,9	0,4	1,9	9,5
Recouvrement de dettes par le gouvernement				0,2	2,7	2,1
Paiement de dettes par le Gouvernement		-58	-7	-59		-124
Encaisse liquide	-3		1,1	-2,1	1,3	2,7
Investissements nets	17,4		-7,2	0,6	-2,8	8
Prêts et avances consentis par le Gouvernement	-8,5		-10,3	-22,4	-7,1	-48
Total des Res-sources nettes	120,4	86,5	44,5	45,2	70,3	366,9

Source : Report of the Bank of Ghana.

TABLEAU 50a. FINANCEMENT DU PLAN SEPTENNAL DE LA GUINEE

	Estimation pour la période du plan		Réalisation 1ère tranche	
	Montant	%	Montant	%
Étranger	27,9	49,8	17,5	76,1
Dons			-	
Profit vente de biens de consommation	-		5,8	
Crédits bilatéraux spéciaux	-		5,6	
US. AID – Boké	-		0,1	
US. AID –Fonds contrepartie	-		-	
Diverses aides étrangères	-		6,1	
Interne	28,1	50,2	5,5	23,9
Profit des entreprises d'Etat	-		3,6	
Fonds d'amortissement des entreprises d'Etat	-		-	
Taxes régionales	-		0,3	
Transfert de budget ordinaire	-		0,3	
Avances de la Banque Centrale	-		-	
Divers	-		0,2	
Utilisation des encaisses	-		1,1	
Total	56	100	23	100
Ecart financier déficit	75,2			
Excédent financier			5,6	

Source : Fonds monétaire international

TABLEAU 50 b. FINANCEMENT DU PLAN SEPTENNAL DE LA GUINEE

	Réalisation 2ème tranche		Réalisation 3ème tranche	
	Montant	%	Montant	%
Étranger	6,4	41	8,5	64,6
Dons	-		0,1	
Profit vente de biens de consommation	0,7		0,5	
Crédits bilatéraux spéciaux	-		-	
US. AID – Boké	-		-	
US. AID –Fonds contrepartie	0,8		0,3	
Diverses aides étrangères	4,9		7,6	
Interne	9,2	59	4,5	35,4
Profit des entreprises d'Etat	4,2		3,4	
Fonds d'amortissement des entreprises d'Etat	1		-	
Taxes régionales	0,3		-	
Transfert de budget ordinaire	-		-	
Avances de la Banque Centrale	3		1,1	
Divers	0,2		-	
Utilisation des encaisses	0,5		-	
Total	15,6	100	13	100
Ecart financier déficit	0,5			
Excédent financier				

Source : Fonds monétaire international

TABLEAU 50c. FINANCEMENT DU PLAN SEPTENNAL DE LA GUINEE

	Réalisation 4ème tranche	
	Montant	%
Étranger	8,5	65
Dons		
Profit vente de biens de consommation		
Crédits bilatéraux spéciaux		
US. AID – Boké		
US. AID –Fonds contrepartie		
Diverses aides étrangères		
Interne	4,7	35
Profit des entreprises d'Etat		
Fonds d'amortissement des entreprises d'Etat		
Taxes régionales		
Transfert de budget ordinaire		
Avances de la Banque Centrale		
Divers		
Utilisation des encaisses		
Total	13,2	100
Ecart financier déficit		
Excédent financier		

Source : Fonds monétaire international

TABLEAU 51. PAYS A ECONOMIE DE MARCHE : TAUX DE CROISSANCE DES VARIABLES-CLES

Variables	période			
	1950-1965	1960-1965	1965-1975 hyp. faible	1965-1965 hyp. forte
Produit intérieur brut	4	4,9	4,2	4,7
Consommation privée	4,3	6	4,5	5
Production d'articles manufacturés	4,5	6,1	4,6	5,2
population	1,3	1,3	1,1	1,1

Source : rapport secrétariat de la CNUCED

TABLEAU 52. TAUX DE CROISSANCE PROJETES DES EXPORTATIONS DES PAYS EN VOIE DE DÉVELOPPEMENT (TAUX DE CROISSANCE COMPOSES, EN % 1960-1975

	Destination							
	Pays à économie de marché		Pays socialistes		Pays en voie de développement		**Total**	
	Hypothèse		Hypothèse		Hypothèse		**Hypothèse**	
	Faible	Forte	Faible	Forte	Faible	Forte	**Faible**	**Forte**
Produits alimentaires	2,2	2,5	9,4	11,5	4	5,2	2,8	3,5
Matière premières agricoles	1	1,6	2,4	3,5	2,9	3,4	1,6	2,3
Minéraux et métaux (a)	4	4,6	7,9	8,7	7,1	7,8	4,3	4,8
Total partiel	2,4	2,8	5,7	7,5	3,9	4,8	2,8	3,5
Articles manufacturés	8,7	9	14,2	15,6	7	8,4	8,3	9,3
Combustibles	8,8	9,2	-	-	3,9	4,4	7,5	8
Total Général	**5,1**	**5,5**	**6,5**	**8,2**	**4,6**	**5,5**	**5**	**5,6**

Source : Rapport secrétariat de la CNUCED. (a) Combustibles non compris

TABLEAU 53. EXPORTATION DES PAYS EN VOIE DE DÉVELOPPEMENT : REPARTITION PAR PRINCIPAUX GROUPES DE PRODUITS (EN POURCENTAGE)

	1960	1975		1980	
		Faible	Forte	Faible	Forte
Produits alimentaires	33,9	25	25,3	15	16
Matière premières agricoles	18,5	11,3	11,5	10	10
Minéraux et métaux (a)	11,6	10,4	10,5	7	6
Articles manufacturés	8,8	14	14,7	17	21
Combustibles	27,2	38,1	39,2	51	47
Total	**100**	**100**	**100**	**100**	**100**

Source : Rapport secrétariat de la CNUCED
(a) combustibles non compris

TABLEAU 54. EXPORTATION DES PAYS EN VOIE DE DÉVELOPPEMENT DE CERTAINS PRODUITS DE BASE 1960-1975 (EN POURCENTAGE)

	Hypothèse	
	Faible	**Forte**
Total produits alimentaires	2,8	3,5
Céréales	6,8	7,9
Viande	4,5	5,5
Bananes	3,7	4
Cacao	3	3,3
Tabac	2,7	3
Huiles et graisses	2,6	2,9
Thé	2,2	2,6
Riz	2,1	3,8
Café	2,1	2,3
Sucre	1,4	2,8
Total matière premières agricoles	1,6	2,3
Produits forestiers	3,3	4,9
Coton	1,7	2,5
Cuire et peaux	1,6	2,6
Laine	1,6	1,9
caoutchouc	0,8	1,9
Jute et fibre dures	0,4	1
Total minéraux (combustibles non compris)	4,3	4,8
Minerais de fer et de manganèse	5,6	6,2
Métaux non ferreux	4	4,5
- Aluminium	12,5	13,3
- Cuivre	4,1	4,6
- Plomb	2	2,3
- Zinc	2,7	3,1
- Etain	1,1	1,3
Engrais brut	3	3,4

Source : Rapport secrétariat de la CNUCED.

TABLEAU 55a. MONTANT NET DES RESSOURCES FINANCIERES FOURNIES PAR LES PAYS DU CAD DE 1960 À 1970

	1960	1961	1962	1963
I- Aide publique au développement	4703	5197	5442	5770
1. Dons bilatéraux	3716	3991	4020	3940
2. Prêts bilatéraux	452	685	911	1463
3. Contributions aux organismes multilatéraux	532	521	511	367
II- Autres apports du secteur public	262	946	542	245
1. A titre bilatéral	195	716	527	248
2. Aux organismes multilatéraux	67	230	15	-3
Total (I + II)	4965	6143	5984	6015
III – Apports du secteur privé	3150	3106	2453	2557
1. Investissements directs	1767	1829	1495	1603
2. Investissements bilatéraux de portefeuille	633	614	147	327
3. Investissements multilatéraux de portefeuille	204	90	239	-33
4. Crédits à l'exportation	546	373	572	660
Total (I + II + III)	8115	9249	8437	8572
Pour mémoire : don du secteur privé	-	-	-	-

Source : Development Cooperation ; OCDE 1972 Review
En millions de dollars

TABLEAU 55 b. MONTANT NET DES RESSOURCES FINANCIERES FOURNIES PAR LES PAYS DU CAD DE 1960 À 1970

	1964	1965	1966	1967
I- Aide publique au développement	5957	5916	6003	6552
1. Dons bilatéraux	3806	3714	3701	3578
2. Prêts bilatéraux	1746	1954	1965	2238
3. Contributions aux organismes multilatéraux	405	348	336	736
II- Autres apports du secteur public	-41	283	428	508
1. A titre bilatéral	-33	278	375	488
2. Aux organismes multilatéraux	-7	5	53	20
Total (I + II)	5916	6199	6431	7060
III – Apports du secteur privé	3729	4121	3959	4381
1. Investissements directs	1572	2468	2179	2105
2. Investissements bilatéraux de portefeuille	837	655	430	800
3. Investissements multilatéraux de portefeuille	461	247	175	469
4. Crédits à l'exportation	859	751	1124	1007
Total (I + II + III)	9647	10320	10390	11441
Pour mémoire : don du secteur privé	-	-	-	-

Source : Development Cooperation ; OCDE 1972 Review
En millions de dollars

TABLEAU 55c. MONTANT NET DES RESSOURCES FINANCIERES FOURNIES PAR LES PAYS DU CAD DE 1960 À 1970

	1968	1969	1970
I- Aide publique au développement	6316	6622	6840
1. Dons bilatéraux	3344	3250	3323
2. Prêts bilatéraux	2289	2324	2393
3. Contributions aux organismes multilatéraux	683	1047	1124
II- Autres apports du secteur public	731	570	1144
1. A titre bilatéral	741	585	871
2. Aux organismes multilatéraux	-10	-15	273
Total (I + II)	7047	7192	7984
III – Apports du secteur privé	6377	6587	7019
1. Investissements directs	3043	2910	3557
2. Investissements bilatéraux de portefeuille	971	1211	777
3. Investissements multilatéraux de portefeuille	767	419	474
4. Crédits à l'exportation	1596	2047	2211
Total (I + II + III)	13425	13779	15003
Pour mémoire : don du secteur privé	-	-	855

Source : Development Cooperation ; OCDE 1972 Review
En millions de dollars

TABLEAU 56. MONTANT NET DES RESSOURCES FINANCIERES FOURNIS PAR LES PRINCIPAUX PAYS A ECONOMIE DE MARCHE

	1960	1961	1962	1963	1964	1965	1966	1967	1968	1969	1970 *	1970 *
ETATS-UNIS	3818,2	4549,1	4304,5	4518,6	5274,4	5333,2	4920,1	5769,5	6017,5	4825	6254	7045
FRANCE	1325,1	1406,3	1395,2	1242	1360,4	1299,4	1319,7	1341,3	1720,3	1710	1834,6	1636,1
ROYAUME-UNI	880,2	899	743,9	720,8	918,8	1032	911	803	760,9	1146	1278,6	1586,5
R.F. ALLEMAGNE	628,2	847,1	609,4	620,7	706	734,6	788,5	1145,4	1665,4	2028,3	1278,6	1915,2

Source : OCDE Development Cooperation. 1972 Review.

** Chiffres comprenant les dons des organismes privés*

En millions de dollars

TABLEAU 57. CHANGEMENT DANS LA STRUCTURE DE SORTIES NETTES DE RESSOURCES (%)

	1960-1962	1969-1971 (1)
I- Aide publique au développement	59,3	45,8
1. Dons bilatéraux	45,4	22,1
2. Prêts bilatéraux	7,9	16,2
3. Contributions aux organismes multilatéraux	6	7,5
II- Autres apports du secteur public	6,9	6,5
1. A titre bilatéral	5,7	5,4
2. Aux organismes multilatéraux	1,2	1,1
III – Apports du secteur privé	33,8	47,7
1. Investissements directs	19,7	22,9
2. Investissements bilatéraux de portefeuille	5,4	6
3. Investissements multilatéraux de portefeuille	2,1	3,5
4. Crédits à l'exportation	6,6	15,3
TOTAL	100	100

Source : OCDE. Development Cooperation 1972 Review

(1) Les dons des organismes privés n'y sont pas compris

TABLEAU 58. PRETS CONSENTIS PAR LES PAYS DEVELOPPES A ECONOMIE DE MARCHE AUX PAYS PEU DEVELOPPES : MOYENNE PONDERE DES PERIODES D'AMORTISSEMENT ET DES DELAIS DE GRACE DES ENGAGEMENTS DE PRET, 1964-1968

	Durée d'amortissement					Délai de grâce				
	1964	1965	1966	1967	1968	1964	1965	1966	1967	1968
ETATS-UNIS	33,4	27,9	29,3	28,2	30	7,7	5,9	6,6	6,7	7
R. F. ALLE-MAGNE	18,1	16,9	21,1	19	18	4,4	3,6	5,6	4,9	5,3
ROYAUME-UNI	24	22,2	23,9	24,1	24	5,1	4,8	6	5,5	5,6
FRANCE	15,6	16,28	15,3	15,1	17,6	3,1	2,8	2,4	1,8	1,7
	28,6	22,6	25,1	24	26	6,5	4,6	5,8	5,5	6

Source : *Nations-Unies Rapport du secrétaire général.*

TABLEAU 59. MOYENNE PONDEREE DES TAUX D'INTERET DES ENGAGEMENTS DE PRETS

	1964		1965		1966		1967		1968	
	Obligations d'Etat	Engagement de prêt	Obligations d'Etat	Engagement de prêt	Obligations d'Etat	Engagement de prêt	Obligations d'Etat	Engagement de prêt	Obligations d'Etat	Engagement de prêt
Etat-Unis d'Amérique	4,2	2,5	4,2	3,3	4,7	4,9	3,6	5,6	5,3	3,6
R. F. d'Allemagne	6,2	4	7	4,2	8,1	7	4,3	4,3	6,4	4,5
Royaume – uni	6	4,1	6,4	3,3	6,8	6,7	1,1	1,1	7,4	1
France	5,1	3,2	5,3	3,7	5,4	5,7	3,7	3,7	5,9	3,7
Moyenne (16 pays)		3,1		3,6			3,8	3,8		3,6

Source : *Secrétariat Général des Nations-Unies, 1968*

TABLEAU 60a. DETTES EXTERIEURES DU GHANA

	1961	1962	1963	1964	1965
1) Ghana Government					
Stocks	6,3	6,3	2,3	2,3	2,3
IMF	-	10,2	10,2	10,2	6,2
Joint consolidated and miscellenous	14,2	7,2	9,1	11	11,5
Volta River Project	-		12,2	32,1	44,9
ConterpartFunds				6,8	7,8
Tefle Bridge					
ISAID Commodity Programme					
West German Commodity Loan					
UK/Ghana Loan					
P.L. 480					
Danish Government Loan					
2) Others					
Total loans	20,5	23,7	33,8	62,4	72,7
3) Suppliers' Credit (crédit fournisseurs) dont :	56,8	121,6	121,6	313,6	440,5
IMF member countries					
Non IMF number countries					
Total externalDebt	77,3	145,3	155,4	376,3	523,2

TABLEAU 60 b. DETTES EXTERIEURES DU GHANA

	1966	1967	1968	1969
1) Ghana Government				
Stocks	2,3	2,3	2,9	3,2
IMF	21,9	93,2	104,2	106,7
Joint consolidated and miscellenous	11,8	15,1	15,7	6,3
Volta River Project	50,8	81,9	82,2	82,2
Conterpart Funds	7,8	10,6	15,8	27,7
Tefle Bridge		3,6	5,1	5,1
ISAID Commodity Programme			4,1	5,6
West German Commodity Loan			8	8,9
UK/Ghana Loan	1	2,6	10,5	14,4
P.L. 480			25,9	28,2
Danish Government Loan			0,1	0,2
2) Others	56,4	81,7	90,2	38,2
Total loans	153,8	281	365	326,7
3) Suppliers' Credit (crédit fournisseurs) dont :	372,4	372,6	372,6	374,5
IMF member countries	302,9	302,9		
Non IMF number countries	69,5	69,7		
Total external Debt	526,2	663,6	737,6	701,2

N¢Millions. <u>*Source*</u> *: Reports of the Board, Bank of Ghana.*

TABLEAU 61. AMENAGEMENT DE LA DETTE EXTERIEURE DU GHANA

Année	Dette à court terme *	Dette à moyen terme **	Dette à long terme ***	Total des dettes exis-tantes	Nou-velles dettes	Total
1969	30,9	33,9	15	79,8	1,7	81
1970	52,8	22,6	15,2	90,6	3,4	94
1971	44,7	26,6	16,4	87,7	5,5	93,2
1972	26,3	58,3	17,3	81,9	7,8	89,7
1973	16,1	41,2	19,1	76,4	9,8	86,2
1974	11,6	44,8	20,4	76,8	11,9	88,7
1975	9,6	49,1	21,8	80,5	15,4	95,9
1976	8,6	53,6	22,2	84,4	19,9	104,3
1977	4,5	52,4	22,4	79,3	34,6	113,9
1978	4,5	52	22,3	78,8	39,2	118
1979	4,5	34,7	23,6	62,8	43,5	106,3
1980	4,5	27,4	23,3	55,2	47,6	102,8
1981	4,5	24,6	22,7	51,8	51,6	103,4
1982	4,5	-	22,8	27,3	55,8	83,1
1983	4,5	-	21	25,5	59,8	85,3

Source : Bank of Ghana et N.L. Hick Research Memorandum N° 8.
US. AID – Ghana.
** Ce poste comprend les arriérés, crédits commerciaux, droits de tirage du FMI et prêts des banques étrangères.*
*** Il s'agit de crédits fournisseurs.*
**** Ce poste comprend également des crédits fournisseurs*
En N¢ Millions

TABLEAU 62a. PROJECTION DES IMPORTATIONS, DU PNB ET DU TAUX DE CROISSANCE

PNB = 1,792 M T-1 + 1141

Année	Importation	PNB (1)	Taux de croissance du PNB en %
	N¢ millions	N¢ millions	
1968	366	1 757	-2,1
1969	399	1 797	2,3
1970	419,3	1 856	3,3
1971	432,2	1 892	1,9
1972	443,7	1 915	1,2
1973	467,1	1 937	1,1
1974	494,4	1 978	2,1
1975	533,5	2 026	2,4
1976	569,7	2 098	3,6
1977	533,9	2 162	3,1
1978	541,1	2 098	-3
1979	578,7	2 110	0,6
1980	602,1	2 179	3,3
1981	628,4	2 204	1,2
1982	675,5	2 266	2,8
1983	697	2 352	3,7
Moyenne			1,70 %

Source : N.L. Hicks Research Memorandum n° USAID Mission Accra, May, 1969 ;

TABLEAU 62 b. PROJECTION DES IMPORTATIONS, DU PNB ET DU TAUX DE CROISSANCE

PNB = 2,829 M + 787

PNB * N¢millions	Taux de croissance du PNB %
1 804	0,6
1 873	3,8
1 953	4,3
1 989	1,8
2 020	1,6
2 086	3,3
2 161	3,5
2 270	5,0
2 371	4,4
2 271	-4,2
2 291	0,9
2 396	4,6
2 461	2,7
2 534	3,0
2 665	5,2
2 725	2,3
Moyenne	2,7 %

* *Prix constant 1967*

TABLEAU N° 63a. STRUCTURE DE LA DISTRIBUTION DU REVENU EN COTE D'IVOIRE 1950 et 1965

	1950	
	Activités urbaines	Agriculture et exploitation forestière
A- Revenus du secteur moderne	24,4	1,1
1. Revenus des entreprises publiques	0	-
2. Revenusdu secteur étranger	13,1	1,1
a) Revenus des grandes entreprises	3,6	0,4
b) Revenus des PME	2,9	0,4
c) Salaires étranger	6,2	0,4
d) Loyers	0,4	0,3
3. Revenus de la population africaine	11,3	-
a) Salaires non agricoles	5,8	-
b) Revenus de l'artisanat urbain	3,2	
c) Loyers urbains	0,2	
	2,1	
B- Revenu monde rural (sect. traditionnel)	-	32,5
1. Revenus non commercialisés	-	22,2
2. Revenus commercialisés	-	10,3
TOTAL	**24,4**	**22,5**
% de B1/Total	**-**	**56,1**
% de B2/Total	**-**	**17,7**

Source : Etablis à partir des données fournies par S. Amin, Afrique de l'Ouest Bloquée et les comptes de la Nation, République de Côte d'Ivoire.
En milliards de frs cfa de 1965

TABLEAU N° 63 b. STRUCTURE DE LA DISTRIBUTION DU REVENU EN COTE D'IVOIRE 1950 et 1965

	1965	
	Activités urbaines	Agriculture, exploitation forestière et pêche
A- Revenus du secteur moderne	117,9	7,2
1. Revenus des entreprises publiques	2,2	-
2. Revenusdu secteur étranger	55,4	7,2
a) Revenus des grandes entreprises	22,5	5
b) Revenus des PME	16,1	0,5
c) Salaires étranger	15,9	1,7
d) Loyers	0,9	-
3. Revenus de la population africaine	60,3	-
a) Salaires non agricoles	36,5	
b) Revenus de l'artisanat urbain	13,2	
c) Loyers urbains	1,3	
	9,3	
B- Revenu du monde rural (sect. traditionnel)		70,6
1. Revenus non commercialisés		33,8
2. Revenus commercialisés		36,8
TOTAL	**117,9**	**77,8**
% de B1/Total	**-**	**36**
% de B2/Total		**18,7**

Source : Etablis à partir des données fournies par S. Amin, Afrique de l'Ouest Bloquée et les comptes de la Nation, République de Côte d'Ivoire.
En milliards de frs cfa de 1965

TABLEAU 64. EVOLUTION DE LA DEMANDE DE CERTAINS ARTICLES A BATTOR AU GHANA

	1954	1964
Transitors	-	26
Bicyclettes	11	43
Machines à coudre	6	25
Gramaphones	3	-

Sources : R. M. Lawson, The journal of Development studies – Vol. 4 oct. 1967 N° 1.

TABLEAU 65. QUELQUES POSTES DE LA COMPTABILITE NATIONALE DE LA CÔTE D'IVOIRE

	1960	1965	1966	1967
Compte de capital – Entreprises non financières	12 373	28 453	30 838	26 587
Compte de capital – Administration	8 224	16 664	17 521	19 676
Compte d'affectation consolidée – Administrations	31 565	62 276	63 837	70 975
Compte de capital – Institutions financières	367	854	443	493

Sources : les comptes de la Nation, 1966-1967, République de Côte d'Ivoire

TABLEAU 66. IMPORTANCE RELATIVE DE L'EVOLUTION DE L'AGRICULTURE VIVRIERE ET DE L'AGRICULTURE D'EXPORTATION EN CÔTE D'IVOIRE

	1960	1965	1969
Masse agricole globale	100 %	100 %	100 %
Agriculture vivrière et élevage	63 %	57,5 %	44 %
Agriculture industrielle ou d'exportation	37 %	42,5 %	56 %

Sources : Marchés Tropicaux Samedi 30 octobre 1971

TABLEAUX 67. PRODUCTION AGRICOLE AU SENEGAL

	Vente	1962/63	1963/64	1964/65	1965/66	1966/67	1967/68	1968/69	1969/70
A- Arachide									
1. Production totale	10^3 T	900	940	1 000	1 200	1 030	100	760	850
2. Production commercialisée	10^3 T	749	782	849	984	757	842	603	740
3. Prix au producteur	F/kg cfa	…	22	22	22	22	18	17	17
4. Revenu des producteurs	10^9cfa	…	17,2	18,7	21,6	16,2	15,2	10,3	12,6
B- Produits vivriers									
1. Mil et sorgho	1000 T	-	478	535	554	423	655	600	-
2. Manioc	"	-	153	156	150	141	239	242	-

Source : Dossier d'information économique. Sénégal Août 1970 – Secrétariat d'État aux Affaires Étrangères

TABLEAU 68. QUELQUES INDICES DE LA PRODUCTION AGRICOLE DU SENEGAL BASE 1963/64

	1963/64	1964/65	1965/66	1966/67	1967/68	1968/69	1969/70
A- Arachide							
1. Production totale	100	106	127	109	106	80	90
2. Production commercialisée	100	108	125	96	107	77	94
3. Prix au producteur	100	100	100	100	81	77	77
4. Revenu brut des producteurs	100	108	125	96	88	59	77
B- Produits vivriers de base							
1. Mil et sorgho	100	111	115	88	137	125	-
2. Manioc	100	101	98	92	156	158	-

Source : Établi à partir du dossier d'Information Économique Sénégal Août 1970, Secrétariat d'État aux Affaires Étrangères.

TABLEAU 69. RAPPORT DES RENDEMENTS, DES PRIX ET COUTS AU SENEGAL

1950-1960-1963					
Rapport des rendements par ha	Arachide	=	850	=	1,84
	mil		460		
Rapport des prix (1950-1960)	Arachide	=	20	=	1,33
	Mil		15		
Rapport des coûts (en heures de travail)	Arachide	=	480	=	1,43
	Mil		375		
1965/1966- 1968/1969					
Rapport des rendements par ha	Arachide	=	834	=	1,72
	mil		483		
Rapport des prix	Arachide	=	19	=	1,11
	Mil		17		
Rapport rendements - coûts	Arachide	=	1,72	=	1,54
	Mil		1,71		

Source : Calculés à partir des statistiques du Dossier d'Information Économique du Sénégal 1968-1969 et des statistiques fournies par Van Haeverbeke, Rémunération du Travail et Commerce Extérieur, Louvain, 1970

TABLEAU 70. EVOLUTION DES COURS MONDIAUX ET DU PRIX PRODUCTEUR DE COCOA AU GHANA

Année	Cours marché de Londres	Cours marché de New-York	Prix producteur Ghana
1951	100	100	100
1952	105	99	114
1953	100	104	99
1954	163	162	103
1955	105	105	110
1956	77	76	114
1957	86	86	107
1958	123	124	103
1959	100	105	91
1960	78	80	86
1961	62	63	86
1962	59	59	86
1963	72	71	84
1964	66	65	76
1965	49	48	70
1966	68	68	59
1967	84	81	79

Source : Établi à partir de Cocoa Statistics Gillet Duffus, octobre 1968

TABLEAU 71. COUT D'IMPORTATION DES MACHINES AGRICOLES AU GHANA 1961-1967

Yougoslavie	7 045 621
Royaume Uni	5 431 805
Etas Unis d'Amérique	4 149 239
Tchécoslovaquie	3 249 617
Allemagne de l'Ouest	2 160 152
Union Soviétique	2 159 218
Japon	968 930
Total	**25 164 582**

Source : Ghana Economic Review, 1971-1972

TABLEAU 72. IMPORTANCE DE L'EQUIPEMENT AGRICOLE GHANEEN

Type	En état de fonctionnement	Abimés	Hors d'usage	Total
Crawler Tractor	200	494	114	808
Wheel Tractor	385	988	866	2 239
Ploughs	421	494	882	1 797
#NOM ?	2 552	297	232	3 085
- Ridgers	250	108	87	445
Cultivators	494	95	23	612
Planters	19	95	23	237
Seed Drills	108	141	40	289
- Rice Combines	28	52	18	98
- Corn Picker	8	3	-	11
- Rice Threshers	39	14	-	53
- Rice Hullers	6	4	-	10
- Maize Shellers	42	34	20	96
- Grain Dryers	17	10	1	28
- Triters	232	94	138	464
- Miscellanons	500	234	83	817
TOTAL	**5 401**	**3 157**	**2 531**	**11 089**

Source : *Ghana Economic Review 1971-1972*

TABLEAU 73a. IMPORTANCE ABSOLUE ET RELATIVE DES CREDITS ACCORDÉS AU30 SEPTEMBRE 1969

Crédit à long 1) terme (a)	Crédit à moyen 2) terme (b)	Crédit à court terme (c)	Total (d)	a/d	b/d	c/d
7812	7812	48607	64231	10 %	10 %	80 %
2052	3129	28312	33493	6 %	9 %	85 %
13457	13445	100453	127355	10 %	10 %	80 %

1) Consentis uniquement par les banques de développement.

2) Consentis par les banques commerciales, banques de développement et la C.A.A.C.I

TABLEAU 73 b. CREDITS À LONG TERME AU 30 SEPTEMBRE 1969

	Industrie textile	Autres industries
Côte d'Ivoire	950	1534
Sénégal	216	545
U.M.O.A.	1972	2310

En millions de francs cfa

TABLEAU 73c. CREDITS A MOYEN TERME CONSENTIS AUX ENTREPRISES INDUSTRIELLES 30 SEPTEMBRE 1969

Crédit à moyen terme :		
Consentis par les banques commerciales	6 250	46 %
par les autres établissements de crédit	7 195	54 %
Total	**13 445**	

Source : Rapport BCEAO, 197

TABLEAU 74. CONCOURS A COURT TERME DE LA BANQUE CENTRALE

A- Avances à court terme aux Trésors		
Plafonds reconnus	11	11,5
Utilisations	0,7	0,8
B- Concours court terme aux banques		
Plafonds attribués	24,2	22,6
Utilisations	22,3	20,1
B- Concours à moyen terme aux banques		
Plafonds	14,8	17
Utilisations	4,1	5,1

Source : Rapport BCEAO 1960

Bibliographie

A. OUVRAGES

1- Samir Amin, l'Afrique de l'Ouest Bloquée, Ed. de minuit Paris 1971,322 p.

2- W. Barber, The Economy of British Central Africa, A case study of Econonic Development in a dualiste Society, Stanford University Press 1961.

3- C. Bettelheim, Planification et Croissance accélérée, Ed. Maspero - Paris 1964 213 p.

4- M. Bye, Relations économiques Internationales, Ed. DallozParis 1971, 1111 p.

5- W. Birmingham, I. Neutsdadt. E.N. Omaboe. A Study of Contemporary Ghana, London 1966.

6- Robert Badouin. Agriculture et Accession au Développement, Ed. A. Pedone - Paris, 1967, 228 p.

7- P.C. Bos, Money in Development - The Function of Money in Equilibrium and déséquilibrium with Special Reference to Underdevoloped countries. Rotterdam University Press 1969, 183 p.

8- Emil Claassen, Monnaie, Revenu National et Prix. Ed. Dunod Paris, 1968, 193 p.

9- M. Capet, Traité d'Economie Tropicale, les économies d'A.O.F., L.G.D.J., Paris 1958, 345 p.

10- A. Chabert, Structure Economique et Théorie Monétaire. Ed.

Armand Colin - Paris 1956, 268 p.

11 - Majhemout Diop, Histoire des Classes Sociales dans l'Afrique de l'Ouest. Le Sénégal, Ed. Maspero - Paris, 277 p.

12 - René Dunont, l'Afrique Noire est mal partie. Ed. Seuil - Paris 1962, 287 p.

13- Irving Fisher, The Purchasing Power of Money, Macmillam, 1911

14 - Milton Friedman, Inflation et Systèmes Monétaires. Ed. Calmann Levy-Paris 1969, 310 p.

15 - E. Gannagé, Financement du Développement, Ed. Presse Universitaire de France - Paris 1969, 220 p.

16 – Polly Hill, The Gold Coast Cocoa Farmers – Oxford 1956.

17 - Emile James, Problèmes Monétaires d'Aujourd'hui. Ed. Sirey, Paris 1970, 416 p.

18 - D. G. Kousoulas, La clé du progrès économique, Ed. Facile, p. 61.

19 - G. Lasserre, La Coopération. Collection Que Sais-Je ? Ed. PUF 1967, 126 p.

20 - Michel Leduc, Les Institutions Monétaires Africaines, Pays Francophones. Ed. h. Pedone - Paris 1965, 397 p.

21 - J. Maillet, Histoire des Faits Economiques des origines au XXe siècle. Ed. Payot - Paris 1952, 362 p.

22 - Jacques J. Maquet, Afrique, les civilisations noires. Ed. Horizons de France, Paris 1962, 287 p.

23 - Jean Marchal, Jacques Ecaillons, Les Flux Monétaires. Ed. Cujas - Paris 1967, 409 p.

24 - G. Maynard, Economic Development and Price Level, London, Macmillan & Co London 1963, 295 p.

25 - John- Stuart Mill, Principe d'Economie Politique. Ed. Guillaumin 1873.

26 - J .C. Perrin, "Transformation des Sociétés Traditionnelles" in Structures Traditionnelles et Développement. Ed. Eyrolles Paris 1968, 458 p.

27 - David Ricardo, Principe d'Economie Politique et de l'Impôt. Ed. A. Coste 1933.

28 - M. Rudloff, Economie Monétaire Nationale et Développement.

Ed. Cujas - Paris 1970, 567 p.

29 - B. Ryelandt, L'Inflation en Pays Sous-développés. Ed. Mouton 1970, 432 p.

30 - J. Schumpeter, Théorie de l'Evolution Economique. Ed. Dalloz Paris 1935, 591 p.

31 - André Van Haeverbeke, Rumunération du Travail et Commerce Extérieur. Louvain 1970.

32- Abdoulaye Wade, Economie de l'Ouest Africain. Ed. Présence Africaine - Paris 1964, 371 p.

33 - Léon Walras, Eléments d'Economie Politique Pure au Théorie de la Richesse Sociale. Lausanne, Rouge. 1900.

34 - J. C. Wilde, Expérience de Développement en Afrique Tropicale. Ed. Maisonneuve et Larose - Paris 1967. 340 p.

B. ARTICLES

1- H. G. Aubrey, Small Industries in Economic development, In Review of Social Research. Sept. 1951. Vol. 8. n° 3.

2- L. Bourcier de Carbon, Les rapports monétaires des métropoles et des pays d'Outre-Mer, in Cahiers de l'I.S.E.A. Série A, n° 11, Mai 1959.

3 - M. K. Brenya, Survey of Manufacturing Enterprises 1967, Bank of Ghana.

4 - G. Célestine, Dynamique des niveaux de production et productivité. Economie et Humanisme. Juillet - Août 1952.

5 - Abdou Diouf, Quelques aspects de la pratique du Socialisme Sénégalais. L' Economie sénégalaise, Bulletin d'Afrique Noire. N° special 1ère édition 1970. Ediafric

6 - G.S. Dorrance, The effect of Inflation and Economic Development, in International Monetary Fund, Staff Papers 1963.

7 - N.L. Hicks, Debt, Rescheduling and Economic Growth in Ghana, Research Memorandum n°8. US.AID Mission to Ghana Accra, May 1969.

8 - Rowena M. Lawson : Innovation and growth in traditionnal agriculture of the Lower Volta Ghana. in the Journal of Development Studies. Vol. 4. October 1967, n° 1.

9 - Michel Leduc a) Le mécanisme au multiplicateur chez les néo-mercantilistes de langue française au XVIIIe siècle in Revue d'Economie Politique, 1960.

b) Le rôle anti-inflationniste des Institutions de la Zone Franc en Afrique de l'Ouest. Annales Faculté de Droit et des Sciences Economiques de Dakar 1961.

10 - H. Leibenstein, Incremental Capital - Output and Growth. Review of Economics and Statistics, 1966 February.

11- W. Arthur Lewis, a) Economic Development with unlimited supplies of labour. in Manchester School, May 1954.

b) Unlimited Labour, Further Note, IN Manchester School 1958, Vol. XXVI.

c) Report on industrialisation and economic policy of the Gold Coast. Government Printer, Accra 1953.

12 - Ohkawa et Rosovsky, Economic Fluctuations in Prewar Japan, in Bitotsubashie Journal of Economics, october 1962.

13 – Léopold Sédar Senghor, Socialisme africain et développement au la voie sénégalaise, in Sénégal "An 2" par lui-même, supplément a Développement et civilisation.

C. RAPPORTS PUBLICATIONS

1- Bank of Ghana, Report of the Board, 1960-1969.

2 - Economic Survey - Ghana. 1957-1969 Central Bureau of Statistics, Accra.

3- Ghana's Economy and Aid requirement in 1968. January 1969 June 1970 - Ghana Publishing corporation. Ghana.

4- Ghana Economic Review, 1971 - 1972. Editiorial and Publishing Services. Accra-Ghana.

5 -. Ghana Seven- Year Development Plan 1963/64 - 1969/70.

6- Dossier d'Information Economique – Sénégal.

7- L'Economie Sénégalaise, Ediafric – Service. 1970

8- Tour d'horizon sur le Sénégal.

9- Etudes Economiques et Financières – Côte d'ivoire

10- L'Economie Ivoirienne, Ediafric –Service. 1971

11- Marchés Tropicaux et Méditerranéens. Côte d'Ivoire 1960-1970

12 - Les Comptes de la Nation 1966 - 1967. Côte d'Ivoire.

13- Statistiques du Commerce Extérieur de la Côte d'Ivoire 1970

14- Document of International Monetary Fund. SM/6S/105. December 1965. Guinea.

15 - Document of International Monetary Fund. SM/69/110. July 1969. Guinea.

16 - Rapports Banque Centrale des Etats de l'Afrique de l'Ouest 1960 - 1970.

17- Rapport Comité Monétaire de la Zone Franc. 1960-1970.

18- Memento de l'Economie Africaine. Eidiafric-service. 1970.

19- Development Cooperation. O.C.D.E. Review 1961 – 1972

20- International Financial Statistics. 1960-1961

21 - Rapport du Secrétariat Général des Nations-Unies, 1968. Financement Extérieur au Développement Economique.

22 - Perspectives commerciales et besoins en capitaux des pays en voie de développement. Etude du Secrétariat de la C.N.U.C.E.D. Nations-Unies.

LISTE DES GRAPHIQUES

LISTE DES GRAPHIQUES

LISTES DES TABLEAUX

LISTES DES TABLEAUX

LISTES DES TABLEAUX

LISTES DES TABLEAUX

Table des matières

Structures éditoriales du groupe L'Harmattan

L'Harmattan Italie
Via degli Artisti, 15
10124 Torino
harmattan.italia@gmail.com

L'Harmattan Hongrie
Kossuth l. u. 14-16.
1053 Budapest
harmattan@harmattan.hu

L'Harmattan Sénégal
10 VDN en face Mermoz
BP 45034 Dakar-Fann
senharmattan@gmail.com

L'Harmattan Cameroun
TSINGA/FECAFOOT
BP 11486 Yaoundé
inkoukam@gmail.com

L'Harmattan Burkina Faso
Achille Somé – tengnule@hotmail.fr

L'Harmattan Guinée
Almamya, rue KA 028 OKB Agency
BP 3470 Conakry
harmattanguinee@yahoo.fr

L'Harmattan RDC
185, avenue Nyangwe
Commune de Lingwala – Kinshasa
matangilamusadila@yahoo.fr

L'Harmattan Congo
67, boulevard Denis-Sassou-N'Guesso
BP 2874 Brazzaville
harmattan.congo@yahoo.fr

L'Harmattan Mali
Sirakoro-Meguetana V31
Bamako
syllaka@yahoo.fr

L'Harmattan Togo
Djidjole – Lomé
Maison Amela
face EPP BATOME
ddamela@aol.com

L'Harmattan Côte d'Ivoire
Résidence Karl – Cité des Arts
Abidjan-Cocody
03 BP 1588 Abidjan
espace_harmattan.ci@hotmail.fr

L'Harmattan Algérie
22, rue Moulay-Mohamed
31000 Oran
info2@harmattan-algerie.com

L'Harmattan Maroc
5, rue Ferrane-Kouicha, Talaâ-Elkbira
Chrableyine, Fès-Médine
30000 Fès
harmattan.maroc@gmail.com

Nos librairies en France

Librairie internationale
16, rue des Écoles – 75005 Paris
librairie.internationale@harmattan.fr
01 40 46 79 11
www.librairieharmattan.com

Librairie l'Espace Harmattan
21 bis, rue des Écoles – 75005 Paris
librairie.espace@harmattan.fr
01 43 29 49 42

Lib. sciences humaines & histoire
21, rue des Écoles – 75005 Paris
librairie.sh@harmattan.fr
01 46 34 13 71
www.librairieharmattansh.com

Lib. Méditerranée & Moyen-Orient
7, rue des Carmes – 75005 Paris
librairie.mediterranee@harmattan.fr
01 43 29 71 15

Librairie Le Lucernaire
53, rue Notre-Dame-des-Champs – 75006 Paris
librairie@lucernaire.fr
01 42 22 67 13

www.ingramcontent.com/pod-product-compliance
Lightning Source LLC
LaVergne TN
LVHW011441061026
849535LV00004BA/898
* 9 7 8 2 3 4 3 1 9 5 1 8 6 *